누가
내 돈을
훔쳤을까
?

이 도서의 국립중앙도서관 출판예정도서목록(CIP)은 서지정보유통지원시스템 홈페이지
(http://seoji.nl.go.kr)와 국가자료공동목록시스템(http://www.nl.go.kr/kolisnet)에서 이용하실 수
있습니다. (CIP제어번호: CIP2017019108)

누가 내 돈을 훔쳤을까?

초판 발행 2017년 8월 18일
2 쇄 인쇄 2017년 9월 8일

지은이 이국명 박성훈

펴낸이 이성용

펴낸곳 빈티지하우스
주　소 서울시 마포구 양화로 11길 46 212호 (서교동, 남성빌딩)
전　화 02)355-2696　**팩 스** 02)6442-2696
이메일 editor.lee.vh@gmail.com
등　록 제 2017-000161호 (2017년 6월 15일)

ISBN 979-11-961326-0-6　03320

누가 내 돈을 훔쳤을까 ?

이국명 · 박성훈 지음

빈티지하우스
VINTAGE HOUSE

"박 차장, 이재용 좀 조져라!"

2015년 1월 초순이었습니다. 제가 다니던 종합일간지에 새로 부임한 편집국장이 저에게 내린 첫 지시가 바로 위와 같았습니다. 간단한 문장이지만, 언론사와 관계없는 분들은 쉽게 이해하기 어려울 수 있습니다.

먼저 박 차장은 접니다. 이 책의 공동저자인 박성훈이고, 당시 산업부 취재기자 중에서 부장 다음 경력의 차장이었습니다. 그리고 이재용은 삼성그룹의 오너 3세인 이재용 부회장입니다. 마지막으로 "조져라"라는 말은 부정적인 기사를 쓰라는 일종의 은어입니다.

새해가 밝은 지 얼마 되지 않았는데 신임 국장은 그런 지시를 내렸습니다. 저는 어떤 선택을 했을까요? 그 전에 삼성그룹, 그것도 이재용 부회장을 '조지는' 행위가 어떤 의미가 있는지를 설명해야 할 것 같습니다. 아니, 그보다 먼저 왜 대단할 것 없는 종합일간지가 지난 5월 기준 국내 재벌 주식자산 3위(약 7조 원) 부자에 빛나는 이재용 부회장을 '조져야만 했는지'를 알아야 하겠네요.

　종합일간지, 즉 매일 나오는 신문은 사실상 광고 수입으로 운영됩니다. 요즘처럼 모바일과 인터넷으로 정보를 소비하는 세상에서 신문의 역할은 갈수록 줄어들었고, 급기야는 경영에 큰 어려움을 겪게 됐습니다. 신문에 광고를 해왔던 기업 입장에서는 광고를 할 이유가 없습니다. 돈을 내고 광고를 해봤자 보는 사람이 없기 때문이죠.

　그래서 종합일간지는 무리수를 둡니다. 물론 모든 일간지가 그렇다는 말은 아닙니다. 경영이 어려울수록, 앞이 캄캄하다고 느끼는 정도가 심할수록 무리수를 둘 가능성이 큽니다. 이 무리수가 뭘까요? 바로 광고주를 향한 사실상의 협박입니다. "신문과 기자가 어떻게 광고주를 협박할 수 있느냐"고 반문하실 수 있지만, 그게 현실입니다.

　협박의 사전적 의미는 다음과 같습니다. '겁을 주며 압력을 가해 남에게 억지로 어떤 일을 하도록 함.' 즉, 신문사에서는 기업에 해가 될 수 있는 기사를 쓰겠다는 것을 미리 알리거나 이미 기사를 쓴 다음에 기사를 삭제하거나 수정하는 조건으로 광고비를 받습니다.

　협박 맞죠?

　그럼 '이재용 조지기'가 갖는 의미는 뭘까요? 삼성그룹에는 수많은 계열사가 있고, 각 계열사에서 내놓는 제품과 서비스가 엄청 많습니다. 상식적으로 생각했을 때 기업의 부정적 기사를 쓴다고 하면 제품이나 서비스를 물고 늘어져야 합니다. 예를 들어 삼성전자의 스마트폰 갤럭시S8에서 하자가 발생했다든지, 제일모직에서 만든 빈폴이라는 의류 브랜드의 특정 상품에서 피부병을 유발하는 화학물질이 대량으로 발견됐다든지 말이죠.

그런데 왜 제품이 아닌 이재용 부회장을 겨냥할까요? 압력을 가한 다음 억지로 어떤 일을 하도록 하는 매커니즘에서 오너 일가를 부정적으로 묘사하는 일만큼 확실한 게 없기 때문입니다.

가상의 두 가지 기사를 예로 들어보겠습니다. 조만간 출시될 갤럭시노트8이 전작에 이어 자체 하자로 폭발할 가능성이 매우 크다는 특종 기사. 그리고 이재용 부회장이 삼성병원에서 은밀하게 진료를 받았다는 내용을 최초로 보도한 기사.

독자 여러분 대부분은 아마도 갤노트8 폭발 기사에 주목하시겠죠. 그런데 삼성전자나 삼성그룹에서는 이재용 부회장의 병원 진료 기사에 더 안달할 수밖에 없습니다. 알고 봤더니 그의 병명이 단순한 복통, 치통이었을지라도 말이죠. 신기하지 않습니까?

삼성전자 제품에 문제가 생긴 게 사실이면 이를 회수하고 다시 디자인해서 더 나은 물건을 만들면 됩니다. 이 과정에서 적지 않은 비용이 지출되겠지만, 삼성 자체에 주는 데미지는 그다지 크지 않습니다.

반면 이재용 부회장에 대한 부정적인 기사가 나가면 주가에 큰 영향을 미칠 수 있고, 당장 삼성그룹의 콘트롤타워(최근 해체된 미래전략실)가 매우 당황합니다. 사실 큰 의미가 없거나 대세에 전혀 지장이 없는 기사일지라도 말이죠. 이유는 간단합니다. 기사를 본 이재용이 그들보다 더 당황하기 때문이죠. 자신을 부정적으로 묘사한 기사를 보고 기분이 좋을 리 없죠. 게다가 아무도 모를 줄 알았던 일이 신문이나 온라인 기사로 나와서 온 세상 사람들이 카톡으로, 페이스북으로 공유한다면⋯ 생각만 해도 끔찍할 겁니다.

당연히 이재용은 삼성의 2인자, 3인자를 달달 볶을 것이고 콘트롤타워의 임원들은 이 같은 기사가 나올 때까지 구경만 한, 아니 막지 못한 그룹 홍보담당자를 매우 힘들게 하겠죠? 어차피 자신들의 승진을 좌지우지하는 것도 콘트롤타워의 '꼰대'들이기 때문에 거역은 고사하고 변명조차 하기가 사실상 불가능합니다.

이런 경험을 직간접적으로 해온 삼성의 홍보담당자들은 자신이 편하기 위해서라도 기자들과 좋은 관계를 유지해야 하고, 혹시 이재용에 대한 문의가 들어오면 사전에 기사화되는 것을 막기 위해 광고를 집행하는 방식으로 공생관계를 구축해온 것이죠. 자신들의 개인 돈이 나가는 것도 아닌데다 가끔은 언론사에서 이재용을 '빨아주는' 기사도 서비스하기 때문에 크게 손해 볼 일은 없습니다.

'빨아준다'는 은어는 긍정적인 기사를 쓴다는 뜻입니다. 삼성전자의 실적이 잘 나오면 '이재용이 똑똑해서', '이재용이 경영을 시작했기 때문에' 따위의 전혀 공감되지 않는 이유를 언급하며 '용비어천가'를 부르는 것이죠. 심지어 이재용, 홍라희, 이부진, 이서현 등 오너가의 이름이 제목에 나오면 기사 클릭 수가 엄청 올라가기 때문에 기자나 신문사 입장에서는 손해 볼 일이 없습니다.

다만 제가 다녔던 신문사는 삼성의 '성은'을 많이 얻지 못했고, 이를 불쾌하게 여긴 신임 국장이 저를 앞세워 도발을 한 셈이죠.

자, 그럼 저의 최종 선택은 무엇이었을까요? 안타깝게도 저는 조직의 요구에 화답했습니다. 기자 이전에 월급쟁이라는 사실을 애써 앞세웠습니다. 저와 제 가족의 생계를 위해 어쩔 수 없는 일이라고 합리화했습니다. '정신 승리'에만 도취해서 죄송합니다. 독자 여러분을 무척 실망시킨 듯합니다.

용기를 좀 더 내서, 이후의 상황을 전할까 합니다. 전전긍긍하며 이재용 부회장에 대한 기사를 완성해서 출고했습니다. 제 기사를 본 신임 국장은 만면에 미소를 지으며 "제법 쓰네!" 단 한마디만 남기고 신문 1면에 올렸습니다. 다행히 기사가 나간 다음날 삼성그룹 측에서는 별다른 반응이 없었습니다. 아마도 신임 국장이 부임했다는 사실, 자신들을 길들이기 위해 맛보기용으로 이런 기사를 제작했다는 사실 등을 알고 있었을 겁니다.

문제는 시대착오적인 이 국장이 일주일 만에 또 같은 요구를 해온 것이었습니다. "박 차장, 이재용 한 번 더 가자!"

'나는 집에 가야 되는데 뭘 더 가?' 혈압이 오르고 뱃속에서는 열불이 났습니다. 동시에 두 아이와 아내의 얼굴도 떠올랐습니다. 일단 가볍게 고개를 끄덕이는 것으로 마무리를 했습니다.

그날 밤 잠을 거의 이루지 못했습니다. '마음 쓰지 말자. 한두 번도 아닌데….' 생각을 다잡으려 노력했지만 금방 새벽이 왔습니다. 아마도 가슴 깊은 곳 한편에서 그간 막연하게 생각했던 '사표'가 떠올랐던 것 같습니다. 더불어 '다른 신문사에 갈 수 있을까? 그곳에서는 정상적인 기사만 쓸 수 있을까?' 같은 이런저런 생각을 했습니다. 결론은 어딜 가나 마찬가지라는 것이었습니다.

순간 공포가 몰려왔습니다. 다른 직종과 달리 기자는 사업을 했을 때 실패할 가능성이 가장 큰 '순진하기 그지없는' 족속이기 때문입니다. 기자는 기사를 쓰는 것 외에는 물건이나 서비스를 만들지 않는, 말 그대로 중간에서 다른 사람들의 이야기를 전달할 뿐인 사람들입니다.

이는 곧 스스로 할 수 있는 게 많지 않다는 뜻입니다. 맛집을 취재했을 뿐 맛있는 음식을 만들지도, 친절하게 손님들을 응대하기도 어렵습니다. 아시아 홈런왕 이승엽과 수차례 대화를 했지만 스스로는 홈런은커녕 내야안타 치기도 버겁습니다. '나도 기자에 불과한데 무슨 용빼는 재주가 있는 것도 아니고…"

지금도 기자로 살고 있는 분들께는 정말 죄송하지만, 더 이상 신문사라는 조직에서 버틸 자신이 없었습니다. 기자로 버틸 수 있는 인내심도 바닥이 났습니다. 독자가 아닌 다른 목적을 위해 글을 쓴다는 게 더 두려워졌습니다.

기자로 살아온 14년이 후회된 게 그때가 처음이었습니다. 그런데 출근할 무렵 어떤 생각을 하자 피곤함이 거짓말처럼 사라졌습니다.

'1년 동안 취미 삼아 해왔던 팟캐스트를 전업으로 하면 어떨까?'

맞습니다. 독자 여러분이 보고 계신 이 책, 그리고 책보다 먼저 청취해주셨던 경제 팟캐스트가 바로 이 찰나의 생각에서 비롯된 겁니다.

《누가 내 돈을 훔쳤을까?》와 〈경제브리핑 불편한 진실〉은 이런 사유로 결국 탄생했습니다. 이 책의 토대가 된 〈경제브리핑 불편한 진실〉은 2015년 4월에 첫 방송을 한 이래 현재까지 2년 6개월을 이어왔습니다. 이 책이 나온 8월 초까지 약 670회를 방송했네요. 방송의 퀄리티를 떠나서 양적인 측면에서는 잘난 척을 살짝 해도 될 듯합니다.

사표를 낸 다음 정식 언론사인 '뉴스백'을 설립하고 경제 전문 팟캐스트를 만들기로 결정을 했는데, 방송명이 고민이었습니다. 구글 안드로이드처럼 마시멜로, 롤리팝 같은 먹거리가 들어가야 한다는 주장, 경제브리핑이나 경제나우와 같은 직관적이면서 쉬운 콘셉트로 가자는 주장이 맞섰습니다.

그런데 이때 신문사를 뛰쳐나온 궁극적인 이유에 대해 다시 생각을 했습니다.

'우리 애들 보기 민망한, 쪽팔리는 일을 더 이상 하기 싫다.'
'진실을 왜곡하는 양아치는 되지 말자.'
'광고가 떨어질 것을 우려해 그간 알면서도 기사화하지 못한 것들
을 편하게 다뤄보자.'

결국 '쪽팔림', '진실', '편하게'라는 단어를 가다듬은 〈경제브리핑
불편한 진실〉은 이렇게 세상의 빛을 보게 됐습니다.
공동저자인 저희는 '세상의 빛'이나 '소금'까지는 아니더라도 대기
업 자본에 휘둘리지 않고 있는 그대로 진실을 말하되 기업이나 정
부에서 불편할 수 있는 것들을 다루는 '프로불편러'가 되기로 했습
니다.
2년 6개월 방송하면서 다양한 불편한 진실을 까발리고, 강조하
고, 반복했습니다. 본문에서 마주하실 내용들은 그간 방송을 하면서
특히 많은 애청자들께서 분노하고 슬퍼하고 치를 떤 대목들입니다.

누가 내 돈을 훔쳤을까?

국민을, 특히 소비자를 불편하게 하는 건 결국 돈을 알게 모르게
더 쓰게 하는 것, 쓰지 않아도 될 돈을 쓰게 하는 것이라 할 수 있습

12

니다. 따라서 불편한 진실은 곧 도둑이라 할 수 있습니다.

도둑은 큰 도둑과 작은 도둑으로 나눌 수 있겠죠? 이 책의 1부에서는 큰 도둑을, 2부에서는 작은 도둑을 다루고, 두 도둑을 잡을 수 있는 현실적인 방법을 제안합니다.

전문가나 학계에서는 큰 도둑에 관한 이야기를 거시경제, 작은 도둑에 대한 이야기를 미시경제라고 합니다. 거시니 미시니 하는 것들은 결국 도둑 이야기이니 너무 겁먹지 않아도 되는 거였습니다.

다만 이들 도둑들의 실체를 알면 매우 허탈할, 더 나아가 '뚜껑 열릴' 가능성이 큽니다. 먼저 독자 여러분들은 월급을 얼마나 챙기고 계시나요? 이 질문은 제가 독자님의 개인소득이 궁금해서가 아니라, 힘들게 번 돈의 몇 퍼센트를 온전히 지갑으로 가져가느냐에 방점이 찍힌 겁니다.

최근까지 우리나라의 노동자 평균연봉은 3,170만 원이었습니다. 그런데 이 노동자들의 계좌에 들어온 돈은 약 2,300만 원이었습니다. 즉, 870여만 원이 감쪽같이 사라진 겁니다. 국가가 세금이라는 명목으로 미리 가져간 것인데, 대략 두 달에서 두 달 반 치 월급을 사전공제한 셈이죠. 두 달 치 월급을 만져라도 봤으면, 아니 구경이라도 했으면 그래도 덜 억울할 텐데 월급명세서에서만 가상으로 확인할 수 있는 게 현실입니다.

영화에 종종 나오는 악역 중 하나가 사채업자입니다. 이들은 대부분 돈을 꿔주면서 그 자리에서 선이자 명목으로 원금의 일부를 바로 가져갑니다. 원금 100%를 쓰고 이자를 내는 것과 원금의 일부를 떼이고 이자를 내는 건 하늘과 땅 차이입니다.

물론 국가에서 세금을 거둬가는 것과 사채업자의 악행을 직접적으로 비교할 수는 없지만, 우리가 써야 할 돈을 만져보기도 전에 가져가는 매커니즘은 놀랍도록 유사합니다.

그런데 월급을 좀먹는 도둑이 또 있습니다. 담배, 휘발유는 물론이고 과자, 음식을 먹을 때 내는 각종 간접세입니다. 최종 지불 가격에 이미 포함되는 경우가 대부분이라 안 낼 수가 없습니다. 결국 평범한 노동자와 소비자들은 월급 받을 때 한 번, 물건 살 때 또 한 번 세금을 강제로 내고 있는 것이죠. 물론 다른 나라에서도 비슷한 상황이 벌어지지만, 무슨 일이든 다 '정도의 차이'가 있게 마련이죠.

월급 도둑과 덩치가 비슷한 큰 도둑은 다음과 같습니다. 시간 도둑, 일자리 도둑, 열정 도둑, 숫자 도둑. 우리의 월급과 시간과 일자리, 열정을 빼앗는 도둑의 정체가 무엇인지, 우리에게 도둑질을 하기 전에 객관성이라는 핑계로 들이대는 통계, 즉 숫자의 불편한 진실을 파헤쳐봅니다.

큰 도둑이 추상적인 것들을 빼앗아간다면 작은 도둑은 눈에 보이는 작은 것들을, 하지만 빼앗기면 크게 빈정 상할 수 있는 것들을 집중적으로 노립니다. 독자 여러분들은 스마트폰을 보통 몇 년이나 쓰시나요? 아마 오래 쓴다고 해도 2년을 넘기 힘들 겁니다. 물론 1년마다 새 단말기를 사는 분들도 있지만 유행에 그다지 민감하지 않은 분이더라도 2년 이상 사용하기 어렵습니다. 그런데 이는 소비자의 잘못이 아닙니다. 우연을 가장한 필연을 연출하는 기업 탓일 가능성이 큽니다.

스마트폰을 들고 다니다가 바닥에 떨어뜨렸을 때의 아찔한 경험을 떠올려보시면 됩니다. 각종 커버와 케이스를 장착했음에도 액정에 거미줄처럼 줄이 쫙 그어진 적 있으시죠? '충격에 약한 유리가 바닥에 떨어져서 깨지는 건 당연하지 않나?' 하고 생각하시는 분들은 정말 착한 소비자입니다. 기업의 주장과 광고를 그대로 믿는 순진한 분입니다.

유리만 하더라도 일반 유리와 다른 강화유리가 있습니다. 안경에 들어가는 플라스틱 렌즈처럼 스마트폰 액정도 충격에 강한 플라스틱으로 만들 수도 있겠죠.

무게 배분이나 형태 변경과 같은 디자인공학을 활용해도 액정이 바닥에 닿는 것을 최소화할 수 있습니다. 이런 성과가 나오도록 돕는 케이스를 공짜로 주는 것도 나쁘지 않은 방법이겠죠. 하지만 스마트폰 제조사들은 이런 노력을 거의 하지 않습니다. 왜 그럴까요? 그래야 더 많은 스마트폰을 팔 수가 있기 때문입니다. 액정이 잘 깨져야 새 스마트폰이 바로바로 팔리고, 액정을 고치는 AS비용이 높아야 수리 대신 제품 구매로 유도할 수 있습니다.

즉, 스마트폰으로 먹고사는 기업들은 하나같이 '계획적 노후화'를 하고 있는 셈이죠. 계획적 노후화는 말 그대로 일부러 제품을 '오래된 것처럼' 만드는 행위입니다. OS 업데이트나 디자인을 내세워 노후화시키는 첨단 기법도 있으니 너무 놀라지 마세요.

이 외에도 아반떼 사러 갔다가 그랜저를 덜컥 계약하게 만드는 옵션 도둑도 목격할 수 있습니다. 덤터기를 우리에게 씌우는 가격차별 도둑, 죄악세 도둑, 메디컬푸어 도둑의 실상도 자세하게 알 수 있습니다.

큰 도둑과 작은 도둑을 하나씩 짧게 소개했는데 벌써 열 받으신다고요? 우리나라 경찰은 세계에서도 손꼽힐 정도로 범인을 잘 잡습니다. 지금은 다소 하락했지만 2000년대 중반까지는 범인 검거율이 78%를 기록했습니다. 이제 우리가 나설 차례입니다. 경제라는 필드에서 은밀하게 활동하는 큰 도둑과 작은 도둑은 경찰이 잡아주지 않습니다. 우리 손으로 잡아야 합니다.

그럼 도둑 잡을 준비, 되셨나요?

PS1. 이 책이 나오기까지 많은 분들의 도움이 있었습니다. 무엇보다 당시 미취학 아동이 둘이나 있었지만 사표를 내고 하루 만에 사업을 하겠다고 설치는 남편을 단 한 번도 원망하지 않은, 세상에서 가장 완벽한 아내 미석 님에게 감사드립니다. 지금은 취학을 했지만 '우리 아빠는 사장님'이라는 것에 대만족하는, 아빠가 세상에서 제일 멋진 줄 아는 딸 시연과 아들 범주에게도 고마움을 전하고 싶습니다.

그리고 두 아들을 키우시다 이젠 두 고양이만 키우시는 어머니 주의순 여사께도 사랑을 전합니다.

PS2. 2년 6개월의 방송 기간에 묵묵히 스마트폰으로, PC로 응원해주신 〈경제브리핑 불편한 진실〉의 5만여 애청자분들이야말로 이 책의 진정한 공동저자라 할 수 있습니다. 앞으로도 계속해서 응원과 격려, 채찍질 부탁드립니다.

PS3. 마지막으로 성공 가능성 0%에 가까웠던 사업에 흔쾌히 동참해준 공동저자 이국명 선배에게 감사함과 미안함을 표하고 싶습니다. 더 좋은 직장에 갈 수 있었지만 별 볼 일 없는 후배 하나 믿고 남은 인생을 배팅해주셔서 말이죠.

PART 1

누가 내 돈을 훔쳤을까?

PART 2

범인은 반드시 흔적을 남긴다

PART **1**

누가 내 돈을
훔쳤을까?

chapter 1

월급은
왜 짠가

—

세금과 시스템에 갇힌 월급명세서

우리나라 노동자의 평균연봉은 3,170만 원입니다. 작지 않은 금액이죠. 그런데 월급통장으로 들어온 돈은 겨우 2,300여만 원 정도, 그러니까 약 870만 원이 매년 감쪽같이 사라집니다. 금쪽같은 내 월급을 내가 만져보기도 전에 홀랑 훔쳐간 대범한 도둑은 누구일까요?

이피디 : 박 피디님. "눈뜨고 코 베인다"는 말 아시죠?

박피디 : 제가 커트 코베인은 잘 알죠. 레전드 록그룹 너바나의 보컬이잖아요.

이피디 : 에이, 아재개그가 아무리 인기라지만 어떻게 눈뜨고 코 베인다를 커트 코베인이랑 엮을 수가 있어요!

박피디 : 빵 터졌으면서 뭘 또 그렇게…. 물론 알죠. '알면서도 당한다.' 그런 의미잖아요. 그런데 커트 코베인 아니 눈뜨고 코 베인 이야기를 왜 하신 거죠? 혹시 코를 베이셨나요?

이피디 :얼마 전 지인 중 한 분이 허무하게 피해를 입었어요. 이름하여 '스미싱.'

스미싱은 스마트폰 메시지 등을 이용해서 개인정보를 **빼낸** 뒤 돈을 훔쳐가는 전자금융사기입니다. 요즘은 QR코드를 결합한 '큐싱' 사기도 기승을 부리고 있죠. '말도 안 돼! 문자만 믿고 순순히 돈을 내주는 사람이 어디 있어'라고 푸념하실 수 있는데, 의외로 당하는 사람이 많습니다. 그래서 "눈뜨고 코 베인다"는 말이 유효한 거죠.

실제로 한 지인에게도 안타까운 일이 벌어졌습니다. 얼마 전 공인인증서 보안 업그레이드 프로그램이라며 설치하라는 메시지를 받고 프로그램을 깔았답니다. 그 과정에서 금융거래정보를 입력하라는 알람이 계속 울리는 바람에 비밀번호, 보안카드번호 등 모바일뱅킹에 필요한 정보를 입력했고요. 그런데 일주일 뒤에 날벼락이 떨어졌다고 합니다. 1,000만 원의 대출이 본인도 모르게 이뤄진 것이죠. 그것도 은행 직원이 알려줘서 알았답니다.

금융감독원에 따르면 2017년 1분기 개인정보 관련 민원은 468건을 기록했습니다. 이 가운데 금전 피해구제 민원은 83건으로 전체 개인정보 관련 민원의 17.7%를 차지했고요. 알면서 당하는지 모르면서 당하는지 이렇게 피해를 보는 사람이 많습니다. 그런데 문자메시지만 조심하면 되는 게 아니라는 점에서 문제의 심각성이 있습니다.

박 피디: 눈뜨고 코 베이는 일이 그럼 더 있다는 말인가요?

이 피디: 그렇습니다. 안타깝게도 현실은 '눈뜨고 코 베이는' 일이 일상다반사입니다. 우리가 받는 월급은 물론 일자리, 시간, 담배, 휘발유, 자동차, 워터파크 등 셀 수 없이 많아요.

박 피디: 문제가 심각하군요. 당장 어떻게 해야 하나요?

이 피디: 우선 진정부터 하셔야 할 것 같은데요. 그렇게 서두른다고 해결될 문제가 아니랍니다.

박 피디: 그래도 마음이 너~무 급해요. 못 참겠어요!

이 피디: 자, 흥분도 가라앉힐 겸 어린 시절 읽었던 동화부터 살펴보죠. 박 피디님은 《톰 소여의 모험》 기억하죠?

직장인의 (월급을 찾는) 모험

폴리 이모는 말썽꾸러기 톰 소여에게 3미터 높이의 담장 30미터를 페인트로 칠하라고 명령합니다. 마침 장난치기 딱 좋을 정도로 날씨도 맑은 토요일이라 톰에게는 가혹한 벌이었죠. 친구들과 놀 계획까지 다 세워놓았던 톰은 침울한 마음으로 페인트를 칠하기 시작했습니다.

그런데 잠시 후 톰이 이모에게 달려와 다 칠했으니 놀러 가도 되냐고 묻습니다. 어른이 칠해도 하루가 꼬박 걸릴 일을 어린 톰이 반나절도 되지 않아 끝냈다니 이모는 도저히 믿을 수 없었습니다. 하지만 가보니 담장 전체에 하얀 페인트가 예쁘게 칠해져 있었죠. 도대체 어떻게 된 일일까요?

이야기는 이렇습니다. 톰이 페인트를 칠하는 모습을 발견한 친구 벤은 사과를 먹으며 "나는 헤엄치러 간다"고 놀렸습니다. 그러자 톰은 꾀를 냈죠. "우리 같은 아이들에게 담장 칠할 기회가 날마다 있는 줄 알아?"라고 받아친 것입니다. 벤은 움찔했죠. 이 모습을 본 톰은 마치 화가라도 된 것처럼 담장에 페인트를 칠하기 시작했습니다.

한참을 고민하던 순진한 벤은 "나도 한번 칠하게 해줘"라고 톰에게 부탁합니다. 벤은 톰이 당연히 부탁을 들어줄 거라고 생각했지만, 톰은 능청을 떨며 한술 더 떴습니다. "이건 이모가 나에게 맡긴 임무야. 아무한테나 시켜줄 수 없어. 하지만 넌 친구니까 그 사과를 나한테 주면 한번 생각해볼게"라고 도발했죠. 벤은 고맙다며 사과를 건네고 페인트 붓을 집어 들었습니다.

그런데 더 놀라운 일이 벌어졌습니다. 톰에게 담장 칠을 부탁한 친구들은 벤뿐만이 아니었습니다. 잠시 후 동네 아이들 대부분이 톰에게 담장 칠을 하게 해달라고 애걸복걸하기 시작했습니다. 톰은 그늘에 누워 친구들이 페인트 칠하는 것을 감상하면서 연, 구슬, 폭죽, 양철 병정 등 선물까지 챙겼죠. 하루 종일 해야 할 귀찮은 일을 금방 끝내고 수영까지 하며 놀았습니다. 그야말로 손 안 대고 코푼 셈입니다.

박 피디: 와, 톰이 개구쟁이인 줄만 알았는데 정말 영악한 사기꾼이었네요. 그런데 이 이야기는 왜 꺼내신 거죠? 톰이 뭘 훔쳐간 것도 아닌데….

이 피디: 당연히 톰이 도둑은 아니죠. 하지만 우리가 잡을 도둑이 톰에게 비법을 배운 것은 확실합니다.

박 피디: 네? 톰에게 배웠다고요?

이 피디: 네. 톰처럼 귀찮은 일을 다 떠넘기고 실속까지 챙기는 도둑이 의외로 많거든요.

박 피디: 도대체 그 도둑이 누군가요?

우리의 소중한 월급을 야금야금 훔쳐가는 첫 번째 도둑은 누구일까요? 정부, 은행, 신용카드, 사채, 학원비… 물론 이들도 빼놓을 수 없는 용의자이긴 하지만, 더 큰 도둑이 있습니다. 바로 월급입니다. 정확히 말씀드리면 월급 시스템이죠.

한 달 동안 뼈 빠지게 고생하고 받은 대가인 월급이 도둑이라니…. 월급만 바라보는 직장인들은 어떻게 살라는 말이냐고 항변할 수도 있겠습니다.

하지만 이렇게 귀한 월급이 어떤 과정을 거쳐 결정되는지 생각해본 적이 있나요? "연봉 협상을 통해서"라고 대답하셨다면, 연봉 협상 테이블에 몇 번이나 앉아보셨나요? 프로야구 선수나 프리랜서 같은 전문직이 아니라면 아예 없거나 손가락에 꼽을 정도일 것입니다. 설령 테이블에 앉았다고 하더라도 인사팀의 일방적인 설명과 강압에 어쩔 수 없이 사인을 해야 하는 '기분 나쁜' 경험이 대부분일 테고요. '협상'이라는 거창한 용어를 붙여놓긴 했지만 사실상 일방적인 통보일 뿐입니다.

왜 이런 일이 벌어질까요? 대부분의 노동자에게는 '월급 결정권'이 없기 때문입니다. 정확히 이야기하자면, 회사가 일방적으로 월급을 책정할 수 있다는 말입니다. 월급도 수요·공급 법칙, 즉 시장 논리에 의해 결정된다는 기존 경제학의 설명과는 정반대입니다.

바꿔 이야기하면 월급 시스템을 마음대로 주무르는 기업이 노동자에게 낮은 월급을 받아들이도록 강요하기 위해 수요·공급이라는 그럴싸한 '실드(shield)'를 친 셈입니다. "이 월급에도 일할 사람 널리고 널렸어"라며 잔뜩 후려친 연봉계약서를 노동자에게 들이밀기 위한 술책이라는 말이죠.

이 피디: 어때요? 톰의 이야기와 비슷해 보이지 않나요? 톰도 담장 칠하는 것이 큰 권리인 양 친구들을 속였죠. 자기가 해야 할 일을 떠넘기고선 선물까지 챙겼고요.

박 피디: 그러게요. 기업들이 하는 게 꼭 톰에게서 배운 것 같네요.

이 피디: 그런데 만일 친구들이 톰의 속임수를 알아챘다면 어떻게 했을까요?

박 피디: 저라면 아마 화를 내면서 톰을 쥐어팼을 것 같아요.

이 피디: 박 피디님이라면 충분히 그랬을 것 같네요. 하지만 마음 착한 친구들은 톰을 돕기도 했을 거예요. 톰도 친구들에게 고맙다며 가지고 있던 보물을 나눠줬을 수도 있고요.

박 피디: 에이, 말도 안 돼요.

이 피디: 쉽지 않은 일이긴 합니다. 하지만 톰이 친구들을 속이지 않고, 친구들도 톰과 놀기 위해 담장 칠을 돕는다면 가장 좋은 일이잖아요. 기업에서도 실제 이런 사례가 있습니다. 노동자들이 사측과 협력하는 곳이 의외로 많아요.

박 피디: 그런 기업이 있다고요?

이 피디: 그럼요. 바로 노동조합이 제대로 운영되는 기업들이죠. 연봉 협상도 제대로 하고, 노동규칙도 함께 만들고요. 기업이 노동자를 속이지 않아요. 대신 노동자들도 기업경영에 적극 협조하죠. 2016년 고용노동부 조사에 따르면 노조가 있는 기업의 근로자가 노조가 없는 기업의 근로자에 비해 근속연수는 2.6배, 연봉은 1.7배나 높은 것으로 나타났어요.

박 피디: 정말 그런가요? 오래 다닐 수도 있고 연봉도 많이 받을 수 있다니, 당장 노조부터 만들어야겠네요.

이 피디: 물론 그래야겠죠. 그런데 이보다 먼저 해야 할 게 있어요. 도둑을 잡아야죠.

박 피디: 아, 깜빡하고 있었네요. 아까 월급 시스템이 도둑이라고 했는데, 무슨 의미인가요?

이 피디: 의미를 파악하기 위해 월급이 무엇인지부터 명확히 알아볼 필요가 있을 것 같아요.

월급은 왜 짠가

월급이란 도대체 뭘까요? 한 달 동안의 고생에 대한 보상, 내 가치를 나타내는 척도, 우리 가족의 생명줄…. 누군가는 자신의 꿈을 희생한 대가라고도 말합니다.

처한 입장에 따라 의미는 다르지만 충분히 쓰고 남을 만큼 많은 월급을 받고 싶은 것이 대부분의 희망일 것입니다.

하지만 상황은 영 좋지 않습니다. SNS에는 이를 풍자한 시까지 있을 정도입니다. '오늘은 월급날'이라는 시처럼 직장인 대부분은 '월급이 너무 짜다'고 하소연합니다.

오늘은 월급날

퇴사하는 그날까지 하늘을 우러러
한 푼 카드빚이 없기를.
손 내미는 지름신의 손짓에도
나는 괴로워했다.
덕질하는 낙으로
모든 사고 싶은 것들을 참아내야지.
그리고 나한테 주어진 월급에
만족해야겠다.
오늘 밤에도 통장에 월급이 스치운다.

월급은 왜 짤까요? 여기에는 역사적 근거가 있습니다. 월급을 뜻하는 영어 단어는 'Salary'입니다. 이 단어는 소금(sal)을 지급한다는 라틴어 'Salarium'에 어원을 두고 있습니다.

역사적 기록도 남아있죠. 서기 1세기 무렵 로마의 장군이자 학자였던 플리니우스가 쓴 《박물지》에는 군인들에게 복무의 대가로 소

32

금을 지급했다고 나와 있습니다. 로마 군인들이 월급으로 소금을 받던 것에서 유래해 현대의 샐러리맨이란 용어가 탄생한 셈이죠. 월급이 짠 이유가 소금의 본성 때문이란 농담이 전혀 근거가 없는 것은 아닙니다.

박 피디: 나름 회사에 충성하면서 열심히 일했는데 맨날 쪼들리는 이유가 여기 있었네요. 소금 대신 설탕을 받았더라면 훨씬 달콤했을 텐데요.

이 피디: 그랬을 수도 있죠. 여기서 또 한 가지 알아볼 게 있어요. 직장인이라면 매달 월급명세서를 받잖아요.

박 피디: 아, 요즘은 이메일로 받죠.

이 피디: 월급명세서를 볼 때마다 대부분 한마디씩 내뱉죠. "뭘 이렇게 많이 떼!"

박 피디: 당연하죠. 너무 많이 공제하니까요.

이 피디: 그런데 월급에서 공제금액이 얼마나 되는지 꼼꼼히 따져본 적 있나요?

박 피디: 아뇨. 그런 걸 귀찮게 누가 따져봐요.

이 피디: 그렇죠. 또 '알면 뭐해 가슴만 아플 뿐'이라는 핑계도 있죠. 하지만 범인은 항상 현장에 증거를 남긴다고 하잖아요? 월급명세서를 자세히 살펴보면 월급 도둑의 윤곽을 눈치챌 수 있을지도 몰라요.

월급명세서는 근로자에게 지급한 임금, 상여금, 각종 수당에 대해 작성한 서식입니다. 기본 급여와 상여금, 퇴직금, 제수당 및 소득세, 주민세, 4대 보험(국민연금, 고용보험, 산재보험, 건강보험) 등 공제금액이 월급명세서에 다 들어있습니다.

회사는 월급에서 이런 공제액을 원천징수(차감)한 잔액을 직원들에게 지급합니다. 그렇다면 공제금액은 어떻게 결정될까요? 각 항목에 해당하는 세법 등에 따릅니다. 회사 마음대로 공제하는 것은 아니라는 이야기입니다.

월급명세서를 좀 더 자세히 살펴보겠습니다. 일반적인 회사의 월급명세서는 대략 다음과 같은 형태입니다.

성명	△△△	은행	△△은행
사번	1234567	계좌번호	***-***-****

급여 내역		세액 및 공제 내역		회사부담금
기본급①		국민연금⑤		
상여금②③		건강보험⑥		
시간외수당④		장기요양보험⑦		
직책수당		고용보험⑧		
기술수당		소득세⑨		
년 월차수당		주민세⑩		
식대		가불금		
기타수당		경조사비		
전월조정		기타공제		
급여 계	원	공제 계	원	
		실수령액 ⑪	원	

① 기본급

근로계약, 취업규칙, 단체협약 등에 의해 소정근로시간 또는 법정근로시간을 일할 경우 지급하기로 정해진 기본임금을 말합니다. 연봉제의 경우 기본연봉을 월액으로 환산(기본연봉/12)한 것이죠. 즉, 각종 수당을 제외한 순수한 월급을 뜻합니다.

그런데 왜 기본급을 따로 표시할까요? 기본급을 기준으로 각종 세금을 부과하기 때문입니다.

② 상여금

임금 이외에 특별히 지급되는 현금 급여입니다. 쉽게 이야기하면 보너스입니다. 본래는 평균 이상의 성과를 올린 경우에 지급하는 것이지만, 국내에서는 명절 떡값, 휴가비 등 정기 또는 임시로 지급되는 일시금을 뜻합니다. 따라서 상여금도 임금의 일부로 취급되고 노사교섭에 의해 결정되는 것이 일반적입니다.

③ 특별상여금(인센티브)

개인의 성과나 회사의 한 해 수익에 따라 직원들에게 지급되는 현금 급여를 뜻합니다. 진정한 의미의 보너스죠.

④ 시간외수당

정해진 근무시간을 초과해 일을 할 경우, 시간당 임금에 일정의 할증된 수당을 지급하는 임금을 말합니다. 근로기준법 제56조는 시간외·야간 및 휴일 근무에 대해서는 통상임금의 50% 이상을 가산 지급하도록 규정하고 있습니다.

⑤ 국민연금

직장인이라면 의무가입 대상입니다. 복리후생비나 실비수당을 제외한 지급 총액의 9% 중 4.5%는 근로자가, 나머지 4.5%는 사업주가 부담합니다.

⑥ 건강보험료

이것도 직장인이라면 의무가입해야 합니다. 단, 회사와 1:1부담이죠. 2016년 10월 현재 근로자부담은 3.06%입니다.

⑦ 장기요양보험료

이것도 의무적으로 떼 갑니다. 건강보험료의 6.55%죠. 65세 이상 노인 또는 65세 미만의 치매, 중풍 등 노인성 질환을 가진 사람에게 신체활동과 가사노동을 지원하기 위한 목적이라고 하네요. 건강보험료와 마찬가지로 회사와 1:1부담입니다.

⑧ 고용보험료

고용보험료는 월급의 0.65% 부과합니다. 자칫 직장을 잃게 되었을 때 실업급여를 받기 위해서라도 가입해야 합니다.

⑨ 소득세

일반적으로 월급에서 가장 많이 떼어가는 항목입니다. 국가에 납부하는 세금으로 급여소득, 상여금, 부양가족 수에 따라 등급이 달라지죠. 근로소득세 규모가 지난 5년 새 50% 가까이 늘어난 것으로 확인됐다는 보도(연합뉴스 2016년 8월 7일자)가 나와 직장인들이 분통을 터뜨리기도 했습니다.

과세표준	기본세율
1,200만 원 이하	과세표준의 100분의 6
1,200만 원 초과~4,600만 원 이하	72만 원 + (1,200만 원 초과금액의 100분의 15)
4,600만 원 초과~8,800만 원 이하	과세표준 582만 원 + (4,600만 원 초과금액의 100분의 24)
8,800만 원 초과~1억 5,000만 원 이하	1,590만 원 + (8,800만 원 초과금액의 100분의 35)
1억 5,000만 원 초과	3,760만 원 + (1억 5,000만 원 초과금액의 100분의 38)

국세청 참조

⑩ 주민세

소득세의 10%로, 거주지 구청에 납부하는 지방세입니다.

⑪ 실수령액

이것저것 다 제하고 실제로 받는 한 달 월급입니다.

박 피디: 우와, 이렇게 많이 떼어가요? 순 도둑놈이네요.

이 피디: 참 많죠. 그래서 최저시급(2017년 시간당 6,470원)에 가까운 연봉

1,700만 원을 받는다고 해도 실수령액은 1,300여만 원밖에 되지 않아요. 무려 400만 원이 각종 공제로 빠져나가는 셈이죠. 노동자 평균연봉인 3,170만 원(국세청 2014년 조사자료)인 경우에도 실수령액은 2,300여만 원에 그치죠. 무려 870여만 원이 월급에서 사라지는 셈입니다.

박 피디: 완전 날강도네요.

이 피디: 이런 상황이니 '공제되는 금액 없이 고스란히 월급을 손에 쥘 수 있다면 얼마나 좋을까?'란 생각을 한 번도 해보지 않았다면 진정한 월급쟁이가 아니라는 말까지 나오죠. 그런데 분통터지는 일은 이것만이 아닙니다.

박 피디: 앗, 또 있어요?

이 피디: 당연하죠. 재산세 등 별도로 내야 하는 세금도 있고, 물건이나 서비스를 이용할 때 알게 모르게 내야 하는 세금도 많아요.

박 피디: 도대체 돈을 벌기 위해 일하는 건지 세금을 내기 위해 일하는 건지 모르겠네요.

이 피디: 그래서 생겨난 용어도 있어요. 바로 '세금해방일'

박 피디: 세금해방일요? 독립투쟁이라도 하는 건가요?

세금으로부터의 자유

'세금해방일(Tax Freedom Day)'은 노동자들이 세금에서 자유로워지는 날을 뜻합니다. 내야 하는 모든 세금을 충당하는 데 걸리는 근무일 수를 계산하는 방식이죠.

1월 1일부터 세금해방일까지 버는 돈은 온전히 나라에 세금을 바치기 위한 것이고, 이후에 버는 돈부터 내 지갑에 들어오는 것이라고 생각하면 됩니다.

우리나라의 세금해방일은 언제일까요? 자유경제원이 계산한 바에 따르면 2017년 세금해방일은 3월 26일입니다. 우리나라 노동자들은 365일 중 84일은 오로지 세금을 내기 위해 일해야 한다는 뜻이죠.

이는 3월 20일이었던 2016년보다는 4일(휴일 제외)이나 길어진 수치입니다. 이전 5년간의 세금해방일은 2015년은 3월 23일, 2014년 3월 22일, 2013년 3월 27일, 2012년 3월 25일, 2011년 3월 21일이었습니다.

그런데 세금해방일이 가장 짧았던 2016년에 국민들이 가장 행복했을까요? 물론 아닙니다. 박근혜·최순실 국정농단의 정점이기도 했고요. 실제로 세금해방일이 짧아진 것은 세금이 감소한 덕분이 아니기 때문입니다.

국세청에 따르면 직장인들에게 징수하는 근로소득세 규모가 최근 5년 새 50% 가까이 늘어났습니다. 2011년 18조 8,002억 원에서 매년 약 2조 원씩 꾸준히 늘어 2015년에는 28조 1,095억 원에 달했죠.

이후도 비슷한 추세로 추정됩니다. 같은 기간 국민순소득은

세금해방일			
대한민국 3월 27일	네덜란드 7월 3일	독일 7월 8일	벨기에 8월 8일

(2013년 기준)

1,082조 9,393억 원에서 1,254조 8,198억 원으로 약 172조 원 증가했습니다. 증가율이 16%에 그치죠. 소득 증가율보다 근로소득세 증가율이 훨씬 크기 때문에 세금해방일이 크게 길어져야 정상입니다. 하지만 실제로는 별 변화가 없습니다.

이유가 뭘까요? 세금의 누진율이 무력화됐기 때문입니다. 좀 더 명확히 이야기하면 근로소득세 이외의 재산세, 자동차세, 부가가치세, 개별소비세 등 다른 세금 증가율이 그만큼 줄었다는 이야기입니다. 누진율이 제대로 작동했다면 소득이 늘면 각종 세금도 더 늘어나 세금해방일이 길어져야 합니다. 하지만 누진율이 약화돼 상대적으로 고소득자가 세금을 덜 내고 저소득자가 더 많은 세금을 부담하니 세금해방일이 짧아질 수밖에 없죠.

박 피디: 그렇다면 세금해방일은 선진국일수록 더 늦어지게 되나요?
이 피디: 역시 똑똑하군요. 맞습니다. 세금해방일은 누진율을 철저하게

적용하는 선진국일수록 늦고 후진국일수록 빠른 게 일반적이
죠. 2013년 한국무역협회 조사에 따르면 네덜란드는 7월 3일,
독일은 7월 8일, 프랑스는 7월 26일이고, 벨기에는 8월 8일로
엄청 늦어요.

박 피디: 우와, 우리나라보다 두 배 이상 길군요.

이 피디: 그렇죠. 반면 키프로스(3월 13일), 인도(3월 14일), 알바니아(3월
25일) 등은 우리와 비슷해요. 세금해방일이 짧다고 좋아할 일이
아니라는 것을 여실히 증명하죠. 복지사회를 지향하고 국민들
의 자유를 보장하는 선진국일수록 세금해방일이 길기 때문에
'세금해방일의 역설'이라고 부르기도 해요.

박 피디: 재밌는 이야기네요.

이 피디: 더 재미난 것도 있어요. 우리나라 역대 정부별 세금해방일은 어
땠을까요?

박 피디: 아까 역설이라고 했으니 박근혜 정부가 가장 짧겠네요?

이 피디: 반은 맞고 반은 틀렸어요. 김영삼 정부 마지막 해인 1997년엔
3월 15일이었는데 김대중 정부였던 2002년에는 3월 20일, 노
무현 정부였던 2007년에는 3월 30일로 갈수록 길어지죠. 하지
만 이명박 정부였던 2012년에는 3월 25일이었어요. 박근혜 정
부 마지막 해인 2016년에는 3월 20일이니 더 줄어든 셈이죠.

박 피디: 보수 정부일 때는 줄어들었다가 진보 정부일 때는 늘어났군요.

이 피디: 보수 정부일 때 세금해방일은 짧아졌죠. 하지만 서민들의 삶은
갈수록 팍팍해졌잖아요? 이것만 보더라도 세금해방일이 앞당

겨졌다고 좋아할 일은 아니죠.

박 피디: 정말 그렇군요. 세금해방일이 길어지더라도 누진제가 제대로 작동하고 국민이 낸 세금이 제대로 쓰인다면 서민들에게는 더 좋은 일일 수도 있겠군요. 그런데 갑자기 의문이 생기네요. 세금은 도대체 왜 걷나요?

이 피디: 이유를 알기 위해서는 역사부터 살펴봐야 하는데 괜찮겠어요? 세금의 역사가 생각보다 길거든요.

세금의 아주 오래된 역사

세금이 처음 등장한 시기는 농업혁명 이후입니다. 사람들이 농사를 짓기 시작하면서 정착하게 되자 적의 침입에 대한 대비가 필요했습니다. 하지만 하루 종일 농사일에 매달려야 하는 농부가 군사훈련까지 받는 것은 물리적으로 힘들었죠. 그래서 마을 또는 외부에서 자신들을 지켜줄 사람들을 모집하게 됩니다. 바로 군인의 탄생이죠.

그런데 군인들이 공짜로 마을을 방어해주진 않겠죠. 당연히 사례를 해야 합니다. 마을사람들은 자신들의 수확물을 조금씩 모아 군인에게 주기 시작했는데, 이것이 최초의 세금입니다. 특히 우리나라를 비롯해 중국 등 아시아에서는 군인들에게 주로 쌀을 지급했는데, 세금에 禾(벼 화)와 兌(바꿀 태)를 합친 세(稅) 자를 쓰는 것도 이런 이유 때문이 아닐까요?

고대 로마 또한 유럽과 아시아, 아프리카에 이르는 광대한 영토를 다스리기 위해 많은 직업군인이 필요했습니다. 기록을 보면 20만~30만 명이라는 엄청난 규모의 직업군인이 있었다고 합니다. 이들에게 줘야 할 보수가 만만치 않았겠죠?

그래서 로마는 식민지 주민들의 농지와 농작물에 재산세를 부과했다고 합니다. 세율은 대략 10%로, 당시 이웃나라들보다는 관대했다고 하네요. 세금이 관대했던 덕분에 식민지 주민들의 반란이 거의 없었고, 로마제국은 오랫동안 번영을 누릴 수 있었다고 합니다.

재산세만큼 역사가 긴 세금이 있습니다. 바로 통행세입니다. 다른 부족 혹은 다른 국가와 필요한 생산물을 교역하기 위해서 내는 세금이죠. 오늘날로 따지면 관세에 해당합니다. 기록에는 로마의 통행세는 1~5% 수준이었다고 하네요.

고대 중국은 생존 필수품인 소금에 세금을 매겼다는 기록이 남아 있습니다. 오늘날 우리나라 정부가 담배를 독점하는 것처럼 고대 중국은 소금을 독점 생산·공급했는데, 담배세가 그런 것처럼, 소금세의 세율도 당연히 높았습니다. 한나라 시대인 기원전 116년 소금 전매제로 세금을 부과한 기록이 나오는데, 이는 오늘날 개별소비세의 시초로 볼 수 있습니다.

주나라의 세금제도인 정전제를 실현하려는 노력도 많았습니다. 정전제는 토지의 한 구역을 '정(井)' 자로 9등분해 8호의 농가가 각각 한 구역씩 경작하고, 가운데 있는 한 구역은 8호가 공동으로 경작해 그 수확물을 국가에 조세로 바치는 방식입니다. 수확량의 9분의 1을 세금으로 내는 셈이죠.

박 피디: 세금의 역사가 정말 길군요. 그러면 우리나라 세금의 역사는 얼마나 됐나요?

이 피디: 우리나라 최초의 국가인 고조선에도 세금에 대한 기록이 남아 있습니다.

박 피디: 역시 그렇군요.

이 피디: 그런데 재미난 점이 있어요. 중국 역사서인 《맹자》에는 고조선은 수확물의 20분의 1을 세금으로 거뒀다고 적혀 있어요. 이는 당시 중국에 비해 월등히 낮은 세금이죠.

박 피디: 이유가 뭔가요?

이 피디: 고조선의 지배층인 귀족들이 검소한 생활을 했기 때문이라고 합니다. 거대한 궁궐이나 사원을 짓지도 않았고요. 맹자는 고조선의 이런 점을 칭송했다고 합니다. 중국이 이상적이라고 자랑했던 정전제보다 세금이 훨씬 적다니 놀랍지 않나요?

박 피디: 성인으로 불리는 맹자가 칭송한 고조선의 아름다운 역사는 다 어디로 갔을까요?

이 피디: 그러게나 말입니다. 세금은 중세에 들어서 더욱 정교해졌어요. 서민들을 수탈하기 위해 더 교묘해졌다는 이야기죠. 들으면 깜짝 놀랄 만한 황당한 세금도 많아요. 혹시 '수염세'라고 들어보셨어요?

박 피디: 수염세요?

이 피디: 네. 1699년 러시아의 표트르 대제가 도입했는데, 수염을 기르려
면 일정한 세금을 내야 했지요.

박 피디: 김흥국 씨가 당시 살았다면 "어딜 들이데"라고 화를 냈을 것 같
은데요.

이 피디: 이뿐만이 아니에요. 프랑스혁명 직후에는 '창문세'라는 말도 안
되는 세금도 부과했어요. 출입구나 창문 개수에 따라 세금이 매
겨져 창문을 막아버리는 경우도 많았다고 합니다.

박 피디: 세금 무서워서 창문도 마음대로 못 달았겠네요.

이 피디: 1993년까지 독일에 존재했던 '조명세'도 있어요. 말 그대로 설
치된 조명에 세금을 매긴 건데, 같은 백열등이라도 디자인이 촛
대인지 물방울인지 등에 따라 세율이 달랐다고 하네요.

박 피디: 설마 숨 쉬는 데 매기는 '공기세'도 있었던 건 아니죠?

이 피디: 다행히 그건 없었어요. 하지만 '살인세'에 대한 기록도 있어요.
1100년대 영국에서는 살인사건이 발생한 지 6개월이 지나도록
범인을 잡지 못하면 관할 태수가 영주에게 일정량의 공물을 바
치게 했다고 하네요. 미해결 살인사건을 태수의 업무태만으로
보고 물린 벌금이었죠.

박 피디: '살인세'는 미제사건이 많기로 둘째가라면 서러운 우리나라에
당장 도입해야 할 것 같은데요.

이 피디: 그건 좀…

박 피디: 그런데 이런 황당한 세금이 언제쯤 사라진 거죠?

이 피디: 현대적인 세금체계가 등장한 이후부터죠.

오늘날 가장 중요한 3대 세목인 부가가치세, 소득세, 법인세는 생각보다 역사가 짧습니다. 법인세가 그나마 빠른데, 19세기 자본주의가 발달하면서 주주가 유한책임을 지는 주식회사가 탄생했고, 이때부터 법인세를 걷기 시작했다고 합니다.

소득세는 제1차 세계대전의 전쟁비용을 조달하기 위해 미국에서 개인의 소득에 과세했던 것이 시초입니다. 부가가치세는 1954년 프랑스에서 처음 도입했다고 합니다.

이 피디: 세금의 역사를 살펴보니 우리 선조들과 요즘 노동자들 간에 별반 차이가 없죠?

박 피디: '세금 없는 세상에서 살았으면' 하는 생각은 예나 지금이나 다르지 않을 것 같아요.

이 피디: 그러니까 생각나는 영화가 하나 있는데요. 브루스 윌리스 주연의 블록버스터 〈아마겟돈〉 아시죠? 영화 속에 이런 장면이 나와요. 지구를 지키기 위해 목숨을 걸고 떠나는 우주비행사들에게 정부 관리가 소원을 말해보라고 하죠. 그러니까 한 명이 "죽을 때까지 세금을 면제해달라"고 하더라고요. 그 심정이 충분히 이해되지 않나요?

박 피디: 그러니까요. 저도 평생 세금면제 안 될까요?

이 피디: 저도 그랬으면 좋겠네요.

박 피디: 그러면 첫 번째 용의자는 세금이겠네요. 그런데 세금이라고 하면 너무 뻔하지 않나요?

이 피디: 그렇죠. 세금은 드러난 범인이죠. 따라서 숨어 있는 범인을 지금부터 찾아볼까 해요. 그러기 위해서는 앞서 언급했던 월급 시스템을 정확히 살펴보는 것이 필요해요.

월급의 경제학적 의미

경제학에서 월급을 본격적으로 연구하는 분야는 노동경제학입니다. 노동경제학은 고용량과 임금 수준, 고용여건 등 노동시장에 영향을 미치는 요인들을 연구하는데요. 노동경제학에서는 노동도 시장에서 거래되는 것으로 파악합니다. 수요·공급이론에 의해 결정된다는 이야기죠. 즉, 노동 수요가 많아지면 노동자들의 월급이 올라가고 노동 공급이 늘어나면 월급이 낮아진다는 설명입니다. 상품의 가치가 가격이 되는 것처럼 노동의 가치가 월급이 된다는 말이죠.

노동의 가치는 무엇으로 평가할까요? 노동경제학에서는 노동의 한계생산성을 지목합니다. 상품의 가격 결정과 마찬가지로 노동의 가격도 한계효용에 따라 결정된다는 것입니다.

예를 들어, 아이스크림 한 개를 더 먹을 때 생기는 한계효용만큼 가격을 지불하듯이 노동을 한 단위 더 투입할 때 생기는 한계생산성만큼 월급을 준다는 이야기입니다. 따라서 노동시장에서 결정되는

월급은 노동의 한계생산성과 일치하게 된다는 설명입니다.

이 피디: 그럴듯해 보이죠?

박 피디: 그래서 연봉 협상 시즌만 되면 회사에서 "너희 말고도 일할 사
람 널렸어"라고 위협하는 거군요!

이 피디: 그런데 한계생산성이 월급이라는 설명에는 큰 맹점이 있어요.
예를 들어, 연봉이 수십억 원인 대기업 CEO는 한계생산성도 수
십억 원일까요? 허창수 GS그룹 회장은 2016년 상반기에만 월
8억 6,983만 원의 보수를 받았다는데, 허 회장의 한계생산성이
평균적인 일반 노동자보다 406배나 많을까요?

박 피디: 글쎄요. 허 회장 혼자 일반 노동자 406명의 몫을 한다는 것은
상식적으로 납득이 가지는 않네요.

이 피디: 그렇죠. 게다가 허 회장 자리를 노리는 사람이 엄청나게 많을
텐데 공급이 늘어나도 월급이 천문학적인 이유를 설명해주지
못하죠. 반대도 마찬가지예요. 최저임금을 받고 햄버거 가게에
서 일하는 아르바이트생은 한계생산성이 시간당 2017년 기준
으로 6,470원밖에 되지 않는 걸까요? 1시간에 수십 개의 햄버
거를 만드는 아르바이트생의 한계생산성이 햄버거 세트 한 개
의 값어치도 안 된다는 게 상식으로는 이해하기 힘들죠.

박 피디: 그건 정말 말도 안 되죠. 그러면 노동경제학에서는 이런 모순
을 뭐라 설명하나요?

이 피디: 교육 정도, 숙련도 등의 차이 때문이라고 합니다.

박 피디: 차라리 최순실의 딸 정유라처럼 "네 부모 탓"이라고 하는 게 더 설득력 있겠네요.

이 피디: 그러게요. 이런 문제 때문에 최근 각광받고 있는 경제학 분야가 있어요. 바로 행동경제학입니다.

박 피디: 행동경제학은 또 뭔가요?

행동경제학은 인간이 이성적이고 합리적인 존재라는 기존 경제학의 가정에 의문을 제기합니다. 그래서 심리학과 각종 실험 등을 통해 인간의 행동을 분석하죠.

행동경제학에서는 이해하기 힘든 임금격차는 인위적으로 만들어진다고 설명합니다. 고전적인 수요·공급 곡선이 아니라 월급 책정을 주도할 수 있는 힘을 가졌느냐 못 가졌느냐에 따라 임금격차가 천문학적으로 벌어진다는 이야기죠.

예를 들어, 허 회장의 연봉이 높은 것은 허 회장 스스로 자신의 연봉을 정할 힘이 있기 때문입니다. 물론 이사회 등의 견제를 받을 수 있긴 하지만, 이사를 임명하는 데 가장 큰 영향력이 있는 사람은 바로 허 회장입니다. 허 회장이 뽑은 이사들이 감히 허 회장 연봉이 많으니 깎자고 할 수 있을까요?

장하준 케임브리지대 교수는 《그들이 말하지 않는 23가지》에서 '미국 CEO들은 간단해진 해고 절차, 임시직 증가, 다운사이징 등으로 얻은 이윤을 주주들에게 분배해 그들이 경영진의 과도한 보수를 문제 삼지 않도록 했다. CEO들의 정치·경제·이데올로기적 영향력이 막강해진 마당에 그들의 보수가 시장에 의해 결정된다고 생각하는 건 환상일 뿐'이라고 지적했습니다. CEO의 월급이 시장의 영역에서 벌써 벗어났기 때문에 CEO와 종업원의 임금격차가 미국의 경우 최대 2,282배나 벌어졌다는 설명이죠. 자신들이 마음대로 자신의 월급을 정하니 천정부지로 올랐다는 이야기입니다.

그럼 일반 노동자들의 적은 월급은 어떻게 설명할 수 있을까요. 노동자 간에도 월급 경쟁에 참여할 수 있느냐에 따라 격차가 매우 큽니다. 국회입법조사처가 '2015년 3월 경제활동인구조사 근로형태별 부가조사' 마이크로데이터를 이용해 분석한 결과, 유(有)노조·대기업·정규직일수록이 월급이 높았습니다. 무(無)노조·중소기업·비정규직 근로자보다 수입이 세 배에 달한다고 하네요.

조사 결과를 보면 세 가지 조건을 모두 갖춘 근로자는 전체 임금근로자(1,879만 9,000명)의 7.6%인 142만 8,000명인데, 이들의 월 평균임금은 417만 원이었습니다. 반면 세 조건을 하나도 갖추지 못한 근로자는 488만 5,000명에 달했고, 이들의 월 평균임금은 139만 원에 불과했습니다. 3대 조건의 유무에 따라 같은 근로자 사이에 세 배가량의 임금격차가 생긴 셈입니다.

이 조사는 무엇을 나타낼까요? 노조가 있고 정규직이면 노사 협상을 통해 월급 결정에 관여할 수 있기 때문에 많은 월급을 받는다는 설명이 가능하지 않을까요?

이뿐만이 아닙니다. 중산층의 몰락이 노조 쇠락과 일치한다는 주장도 쏟아지고 있습니다. 미국의 비영리 조사기관인 퓨리서치센터는 2016년 5월에 발표한 〈미국 대도시 중산층 붕괴〉라는 보고서에서 1971년 61%이던 중산층 비율은 2000년 55%, 2014년 51%로 하락한데 이어 2015년 초에는 49.9%로, 1971년 이후 45년 만에 처음으로 50% 선이 붕괴됐다고 밝혔습니다. 이처럼 중산층이 감소한 원인에는 글로벌화, 기술 발전 등도 있지만 노조 약화가 결정적인 역할을 했다고 설명했죠.

실제로 미국 레이건 대통령이 1981년 미국항공관제사노조(PATCO) 파업 때 '참가자 전원 해고'라는 초강수로 진압한 이후 미국 노조는 자연스레 쇠락의 길을 걷게 됩니다. 30%가 훌쩍 넘던 노조 가입률이 10% 초반으로 추락하면서 중산층 비율도 함께 떨어졌던 것이죠.

박 피디: 우와, 그렇군요. 노조가 힘을 잃으면 중산층이 몰락한다니 정말 끔찍한 사실이네요.

이 피디: 더 놀라운 일도 있어요. 노조 가입률이 저조해지면 노동자들이 자기 가치만큼 급여를 받고 있다는 사회 통념이 확산돼요.

박 피디: 이런 통념이 확산되면 어떻게 되는데요?

이 피디: 앞에서 거론했던 노동의 한계생산성만큼 주고 있으니 군말하지 말라는 주장에 힘이 실리는 거죠. 월급이 적은 것은 스스로 못난 탓이라고 생각하게 되는 것입니다. 특히 이런 생각은 기업들의 광고로 연명하는 언론 등을 통해 노동자들에게 주입되기

때문에 빠져들기 쉽죠.

박 피디: 정말 무섭네요.

이 피디: 이뿐만이 아니죠. 더 나아가 연봉이 자신의 가치를 결정한다고
도 생각하게 돼요. 그래서 자신보다 연봉이 많은 사람을 만나면
자신이 초라해 보인다고 착각하는 경우도 많죠. 월급명세서를
받을 때마다 학창 시절 공부를 열심히 하지 않은 자신을 탓하면
서 말이죠. 한마디로 돈으로 인간을 평가하는 천박한 자본주의
가 완성되는 거죠.

박 피디: 정말 끔찍하네요. 그럼 어떻게 해야 할까요?

이 피디: 이젠 월급명세서만 보고 '뭐 이렇게 많이 떼어가지'라고 한탄만
할 게 아니라 월급 결정 시스템에 참가할 수 있는 방안을 모색
해야 해요. 노조에 가입하거나, 노조가 없다면 노조를 결성하는
방법으로 말이죠. 8년 임기 내내 중산층 부활에 힘써온 오바마
대통령도 2015년 9월 7일 미국 노동절 연설에서 "내 가족의 생
계를 보장할 좋은 직업을 원하는가? 누군가 내 뒤를 든든하게
봐주기를 바라는가? 나라면 노조에 가입하겠다"고 외쳤잖아요.

박 피디: 그렇군요. 저도 당장 노조에 가입해야겠네요. 그러면 도둑은 다
잡은 거죠.

이 피디: 더 나아가 발상의 전환도 필요해요. 세금을 적게 내려고 머리를
싸맬 것이 아니라, 월급을 높여 세금도 많이 내겠다는 결심이
필요해요. 세금도 내지 않으면서 복지만 요구한다는 수구보수
의 비아냥을 물리치기 위해서라도 낼 것 제대로 내고 당당하게

복지 혜택을 요구해야 한다는 거죠. 물론 정부가 세금을 제대로 쓴다는 것이 전제가 돼야 하지만요.

박 피디: 진보 정부가 들어섰으니 가능하지 않을까요?

이 피디: 저도 그렇게 생각해요. 우리가 힘을 합친다면 복지선진국인 북유럽 국민들처럼 세금도 많이 내고 복지 혜택도 제대로 누릴 수 있는 대한민국이 멀지 않았다고 믿어요.

박 피디: 그럼, 이제 도둑은 다 잡은 건가요?

이 피디: 설마 그럴 리가 있나요. 이제 두 번째 도둑을 잡으러 가야죠.

박 피디: 어째 첫 번째 도둑보다 더 교묘하게 숨어 있을 것 같은데요.

이 피디: 당연하죠. 하지만 독자들과 함께 힘을 합치면 잡지 못할 도둑은 없어요!

박 피디: 그럼 빨리 도둑 잡으러 떠나요. 고고고~!

우리는 지금 우리의 돈을 훔쳐간 도둑을 찾고 있습니다. 가장 먼저 찾은 도둑은 월급 도둑입니다. 월급 도둑은 매우 교묘해서 월급을 받기도 전에 우리의 돈을 미리 훔쳐갑니다.

월급 도둑의 수법과 예방책을 다시 한 번 복습해보겠습니다. 월급 도둑의 수법은 크게 세금과 월급 시스템입니다.

첫 번째, 세금은 밖으로 드러난 도둑입니다. 월급명세서 등을 통해서 잘 알 수 있습니다. 소득세, 주민세 등 세금과 건강보험료와 같은 각종 보험료를 월급에서 공제합니다. 하지만 세금은 제대로 부과되어 제대로 쓰인다면 나쁜 것만은 아닙니다. 그래서 세금이 제대로 부과되고 있는지 알아볼 수 있는 것 중 하나가 '세금해방일의 역설'이었습니다. 세금 누진제가 제대로 작동하고 복지사회를 지향하는 선진국일수록 세금해방일이 길어졌기 때문입니다.

두 번째, 월급 시스템은 숨겨진 교묘한 도둑입니다. 톰 소여의 거짓말처럼, 기업은 경제학의 수요–공급 원리로 월급이 정해진다고 주장합니다. 한계생산성이라는 개념을 꺼내기도 합니다. 하지만 월급을 결정하는 숨은 원리는 결국 힘(Power)입니다. 월급을 결정할 힘을 가지고 있느냐 없느냐에 따라 결정된다는 것이죠. 수십 억 원의 월급을 받는 회장님들은 본인의 월급을 결정할 힘을 가지고 있습니다. 하지만 최저임금도 받지 못하는 비정규직은 자신의 임금을 결정할 힘이 없습니다. 너무나 당연한 이야기입니다.

제대로 된 월급을 되찾기 위해, 우리는 무엇을 해야 할까요? 오바마 전 미국 대통령의 고별연설에서 힌트를 찾을 수 있을 것 같습니다. 미국은 중산층의 몰락으로 인해 큰 어려움을 겪었는데, 이는 노조의 붕괴와 궤를 같이합니다. 그래서 오바마 전 대통령은 더 나은 월급을 위해, 건강한 중산층을 만들기 위해 노동조합이 필요하며, 평범한 사람들이 개입하고 함께할 때 변화가 일어난다고 강변했지요.
해답이 되었을까요? 정답을 두려워할 필요 없습니다. 시작은 작은 의심과 다짐부터입니다. 노조가 무엇을 말하고 있는지, 싸우고 있는 이유에 대한 궁금증부터 시작하면 됩니다. 거대한 변화는 여러분이 지금 딛는 한걸음부터 시작합니다.

chapter **2**

사장의 비겁한
거짓말
—
더 일하고 덜 받게 만드는 시간 도둑

서울의 야경을 아름답게 만드는 게 무엇인지 아시나요? 바로 '야근'입니다. 그런데 우리나라 노동자들이 받는 가장 큰 오해는 생산성이 낮다는 것입니다. 왜 가장 오랜 시간을 회사에서 보내는데 이런 황당한 오해까지 받아야 할까요? 낮은 생산성이 과연 개인의 문제일까요?

박 피디: 어쩐 일로 책을 다 보세요?

이 피디: 제가 원래 책벌레입니다. 남들이 안 보는 곳에서 독서를 해서 그렇지….

박 피디: 제목이 좀 어렵네요. 《호모 루덴스》? 호모 사피엔스는 많이 들어봤는데 화가 '루벤스'를 잘못 인쇄한 건가요?

이 피디: 루덴스는 '즐기는', '노는'이라는 뜻이에요. 즉, '놀이하는 인간'이란 건데, 원래 사람은 놀기 위해 태어났다는 주장이 나옵니다.

박 피디: 와우, 사랑받기 위해 태어난 것도 아니고 놀기 위해서라…. 완전히 제가 바라는 지상낙원인데요. 놀면서도 살 수 있고 돈을 벌 수 있는, 스트레스 받지 않고 즐기며 사는 것! 그런데 역시 책은 책인가 봐요. 현실과는 전혀 다른 이야기를 하고 있잖아요.

이 피디: 불과 몇 년 전만 해도 그랬죠. 하지만 요즘은 정말 잘 놀아야 성공할 수 있습니다. 이솝우화 중에 '개미와 베짱이' 이야기 기억하나요? 박 피디님도 베짱이처럼 성공할 거라 믿어요.

박 피디: 제가 베짱이라고요?

후덥지근한 여름철에도 개미는 부지런히 일했습니다. 추운 겨울

을 대비해 저장소를 만들고 음식을 날랐죠. 반면 베짱이는 땀을 뻘뻘 흘리는 개미를 놀리며 기타만 쳤습니다. 하지만 날이 점점 추워져 겨울이 찾아오니 베짱이는 개미를 찾아가 애원합니다. "개미 님, 너무 배가 고파요. 먹을 것 좀 주세요."

어린 시절부터 귀에 못이 박히도록 들었던 '개미와 베짱이' 이야기입니다. 미래를 대비하며 개미처럼 부지런히 일해라, 베짱이처럼 놀면 패가망신한다는 교훈을 담고 있죠.

그런데 요즘 학생들에게 이 이야기를 들려주면 '아재' 소리 듣기 십상이라고 합니다. 알파고가 활약하는 21세기에는 맞지 않는다는 이야기죠. 오히려 패러디 버전의 개미와 베짱이가 요즘 학생들에게는 익숙하다고 합니다. 다른 버전의 개미와 베짱이는 어떨까요?

설정은 똑같습니다. 하지만 결말은 완전히 다릅니다. 더운 여름날에도 땀을 뻘뻘 흘리며 한 푼 두 푼 모았던 개미는 티끌은 아무리 모아봐야 티끌이라는 사실을 절감하며 결국 파산한다는군요. 반면 여름날 기타치고 노래만 불렀던 베짱이는 오디션 프로그램에 출연해 아이돌 스타가 됐다고 합니다.

이솝우화보다 더 현실적이지 않나요?

박 피디: 진짜 그러내요. 요즘같이 경기가 좋지 않고 은행금리도 낮을 때 열심히 돈을 모아봐야 헛수고가 되기 십상이잖아요.
이 피디: 차라리 베짱이처럼 재능에 올인 하는 게 성공의 지름길이 될 수

있죠.

박 피디: 맞아요. 우리 같은 서민들이 서울에서 집을 사려면 먹지도 쓰지
도 않고 월급을 9년이나 모아야 한다고 하잖아요. 이건 아예 내
집 마련을 포기하라는 말인 것 같아요.

이 피디: 실상이 이런데도 많은 직장인들이 아직도 개미처럼 일만 해요.
열심히 일하면 뭔가 나아진다는 희망도 없는데 워커홀릭처럼
그냥 일에만 매달리는 직장인들이 많다고 합니다. 이런 직장인
들을 일컫는 용어도 있어요. '프리젠티즘(Presenteeism).'

박 피디: 꿈도 희망도 없는데, 왜죠? 프리젠티즘은 또 뭔가요?

억지로 워커홀릭

프리젠티즘은 출석하다는 뜻의 'Present'에서 파생된 용어로, 회
사에 출근은 했지만 질병이나 스트레스로 인해 정상적으로 업무를
수행하지 못하는 현상을 뜻합니다. 쉬고 싶지만 혹시나 책상을 뺄까
두려워 자리를 지키고 있다는 이야기죠. 한마디로 비자발적인 워커
홀릭입니다.

프리젠티즘은 미국의 경제학자 W. 오츠가 《워커홀릭》이란 책에
서 처음 사용한 것으로 알려져 있습니다. 아픈데도 개미처럼 일하는
직장인들이 늘어나 현대인의 심각한 사회병이 되고 있다는 지적입
니다.

특히 모든 것을 스마트폰이나 태블릿으로 처리할 수 있는 환경이 조성되면서 프리젠티즘은 더욱 확산되고 있다고 합니다. 어차피 집에서 쉬어봤자 끊임없이 카톡이나 메신저로 업무지시가 떨어질 텐데, 차라리 회사에 출근하는 것이 낫다는 이야기죠.

세계 경영학계도 최근의 프리젠티즘 확산 추세에 우려를 나타내고 있다고 합니다. 책상에 앉아 있다고 성적이 오르는 게 아닌 것처럼, 자리만 지킨다고 생산성이 높아지지 않는다는 것이 각종 연구를 통해 증명됐기 때문입니다.

미국 코넬대의 연구에 따르면 프리젠티즘 때문에 억지로 출근하는 직장인은 매년 255달러(약 29만 5,000원)의 비용을 회사가 더 부담하게 만든다고 합니다. 업무집중도가 떨어지고 작업의 완성도와 정확성이 저하돼 생산성이 크게 악화되기 때문이죠.

매년 29만 원이 크지 않아 보이지만, 직원이 1,000명인 기업이라면 무려 약 3억 원의 비용을 매년 낭비하게 되는 셈이죠. 이를 미국 전체 기업으로 확산해보면 손해는 약 1,800억 달러(약 170조 원)에 달한다고 합니다. 정말 엄청난 숫자죠?

박 피디: 정말 심각하군요.

이 피디: 덴마크 동앵글리아대 연구는 더 놀라워요. 우체국 집배원과 그들의 상사를 3년간 분석한 결과인데요. 근무시간을 늘려 일하라고 강요하는 직장 상사가 많을수록 기업의 손해가 더 커졌대요.

박 피디: 직원들이 일을 많이 하면 이익이 나야 하는 것 아닌가요?

이 피디: 상식적으로는 그렇죠. 그런데 연구 결과는 정반대였어요. 이유는 이렇대요. 강압적으로 일을 시키는 상사가 많을수록 직원들은 눈치를 보느라 휴가는 물론 병가도 제대로 쓰지 못하게 되잖아요. 그래서 아파도 끙끙 앓다가 3년 정도 지난 후 한꺼번에 병가가 쏟아진대요. 그러면 어떻게 되겠어요? 아픈 직원이 늘어나 기업 부담은 커질 수밖에 없죠.

박 피디: 그렇겠군요. 열심히 일만 하다가 파산한 개미랑 똑같네요.

이 피디: 그렇죠.

박 피디: 우리나라도 비슷한 연구가 있나요?

이 피디: 아쉽게도 딱 떨어지는 연구는 없어요. 하지만 프리젠티즘의 실체를 엿볼 수 있는 자료는 있어요.

고려대 보건과학과 역학연구팀과 이화여대, 토론토대 연구진이 전일제 노동자 2만 6,611명을 대상으로 설문조사한 결과, 상대적으로 힘들고 위험한 일을 하는 비정규직이 정규직보다 아파서 쉬는 병결 경험은 되레 4~43%가량 적은 것으로 나타났습니다. 반면 아파도 일하러 나온 프리젠티즘 경험은 하청 노동자들이 원청 정규직보다 20~61%가량 높았습니다.

이는 비정규직이 덜 아픈 것이 아니라, 아픈데도 참고 일하는 프리젠티즘 빈도가 높기 때문인 것으로 분석할 수 있습니다. 비정규직의 경우 고용이 불안한데 아파서 쉴 경우 기존의 저임금이 더 떨어질 것을 우려하기 때문이라는 설명이죠.

유급휴가를 보장받은 정규직은 89.2%에 달하지만 비정규직은 24.8%에 불과하다는 통계청 조사와도 별반 다르지 않습니다.

더 심각한 자료도 있습니다. 우리나라는 OECD가 매년 발표하는 노동자 1인당 연간 실제 노동시간 조사에서 언제나 최상위권입니다. OECD의 2016년 발표에서 우리나라의 노동자 1인당 평균노동시간은 2,113시간으로 OECD 회원국 34개국 평균(1,766시간)보다 347시간이나 많았습니다.

이를 하루 법정노동시간 8시간으로 나누면 한국의 노동자는 OECD 평균보다 43일 더 일한 셈입니다. 한 달 평균 22일을 일한다고 가정했을 때, OECD 평균보다 무려 두 달 더 일한 꼴입니다.

특히 OECD 국가 가운데 노동시간이 가장 적은 나라인 독일과 비교하면 차이는 더욱 극명하게 드러납니다. 독일의 연간 평균노동시간은 1,371시간으로 OECD 2위인 한국보다 742시간이나 적습니다. 무려 4.2달이나 덜 일하는 셈이죠. 한국 노동자의 프리젠티즘이 심각하다는 것을 확인할 수 있는 자료입니다.

한국의 노동자들은 비공식적인 노동시간도 많습니다. 한국노동연구원의 조사에 따르면 근로자의 86.1%는 퇴근 후에도 스마트폰 등으로 업무를 본다고 답했습니다. 업무시간 외에 업무 목적으로 스마트기기를 이용하는 시간이 평일 하루 86.24분에 달했죠. 심지어 휴일에는 95.96분으로 그 수치가 늘어났습니다. 일주일간 무려 11시간 이상 스마트폰으로 '초과근무'를 하는 셈입니다.

 이렇게 일을 많이 하는데 한국의 노동자들은 제대로 보상을 받고 있을까요? 우리나라 노동자의 평균 연간 실질임금은 구매력평가(PPP) 기준 3만 3,110달러입니다. 이는 OECD 평균인 4만 1,253달러의 80% 수준에 불과하죠.

 연간 실질임금을 노동시간으로 나눈 우리나라 노동자의 시간당 실질임금은 15.67달러로 OECD 회원국 평균 23.36달러의 겨우 3분의 2 수준입니다. 특히 독일의 노동자들은 시간당 32달러로 우리나라보다 두 배 이상 높습니다.

 바꿔 이야기하면 같은 시간을 근무해도 한국 노동자가 받는 시간당 임금이 독일의 절반에도 미치지 못한다는 것입니다.

박 피디: 같은 시간을 근무해도 독일 노동자의 절반밖에 월급을 못 받는다니 심각하네요. 게다가 퇴근 후에도 일하는데 말이죠. 이것도 프리젠티즘 때문에 벌어지는 현상인가요?

이 피디: 역시 똑똑하군요. 이를 극명하게 드러내는 우울한 자료가 또 있어요. 대한상공회의소와 맥킨지가 9개월간 국내 기업 100개사의 임직원 4만 명을 심층조사해 작성한 〈2016년 한국 기업의 조직 건강도와 기업문화 종합보고서〉를 보면 우리나라 노동자들은 주 5일 중 평균 2.3일을 야근한다고 해요. 심지어 매일 야

근한다는 응답자의 비율도 8.9%에 달하죠.

박 피디: 맞아요. 저희도 신문사 다닐 때에는 이틀에 한 번꼴로 야근했잖아요.

이 피디: 그렇죠. 그런데 야근이 꼭 필요해서 했나요? 특별한 이유도 없이 상사가 시키니까 하는 경우가 많았잖아요.

박 피디: 정말 짜증나는 경우가 한두 번이 아니었죠. 야근하자고 해놓고선 술만 먹이는 경우도 많았어요.

이 피디: 맞아요. '시간 때우기'식 야근에 회식까지…. 우리나라 노동자들이 얼마나 자주 회식하는지 혹시 알아요?

박 피디: 한 달에 한두 번 정도?

이 피디: 그러면 다행이지만, 공식적인 회식만 따져도 주당 평균 0.45회에 달해요. 물론 비공식적인 회식까지 더하면 훨씬 더 많겠죠. 주당 이틀은 야근하고 격주로 하루는 회식까지 해야 하니 생산성이 높아질 리 없는 거죠.

박 피디: 야근과 회식에 지쳐 그냥 책상에서 멍 때리고 앉아 있을 때가 한두 번이 아니었어요.

이 피디: 2015년 영국 BBC는 프리젠티즘이 만연한 우리 기업문화를 신랄하게 비판하기도 했어요. 직장 상사보다 먼저 출근해 늦게 퇴근하는 프리젠티즘 때문에 한국이 산업화 국가 가운데 가장 높은 자살률을 기록하고 있다는 지적이죠.

박 피디: 프리젠티즘으로 목숨까지 버린다니 끔찍하군요.

이 피디: 한마디로 우리나라 노동자들이 회사에 과잉충성하고 있다는 이

야기죠. 쉬면 불안하니까 특별히 일이 없더라도 야근을 해야 마음이 놓인다는 노동자가 많은 이유도 여기에 있어요. 이 때문에 인터넷에서는 '사축동화'라는 슬픈 자화상이 인기를 끌고 있다고 합니다.

박 피디: 사축동화는 또 뭔가요?

회사에 길들여진 슬픈 회사원

인어공주는 마녀에게 정직원이 되고 싶다고 소원을 빈다.

그러자 마녀가 '우리 회사로 이직하라'고 권한다.

조건은 인어공주의 목소리를 반납하는 것.

마녀와 계약한 인어공주는 정직원이 된다.

하지만 곧 월급은 깎였고 야근수당도 받지 못한다.

휴일도 사라졌다.

부당한 대우에 맞서 노동청에 신고하려 했지만 목소리를 잃은 뒤였다.

인어공주를 패러디한 사축동화입니다. SNS에서 수많은 '좋아요'를 얻은 내용이죠. 해피엔딩인 기존 동화와는 달리 사축동화 버전은 비극적으로 끝나죠.

'사축(社畜)'은 원래 일본에서 만들어진 신조어입니다. 가축처럼 회사에 사육당하며 일만 하는 직장인을 뜻하죠. 박봉, 불안한 지위, 긴 노동시간 등 회사에서 팍팍한 삶을 살아간다는 슬픈 의미를 담고 있습니다.

그런데 이런 사축동화가 한반도로 건너와 더욱 악랄해지고 있습니다. 우리나라 전래동화를 패러디한 사축동화는 '헬조선'으로 변한 우리사회의 자화상을 그대로 보여줍니다.

산신령: 네가 떨어뜨린 건 연봉 1억의 힘든 일인가, 아니면 연봉 3,000만 원의 편한 일인가?

사　원: 연봉 3,000만 원의 편한 일입니다.

산신령: 정직한 자로군. 너에게 두 가지 일을 모두 다 주도록 하지.

사　원: 두 일을 다요?

산신령: 그리고 두 일을 합치면, 연봉 3,000만 원의 힘든 일이 된단다.

박 피디: 참 웃픈 이야기네요.

이 피디: 웃지 못하는 노동자들이 더 많을 걸요.

박 피디: 맞아요. 실제로 회사에서 비일비재로 일어나는 일이니까요. 이런 일을 당하고 있는 노동자도 많을 테고요.

이 피디: 그렇죠. 구조조정, 업무효율화 등 거창한 용어를 들이대면서 노동자를 끝없는 업무로 몰아넣는 회사가 의외로 많죠. 세 명이 할 일을 두 명이면 충분하다며 몰아치는 경우도 다반사입니다.

박 피디: 그건 약과죠. 두 명이 아니라 한 명한테 시키는 회사도 많아요.

이 피디: 그래서인지 사축동화를 접한 네티즌들의 반응이 상상초월이죠. '옛날 옛적에 휴일이라는 게 있었습니다', '연봉 3,000에 힘든 일도 전혀 현실적이지 않음. 1,500 정도라면 납득할까'라고 하더라고요.

박 피디: 참 씁쓸한 자화상이군요. 마치 '개미와 배짱이' 동화 속 개미처럼 일만 하다가 파산당할까 두렵기도 하고요.

이 피디: 그래서 지금부터는 해법을 알아볼까 해요.

박 피디: 앗, 해법이 있나요?

이 피디: 그럼요. 설마 해법도 없는데 이런 이야기를 했겠어요?

노동시간을 줄여라

해법은 생각보다 간단합니다. 발상을 전환하는 거죠. 노동시간을 줄이는 것입니다. 일자리를 쪼개 노동자들이 너무 긴 시간 일하는 관행을 없애자는 이야기입니다. '그게 가능이나 하겠어?', '노동시간이 줄어든 만큼 임금도 감소할 텐데?'라고 반문할 수도 있습니다. 이전 정부에서 추진했던 노동시간 단축으로 임금을 깎는 일자리 나누기나 임금피크제와 뭐가 다르냐고 할 수도 있죠.

임금을 깎지 않고 노동시간만 줄이는 방식으로 추진하면 됩니다. 그러면 시간당 임금은 당연히 올라가게 되죠. '기업들이 이런 손해

나는 짓을 하겠냐고 코웃음 칠 수도 있습니다.

하지만 불가능하지도 않습니다. 줄어든 노동시간만큼 생산성이 늘어나면 되니까요. 소설 같은 이야기라고요? 독일은 실제로 이런 방법을 통해 일자리 문제를 해결했습니다. 덕분에 경제위기에서 벗어나 유럽 최강국으로 거듭났죠.

앞서 언급했듯이 독일은 OECD 국가 중 노동시간이 가장 적은 나라입니다. 독일의 연간 평균노동시간은 한국보다 742시간이나 적습니다. 하지만 연간 평균실질임금은 4만 4,925달러로 한국의 3만 3,110달러보다 1만 1,815달러나 많습니다. 어떻게 가능할까요? 두 가지 이유가 있습니다.

우선 줄어든 노동시간만큼 생산성이 올라갔습니다. 업무집중도도 높아지고, 실수도 줄어듭니다. 물론 이것만으로는 부족할 수 있습니다. 생산성 향상으로도 채워지지 않는 기업의 손해가 발생할 수 있고, 줄어든 시간에 따른 노동자의 손해도 발생할 수 있습니다.

그래서 독일 정부는 기업과 노동자가 입은 손해의 일정 부분을 보전해주고 있습니다. 노동시간 단축으로 인한 손해를 기업, 노동자, 정부가 조금씩 나눠지고 있는 셈입니다.

덕분에 기업과 노동자 모두 불만이 없습니다. 난민이 그렇게 많이 몰려오는데도 독일이 유럽 내에서 가장 일자리가 많은 나라로 꼽히는 이유가 바로 여기에 있죠.

이런 정책이 실효성이 크자 독일 정부는 노동시간을 더 줄일 방침

OECD 취업자 연간 노동시간·실질임금 현황
2015년 OECD 회원국 34개국 기준, 취업자 1인당

연간 평균 노동시간 단위: 시간		연간 평균 실질임금 구매력평가기준, 단위: 달러	
OECD 평균 1,766		OECD 평균 41,253	
멕시코 ❶	2,246	룩셈부르크 ❶	60,369
한국 ❷	2,113	미국 ❷	58,714
그리스 ❸	2,042	스위스 ❸	58,389
칠레 ❹	1,988	노르웨이 ❹	50,908
폴란드 ❺	1,963	네덜란드 ❺	50,670
미국 ⑪	1,790	독일 ⑪	44,925
일본 ⑰	1,719	영국 ⑰	41,384
영국 ㉑	1,674	프랑스 ㉑	41,252
프랑스 ㉙	1,482	일본 ㉙	35,780
독일 ㉝	1,371	한국 ㉝	33,110

자료: 경제협력개발기구(OECD)

입니다. 저출산 해법의 일환으로 8세 이하 자녀가 있는 부부의 주당 노동시간을 32시간으로 줄이겠다는군요. 이로 인한 수입 감소를 보전하는 차원에서 매달 300유로의 보조금을 주겠다는 것입니다.

박 피디: 독일 멋지네요. 국민들의 소중한 혈세를 최순실 일파에 갖다 바쳤던 박근혜 정부의 대한민국과는 차원이 다르네요.

이 피디: 정말 그렇죠. 정부가 이렇게만 한다면 싫어할 국민들이 거의 없

겠죠? 그런데 놀라운 것은 독일만이 아닙니다. 스웨덴에선 최근 '하루 6시간 노동'이 확산되고 있다고 해요.

박 피디: 6시간이요? 그럼 그만큼 월급이 줄어들 텐데, 노동자들이 가만 있어요?

이 피디: 월급을 줄였다면 그 유명한 스웨덴 강성 노조가 가만히 있지 않았겠죠. 스웨덴 정부는 2015년부터 노동시간을 줄이면서도 월급을 그대로 유지할 때 어떤 경제적 효과가 발생하는지 분석하고 있었대요.

박 피디: 결과는 어떻게 나왔나요?

이 피디: 놀랍게도 건강 문제로 인한 노동자들의 결근이 절반 이하로 크게 줄었다고 합니다. 또 노동자의 행복도는 22%나 향상됐고, 생산성은 64%나 높아졌고요. 노동시간을 줄였지만 실적은 높아졌으니 이를 마다할 기업은 없겠죠.

박 피디: 정말 놀라운데요.

이 피디: 이 때문에 스웨덴에서는 하루 6시간 노동을 도입하려는 기업들이 늘어나고 있다고 합니다. 더 놀라운 일도 있어요. 우리나라 못지않은 노동 강도로 악명 높은 일본도 독일과 스웨덴의 사례를 흉내 내고 있답니다.

박 피디: 일본도요?!

일본은 최근 초과근무로 늦게 퇴근하는 노동자에게 출근 전 최소한의 휴식시간이 주어질 수 있도록 보장하는 기업에게 보조금을 주는 제도를 추진하고 있습니다. '근무 간 인터벌 규제'로 부르는 이 제도는, 예를 들어 원래 퇴근시간은 오후 6시인데 오후 9시에 퇴근했다면, 이튿날 출근은 원래 출근시간인 오전 9시 대신 낮 12시에 하는 방식입니다. 이를 통해 장시간 근로하는 관행을 개선하고 근로자의 휴식을 보장하려는 것이죠.

일본 정부는 이를 취업규칙에 반영하는 기업에게 규제 도입에 따른 비용의 75%를 50만 엔(약 556만 원) 한도 내에서 보조하는 방안을 검토 중이라고 합니다.

더 나아가 우리나라의 전경련 격인 일본 경단련은 매달 마지막 금요일에는 오후 3시 퇴근을 제도화하는 방안을 추진하고 있습니다. 일본 대기업을 포함한 1,300여 개 회사들이 참여의사를 밝힌 상태고요. 최순실 등 실세에게 돈을 갖다 바치는 줄만 알았던 경제단체가 일본에서는 이런 기특한 일도 하고 있죠.

하루 5시간 근무제를 실시하는 미국 기업도 있습니다. 미국 샌디에이고에서 서핑보드를 생산·판매하는 타워패들보드가 그 주인공입니다. 이 회사의 창업자인 슈테판 아르스톨은 "하루 8시간을 일에 집중한다는 말은 거짓말"이라며 "집중하는 시간은 2~3시간 정도에 불과한데 차라리 효율적으로 일하려는 사람들을 고용해 더 적은 시간 일하는 것이 더 나은 것 아닌가"라는 의문을 가졌다고 합니다.

그래서 2015년 6월부터 3개월간 실험적으로 하루 5시간 근무를 적용했습니다. 아침 8시에 출근해 점심시간 없이 오후 1시까지 5시

하루 5시간 근무제를 실시하는 타워패들보드(출처: 타워패들보드 홈페이지)

간만 일하면 되는 거죠. 임금은 삭감하지 않고, 오히려 회사 이익의 5%를 전 직원에게 공유하는 이익공유제도 함께 도입했습니다.

놀랍게도 목표달성은 물론이고 연매출이 40% 증가한 것으로 나타났습니다. 직원 1인당 90만 달러(약 10억 원)의 매출을 올린 것이죠. 하루 5시간 근무로 연간 근무시간은 2,000시간에서 1,250시간으로 줄은 반면 평균연봉은 4만 달러에서 4만 8,000달러(약 5,397만 원)로 늘어났습니다.

박 피디: 노동시간은 줄었는데 연봉은 올라간다…. 그야말로 신의 직장이네요.
이 피디: 그렇죠. 그리고 노동시간을 줄이면 역설적이게도 생산성이 높

아진다는 사실을 증명한 셈이기도 하고요.

박 피디: 정말 그렇군요.

이 피디: 타워패들보드의 아르스톨 대표가 한 강연에서 남긴 말도 정말 인상적이에요. "오늘날 일하는 방식은 배우고, 아이디어를 내고, 커뮤니케이션을 하는 지식노동입니다. 기술진보 덕분에 이전만큼 시간이 걸리지 않죠. 그럼에도 하루 10~16시간 과로를 하는 것은 아이러니입니다. 행복한 노동자일수록 더 생산적입니다."

박 피디: 정말 멋진 말이네요. 기업이 잘되려면 노동자를 행복하게 해야 하는 거군요.

이 피디: 그렇죠. 그런데 노동자를 행복하게 하는 비법은 또 있어요.

박 피디: 와우, 또 있다고요?

출퇴근시간을 줄여라

근면성실의 이데올로기에서 벗어나기 위해서는 불필요한 출퇴근 시간을 줄이는 재택근무도 좋은 해법이 될 수 있습니다.

일본 토요타는 2016년 8월부터 재택근무제를 시행 중입니다. 단순히 생색만 내는 것이 아닙니다. 본사 직원 7만 2,000여 명 중 약 3분의 1에 해당하는 2만 5,000여 명이 재택근무의 혜택을 받고 있습니다. 그야말로 엄청난 규모입니다.

그런데 이들은 정말 집에서만 일하는 걸까요? 주로 컴퓨터를 활용하는 사무직은 집에서 종일 일하고 일주일에 한 번 2시간만 출근하면 된다고 합니다. 그야말로 출석 체크 수준 정도밖에 부담이 없을 듯합니다. 회사 밖에서 대부분의 시간을 보내는 영업담당자도 일이 끝나면 사무실로 돌아가지 않고 바로 퇴근해도 된다고 합니다. 귀가 후 이메일로 업무 상황을 보고하기만 하면 되죠. 중요한 회의가 있는 경우가 아니면 일주일 내내 회사에 굳이 들를 필요가 없다는 이야기입니다. 정말 꿈같은 근무 조건이죠.

도대체 토요타는 왜 이런 제도를 도입했을까요? 남성의 육아 참여를 돕고 여성이 계속 일할 수 있는 환경을 조성하기 위해서라고 합니다. 업무 경험이 풍부한 여직원이 육아 또는 부모 간병을 이유로 회사를 떠나는 걸 막고, 육아에 적극 참여하는 남직원을 지원하기 위한 것이란 설명입니다.

그런데 부러워하긴 아직 이릅니다. 재택근무에서 한 발 더 나간 제도를 도입한 기업도 등장했습니다. 유니레버재팬은 근무시간과 장소를 사원이 자유롭게 택하는 제도를 시행 중입니다.

근무시간과 장소를 자유롭게 택한다는 게 어떤 의미일까요? 유니레버재팬에 따르면 집이나 카페, 도서관 등 장소를 가리지 않고 직원이 원하는 곳에서 하루 7시간 35분만 채우면 근무한 것으로 한다고 하네요. 시간도 평일 오전 6시부터 오후 9시 사이에 사원이 원하는 시간에 일하면 된다고 합니다. 그래서 제도 이름도 'WAA(Work from Anywhere and Anytime)'라고 합니다.

아직도 이해하기 힘들죠. 유니레버재팬 홈페이지에는 상세한 예시도 나와 있습니다. 보육원에 다니는 아이가 있는 직원이라면 오전 6~7시 아이가 깨기 전에 회의를 준비하고 오전 7시부터 오전 8시 30분까지 아이를 등교시킨 뒤 오전 8시 30분부터 오전 11시까지 자택에서 근무를 하고 전화회의를 합니다. 또 오전 11시부터 1시간 동안 점심식사를 한 뒤 오후 3시 30분까지 재택근무를 한 다음 오후 3시 30분부터 오후 8시까지 보육원에 아이를 데리러 가거나 가족과 저녁식사를 함께합니다. 오후 8시부터 30분간 메일을 체크하는 것으로 하루 총 7시간 35분의 노동을 마무리하게 된다고 하네요. 7시간 35분을 쭉 근무할 필요도 없이 몇 개로 쪼개서 근무해도 된다는 이야기입니다.

혹시 홍보용으로 일부 직원만 적용하는 것은 아닐까 하고 의심할 수도 있을 것입니다. 하지만 유니레버재팬에 따르면 공장근무자 등 일부 사원을 제외한 약 400명의 사원이 적용 대상이라고 합니다. 정말 놀라울 따름이죠.

이 제도 도입 배경에 대한 유니레버재팬의 설명도 눈길을 끕니다. 모든 직원이 자신답게 일하면서 한 팀으로서 최대한 능력을 발휘하는 것이 사업 성장의 기반이라고 여기기 때문이라는군요.

박 피디: 앗, 이런 꿈의 직장이 일본에 있다니 정말 놀라운데요. 사실 출

퇴근하는 데 소비하는 시간만큼 아까운 것도 없어요. 많은 사람에게 치이다보면 지옥 같다는 생각이 들기도 해요.

이 피디: 정말 동감해요. 저는 하루 3시간을 출퇴근에 낭비하잖아요. 그 시간만 아껴 공부했으면 박사학위를 따고도 남았을 것 같아요.

박 피디: 나이 때문에 가능하시려나…. 농담이니 화내지 마세요. 그런데 재택근무는 최근에야 등장한 거죠? 아무래도 인터넷, 노트북 등이 있어야 가능할 테니까요.

이 피디: 그럴 것 같지만, 재택근무란 말이 등장한 게 생각보다 오래됐더라고요.

재택근무란 용어는 1980년에 출간된 앨빈 토플러의 《제3의 물결》에서 처음 등장한 것으로 알려져 있습니다. 무려 40여 년 전이죠.

앨빈 토플러는 왜 재택근무란 단어를 썼을까요? 토플러는 이 책에서 제1의 물결인 농업혁명은 수천 년에 걸쳐 진행됐지만 산업혁명이란 제2의 물결은 300년밖에 걸리지 않았고, 제3의 물결인 정보화혁명은 20~30년 내에 이뤄질 것이라고 주장했습니다.

정보화혁명이 가속화되면 굳이 회사에 출근하지 않고도 집에서 업무를 처리할 수 있을 것으로 예상한 것이죠. 노트북, 스마트폰 등 IT기기를 가지고 집에서 일하는 '스마트워크'가 가능할 것으로 내다본 셈입니다.

정보화에 가장 앞선 미국에서는 이미 상당수의 직장인들이 재택근무의 혜택을 보고 있습니다. 브루킹스연구소의 조사에 따르면 무려 650만 명의 직장인이 대부분의 시간을 집에서 일하고 있다는군요. 이는 전체 직장인의 4.5%에 달하는 수치입니다. 특히 1980년에 비해 두 배로 늘어난 것이라고 합니다.

덕분에 미국에서는 재택 일자리를 전문적으로 연결해주는 플렉스잡스(FlexJobs)란 사이트도 인기라고 합니다. 4만 개 기업의 정보를 데이터베이스화해 재택근무자를 찾는 회사와 재택근무를 희망하는 구직자를 연결해주는 방식이죠.

박 피디: IT 분야에서는 둘째가라면 서러운 게 우리나라인데, 왜 우리나라에는 이런 서비스가 없을까요?

이 피디: 참 이상하죠. 하지만 노동자들은 스스로 알고 있을 것 같아요. 우리나라 기업문화가 독특하기 때문이죠.

박 피디: 강압적이고 군대 같은 문화! 맞아요. 그래서 앞서 이야기했던 프리젠티즘 현상이 우리나라에서 유독 심하잖아요.

이 피디: 그렇죠. 한마디로 서로가 서로를 믿지 못하는 거죠. 부하 직원은 상사의 '눈도장'을 찍어야 마음이 편하죠.

박 피디: 반대로 상사 역시 부하 직원이 눈앞에 없으면 제대로 일을 하는지 알 수가 없어 불안하고요. 그런데 재택근무를 하면 일을 제대로 하지 않는 경우가 늘어나지는 않을까요?

이 피디: 많은 기업들이 그런 무임승차 문제 때문에 재택근무 도입을 주저하는 것은 사실입니다. 하지만 이를 뒤집는 연구 결과가 있답니다.

온라인여행사 씨트립(Ctrip)의 공동설립자인 스탠퍼드대 니콜라스 블룸 교수는 콜센터 직원 500명을 대상으로 9개월간 재택근무 기회를 주는 실험을 실시했습니다. 절반은 재택근무를, 나머지 절반은 회사에서 근무하도록 한 것이죠. 그리고 성과를 비교 분석했습니다.

결과는 놀라웠습니다. 기업에서 가장 중요하게 생각하는 생산성은 재택근무자가 13% 높은 것으로 나타났습니다. 집에서 일하면 놀 것 같은데 정반대의 결과가 나온 거죠.

이유가 뭘까요? 우선 재택근무자는 출퇴근시간이 대폭 줄었습니다. 출퇴근 스트레스가 감소한 덕분에 병가까지 줄었죠. 평균근무시간은 9.5% 늘어났습니다. 게다가 일에 대한 만족감도 늘어났죠. 당연히 이직률이 회사근무자의 절반 수준으로 줄어들었습니다.

이뿐만이 아닙니다. 회사는 비용을 대폭 절감했습니다. 사무실 공간, 책상, 의자 등이 필요 없기 때문에 재택근무자 한 명당 매달 1,900달러(약 219만 원)나 줄였다고 합니다. 놀랍지 않습니까?

2016년 초 〈포브스〉에 실린 '집에서 일한다면 일을 사랑할 가능성이 87% 높아진다'는 제목의 기사도 눈길을 끕니다. 이 기사에 따르면 직장인 3,478명을 대상으로 조사한 결과, 재택근무자가 회사근무자보다 직업만족도가 두 배 가까이 높은 것으로 나타났다고 합니다. 그만큼 이직 등으로 인한 비용도 줄어든다는 이야기입니다.

이 피디: 물론 직원들이 근무하게 될 집의 보험 문제, 컴퓨터 보안사고 발생 시 대책 등의 걸림돌이 남아 있긴 합니다. 하지만 생각보다 재택근무의 장점이 많아 보이지 않나요?

박 피디: 그렇군요. 정말 편하게 집에서 일할 수만 있으면 좋겠어요. 하지만 이런 재택근무는 일부 기업의 이야기 아닐까요?

이 피디: 그렇지도 않아요. 이미 재택근무 확산은 글로벌 트렌드로 여겨지고 있답니다. 영국 BBC는 '디지털 노마드가 전 세계를 자신들의 사무실로 만들고 있다'는 기사를 통해 구글, SAP, 딜로이트 등 세계적인 기업들이 재택근무를 적극 수용하면서 사무 공간을 축소하고 있다고 보도한 적이 있어요.

박 피디: 와, 그런 세계적인 기업들도 재택근무를 한다고요?

이 피디: 놀라긴 아직 이르죠. 데이터분석업체 시트릭스는 2020년이 되면 영국 내 직장인의 70%가량이 재택근무를 할 것이라는 전망도 내놓은 바 있어요.

박 피디: 한국에서도 빨리 재택근무가 늘어나면 좋겠네요. 아침에 지옥철 타기 너무 힘들어요.

착한 직장인 콤플렉스를 벗어나라

물론 국내에서도 이 같은 움직임이 없는 것은 아닙니다. 파주출판단지에 위치한 도서출판 보리는 2012년 3월부터 '6시간 노동제'를 실천하고 있습니다. 오전 9시 출근, 오후 4시 퇴근이죠. 정말 꿈같은 근무환경입니다. 그런데 회사는 제대로 굴러갈까요?

물론 초반에는 우여곡절이 많았지만, 현재는 6시간 노동제가 안정적으로 자리 잡아가고 있다는 평가입니다. 똑같은 일을 6시간 안에 끝내기 위해서는 더 촘촘한 업무계획, 더 세부적인 업무동선을 짜야 했고, 집중적으로 일을 하기 때문에 생산성은 높아졌다고 합니다.

충주에 위치한 화장품기업 에네스티는 주4일제를 실행 중입니다. 매주 금·토·일이 휴무라는 이야기죠. 이는 30대 후반 기혼 여직원이 하루를 더 쉬게 해달라고 한 부탁이 계기가 됐다고 합니다. 2013년부터 전격 실시하는 대신 오전, 오후 30분씩 일을 더하고 있습니다.

에네스티는 주4일제 시행 3년 차에 매출 100억 원을 돌파하는 등 직원들의 근무집중도 향상에 따른 덕을 톡톡히 보고 있습니다.

박 피디: 이런 기업들은 정말 상을 줘야 해요. 그래야 더 많은 기업들도 따라하죠.

이 피디: 그렇죠. 이렇듯 의지만 있으면 충분히 실천할 수 있어요. 더 이상 컨베이어벨트에서 물건을 찍어내는 소품종 대량생산, 대량소비 시대의 관행에서 벗어난다면 충분히 가능한 이야기죠.

박 피디: 맞아요. 모든 직원이 같은 시간에 같은 일을 해야 한다는 고리타분한 사고도 버려야 하고요. 이를 위해서는 회사와 상사부터

각성해야 할 것 같은데요. 제도를 뒷받침해줄 정부의 정책도 필요하고요.

이 피디: 그렇겠죠. 하지만 무엇보다 노동자들의 생각부터 바뀌어야 합니다. 상사에게 눈도장을 반드시 찍어야 한다는 두려움부터 없애야 하죠.

박 피디: 불필요한 야근과 휴일근무를 해야만 회사에 충성한 것으로 여기는 구시대적 사고를 벗어나라는 말씀이시죠?

이 피디: 맞아요. 불필요한 야근을 거부하고 법으로 정해진 휴가는 당당히 누려야 하죠.

박 피디: 업무집중도를 높이는 대신 근무시간을 줄여달라고 당당히 요구도 하고요.

이 피디: 회사가 알아서 하루 6시간 근무, 재택근무 등 선진기법을 도입할 것이라 기대해서는 절대 안 돼요. 쥐어짜면 되는데 이런 선진제도를 알아서 도입하는 기업은 거의 없기 때문이죠.

우리가 개미처럼 힘겹게 사는 것은 결코 우리 자신이 부족해서가 아닙니다. 기득권층이 쳐놓은 근면성실이라는 이데올로기에 세뇌됐기 때문입니다. '착한 직장인 콤플렉스'에 빠져서 헤쳐나오지 못하는 것이 잘못이라면 잘못이죠. 휴가를 다 누리는 것이 혹시 회사에 해가 되는 건 아닐까 하는 걱정, 내가 야근을 하지 않으면 누가 할까라는 고민도 바로 착한 직장인 콤플렉스 때문에 생기는 것입니다.

하지만 콤플렉스에 벗어나 생각하면 명확합니다. 휴가를 챙기고 야근을 거부해서 회사 업무에 지장이 생기면 회사 시스템의 문제입니다. 효율화를 앞세워 여유인력 없이 몰아친 결과이기 때문에 회사가 책임져야 합니다. 결코 노동자들의 잘못이 아닙니다.

물론 착한 직장인 콤플렉스를 혼자서 벗어나는 것은 힘들겠죠. 하지만 연대를 통해 힘을 합친다면 못 할 것이 없습니다. 노조의 도움을 받는다면 더욱 쉬울 수도 있습니다.

사축되지 않기 위해서는 당당히 요구해야 합니다. 시간에 대한 통제권도 노동자에게 달라고 해야 합니다. 돈보다도 소중한 시간을 지키려면 스스로 시간을 지배해야 하기 때문이죠.

박 피디: 그런데 아직도 많은 노동자들이 '과연 이게 가능할까'라고 생각할 것 같아요.

이 피디: 슬프게도 그렇죠. 우리나라 노동자들에게 근면성실을 최고의 미덕으로 여기는 '착한 직장인 콤플렉스'는 신화 같은 존재죠. 회사 덕분에 먹고산다는 유교적인 생각에서 빠져나오는 것은 결코 쉽지 않아요.

박 피디: 맞아요. 일단 회사부터 살리고 봐야지라면서 가정을 팽개치고 일하는 노동자들이 의외로 많잖아요.

이 피디: 발상의 전환이 필요해요. 국민이 없으면 국가가 존재할 수 없듯이, 직원들이 사라지면 회사도 유지되지 못한다는 당당함을 찾아야 한다는 이야기죠.

박 피디: 당당함을 찾아라? 말은 쉽지 실제로는 어렵잖아요.

이 피디: 영화배우 박중훈 씨 아시죠? 〈내 깡패같은 애인〉에서 박중훈 씨가 날렸던 명대사가 페이스북, 트위터 등에서 인기더라고요.

박 피디: 인상만 쓰는 줄 알았는데, 명대사를 했다고요? 뭐라고 했는데요?

이 피디: "우리나라 백수 애들은 그래도 참 착해요. TV에서 보니까 프랑스 백수 애들은 일자리 달라고 다 때려 부수고 개지랄 떨던데. 우리나라 백수 애들은 다 지 탓인 줄 알아요. 지가 못나서 그런 줄 알고…."

박 피디: 와, 그런 말을 해서 더 이상 영화에 나오지 못하는 건가요?

이 피디 : 윽, 박중훈 씨 팬들이 들으면 어쩌려고 그래요. 아무튼 대단하죠. 박중훈 씨가 이야기한 것처럼, 프랑스 애들처럼 국가에 당당히 요구할 것은 요구해야 해요. 일자리 만들어내라고.

박 피디: 그렇죠. '국민의 충복'이라고 입만 열면 거짓말하는 정부 관료나 정치인들이 깜짝 놀랄 만큼 크게 요구해야겠죠.

우리가 찾은 두 번째 도둑은 시간 도둑이었습니다. 사실 시간 도둑은 우리의 돈을 직접 훔쳐간 게 아니라 돈보다 더 소중한 우리의 시간, 건강, 행복을 훔쳐갑니다. 시간 도둑을 잡는 과정을 되짚어 보면서 시간 도둑에게 빼앗긴 시간, 건강, 행복의 소중함과 그 해결책에 대해서 다시 한 번 알아보겠습니다.

시간 도둑을 잡는 첫 단추는 최근 문제가 되는 '프리젠티즘'이라는 용어였습니다. 프리젠티즘은 회사에 출근은 했지만 질병이나 스트레스로 인해 정상적인 업무를 수행하지 못하는 현상을 말합니다. 프리젠티즘 현상은 세계 최장의 노동시간을 보여주는 우리나라에서, 특히 정규직보다 비정규직에서 더욱 심각한 것으로 보입니다.

노동자의 시간, 건강, 행복을 빼앗는 프리젠티즘 현상을 해결하는 방법은 의외로 간단했습니다. 바로 노동시간을 줄이면 됩니다. OECD 국가 중 노동시간이 가장 적은 독일은 노동시간을 줄인 결과 생산성과 업무집중도는 올라가고, 실수가 줄어드는 결과를 얻었습니다. 결국 독일 정부는 노동시간을 더 줄일 방침이고, 스웨덴 정부도 하루 6시간 노동을 확산시키고 있었습니다. 또한 우리나라와 사정이 가장 비슷한 일본도 이 추세에 동참하고 있음을 알 수 있었습니다.

프리젠티즘 현상을 해결하는 또 하나의 방법은 재택근무입니다. 일본 토요타자동차, 유니레버재팬, 씨트립의 사례를 통해 해외 기업의 재택근무 형태를 살펴볼 수 있었습니다. 재택근무의 도입 이유가 토요타자동차의 설명처럼 업무 경험이 풍부한 여직원이 회사를 떠나는 걸 막고, 육아에 참여하는 남직원을 지원하기 위한 것이라면 일본만의 특수성은 아닐 것입니다. 또한 씨트립의 조사 결과처럼 생산성은 높아지고, 병가는 줄고, 평균근무시간은 늘어나고, 회사 비용까지 줄였다면 회사도 이득입니다.

해결책은 간단하지만 우리가 근무시간을 줄이지 못하는 이유는 근면성실이라는 이데올로기에 세뇌되었기 때문입니다. '착한 직장인 콤플렉스'에서 헤쳐나오지 못한다면 우리는 사축에서 영원히 벗어날 수 없습니다.

우선 '칼퇴'라는 말을 '정시퇴근'이라는 말로 바꿔봅시다. 우리가 일을 못 해서 야근하나요? 눈 딱 감고 퇴근해야 하는 시간에 퇴근해보세요. 생각보다 밝은 하늘이 반겨줄 것입니다.

chapter 3

경제학자의
뻔뻔한 거짓말
—
갑을관계를 왜곡하는 일자리 도둑

고용 없는 성장이 일상화된 지금, 전 세계는 일자리 문제로 골머리를 앓고 있습니다. 취업 준비생, 직장인 할 것 없이 모두 더 나은 회사에 취업하기 위한 스펙경쟁에 뛰어들고 있지요. 그런데 우리, 제대로 고민하고 있는 걸까요? 일자리 전쟁에서 진짜 갑은 따로 있습니다.

박 피디: "형, 듣고 있어? 형이 그랬지? 저 혼자 빛나는 별은 없다며. 와서 좀 비춰주라, 쫌."

이 피디: 뭐라는 거예요 또?

박 피디: 박중훈 씨 주연의 영화 〈라디오스타〉 명대사잖아요. 대사가 정말 감칠맛 나지 않나요?

이 피디: 그렇긴 하네요.

박 피디: 그러면 이 피디님도 저 좀 비춰주시죠. 저도 스타가 되게.

이 피디: 박 피디님은 영원한 나의 스타잖아요.

박 피디: 윽, 징그러워요.

이 피디: 그런데 얼마 전 놀라운 소식을 들었습니다. 영화에도 자주 나오지 않던 박중훈 씨가 드디어 고정 일자리를 찾았대요.

박 피디: 와, 정말인가요?

박 피디: 한때 슈퍼스타였던 영화배우니까 가능했겠죠. 저희 같은 일반인이 일자리를 잃고 27년 만에 일자리를 찾았다면 정말 영화 같은 이야기일 텐데요.

이 피디: 잠시 흥분도 가라앉힐 겸 옛날이야기 하나 들려드릴게요.

박 피디: 최근 이야기는 없나요?

이 피디: 기대해보세요. 평범한 이야기가 아니랍니다. 옛날, 황해도 바닷가의 어느 마을에 가난하지만 마음씨 착한 소녀와 앞을 못 보는 아버지가 함께 살았습니다. 어느 날 이 소녀가 이웃마을 잔칫집에 일을 하러 갔어요. 하지만 너무 늦게 돌아오자 봉사 아버지가 찾아나섰죠. 그런데 발을 헛디뎌 다리에 빠졌습니다. 다행히도 마침 길을 가던 스님이 건져주었…

박 피디: 앗, 이건 누가 봐도 〈심청전〉이잖아요. 우리 애들도 아는 이야기인데….

이 피디: 벌써 눈치챘군요.

박 피디: 아니 기대하라더니 실망인데요.

이 피디: 에이, 벌써 실망하면 안 돼요. 제가 이 이야기를 초등학교에 다니는 우리 딸에게 읽어주다 크게 깨달은 것이 있어요.

심청전의 불편한 진실

공양미 삼백석에 팔려 인당수에 몸을 던진 심청이의 이야기는 우리에게는 너무나 익숙합니다. 심청이의 효심에 하늘도 감복해 아버지인 심봉사가 눈을 뜨고 심청과 함께 행복하게 살았다는 해피엔딩 때문에 아이들에게도 많이 읽어주죠. 심청이 같은 효녀 딸을 원하면서 말이죠.

그런데 지금부터 〈심청전〉의 불편한 점을 짚어볼까 합니다. 〈심청전〉에 무슨 불편한 점이 있을까요? 인당수에 몸을 던진 심청이가 용왕의 도움으로 연꽃 속에서 부활하는 장면 다들 아실 겁니다. 연꽃에서 부활한 심청이는 왕궁으로 들어가죠. 그리고선 왕과 결혼해 왕후가 됩니다.

이를 가만히 듣던 제 딸이 이렇게 물었습니다.

"부활했으면 빨리 아빠부터 찾아야 하는 거 아니에요? 눈이 안 보여 혼자 밥도 제대로 못 먹을 텐데…."

맞습니다. 심청이가 왕후가 되는 사이 심봉사는 뺑덕어멈에게 갖은 수모를 당하죠. 공양미 삼백석도 빼앗기고, 쫓겨나기까지 합니다. 진정한 효녀라면 이런 상황도 예측할 수 있었을 텐데 말이죠.

심청이는 왕후가 되는 데 많은 시간을 써버리고 맙니다. 왕후가 되고 나서야 전국의 맹인들을 위한 잔치를 벌이죠. 물론 아버지를 찾겠다는 목적이긴 했지만, 이 대목도 이해되지 않는군요. 왕후라는 신분이라면 그냥 아버지를 찾을 수도 있었을 테니까 말이죠.

도대체 효녀라는 심청이는 왜 그랬을까요?

박 피디: 정말 듣고보니 그러네요.
이 피디: 저도 깜짝 놀랐어요. 역시 순수한 아이의 눈으로 보면 모든 것
　　　　이 달리 보인다는 생각이 들어요.
박 피디: 그런데 심청이 이야긴 왜 꺼내신 건가요?

이 피디 : 일단 궁금증은 잠시 접어두고 신문기사 하나 읽어볼게요.

10년째 반복되는 미스매칭

'실업자 절반이 대졸… 중기 79%는 인력난'이란 기사가 한때 많은 사람들의 관심을 끌었습니다. 제목만 봐도 무슨 이야기를 하려는지 바로 감이 잡히죠. 일자리 미스매칭의 심각성을 전하는 기사였습니다. 일단 기사부터 요약해보겠습니다.

〈한국의 사회동향 2016 보고서〉에 따르면, 한국의 일자리 미스매칭 현상은 경제협력개발기구(OECD) 회원국 중 가장 심각했다. 한국의 25~64세 인구 중에서 전문대 이상을 졸업한 고등교육 이수자 비율은 45%(2014년 기준)로 OECD 회원국 중 최고 수준이었다. 이는 독일(27%), 오스트리아(30%), 핀란드(42%) 등 유럽 선진국을 앞선 수치다. 하지만 25~64세 인구 중 관리·전문·기술직 종사자 비율은 21.6%로 독일(43.5%), 핀란드(45.2%) 등의 절반에도 못 미쳤다.

이 때문에 국내 실업자의 절반가량은 전문대 졸업 이상의 고학력자다. 통계청에 따르면 올 3분기(7~9월) 기준 실업자 총 98만 5,000명 중 전문대 졸업자 이상 비중은 44.5%에 이른다. 4년제 대학 졸업자로만 추려도 전체 실업자의 32%에 달한다.

반면 고졸 수준이 맡아야 할 일자리는 인력 공급이 부족해 향후 고질적인 인력난을 겪을 것이라는 경고가 나온다. 향후 10년간 고졸 인력 210만 명이 부족할 것이라는 추정도 있다.

실제로 중소기업은 뽑을 사람이 없어 지금도 골머리를 앓고 있다. 지난달 취업포털 사람인이 중소기업 155개 기업 등을 대상으로 설문조사를 한 결과 78.7%(122곳)가 '채용 시 어려움을 겪는다'고 답했다.

산업 구조가 고학력자 증가를 따라가지 못했기 때문에 미스매칭 현상이 갈수록 심각해지고 있다는 분석입니다. 중소기업의 임금과 복지 수준이 대기업에 미치기 못하기 때문에 구직자들이 중소기업을 외면하고 있다는 이야기죠.

실제로 동아일보의 경우에는 부산의 한 4년제 대학을 나온 A 씨의 사례도 전했습니다. 3년째 취업준비생 딱지를 떼지 못하고 있는 A 씨는 거의 모든 국내 유명 대기업의 서류전형에서 번번이 고배를 마셨지만 고용이 불안정한 중소기업은 아예 생각하지 않고 있다고 잘라 말했다고 합니다. "첫 직장이 중요하다는 선배들의 충고에 따라 당분간 공공기관 시험에 몰두할 계획"이라는 말도 덧붙였다고 하네요.

박 피디: 주변에도 이런 친구들이 많은 것 같아요. 그래서 공무원 시험 준비생을 뜻하는 '공시족'이란 신조어도 있잖아요.

이 피디: 그렇죠. 장기간 동안 공무원 시험을 준비하는 '공시 낭인', 장기간 미취업 졸업생을 일컫는 '장미족'도 있죠. 그런데 언론에서 이런 기사를 쓰고 신조어도 전하는 이유가 뭘까요?

박 피디: 심각성을 알리기 위해서?

이 피디: 그렇기도 하지만, 미스매칭의 심각성을 강조하기 위한 것으로 풀이할 수도 있어요. 구직자와 구인자의 눈높이가 다르니 이를 어떻게든 맞추자는 이야기죠. 물론 일리 있는 지적이에요. 하지만 이런 지적이 10년째 반복되고 있다는 사실 아세요?

'취업난 속 고졸 구직자 설자리 없다'(2005년 8월 17일자 아이뉴스24)

'생산라인 젊은 피가 안 돈다… 대기업 공장들 고민'(2006년 10월 1일자 경향신문)

'실업자 많아도 구인난… 대한상의 '일자리 중매''(2007년 2월 12일자 동아일보)

'구직자 취업난 울상… 중소기업은 못 구해 안달'(2007년 12월 20일자 노컷뉴스)

박 피디: 와, 10년 전에도 이런 지적이 있었군요. 제목만 봐도 수위가 높았는데, 왜 아직도 개선되지 않은 거죠?

이 피디: 이유가 뭘까요? 생각보다 간단할 것 같습니다. 눈높이를 맞출 생각이 양쪽 다 없기 때문 아닐까요?

박 피디: 눈높이를 맞출 생각이 없다고요?

이 피디: 네. 구직자도 눈높이를 낮추고 싶지 않고, 구인자인 회사도 눈높이를 조정할 생각이 추호도 없다는 이야기입니다. 그러니 미스매칭이 사라지지 않는 거죠.

박 피디: 그래도 구직자가 눈높이를 낮추는 게 맞지 않을까요? 아쉬운 사람이 우물 파야 하잖아요.

이 피디: 여러 언론들도 그 점을 지적하고 있죠. 앞서 언급한 3년차 취업준비생의 경우도 마찬가지죠. 이 친구를 응원하려고 3년째 취업준비 중인 사례를 실었을까요? 결코 아니죠. '이쯤 되면 포기하고 중소기업에라도 들어가야 할 텐데 아직 배가 불러서 그렇다', '제정신이 아니다'고 힐난하는 겁니다.

박 피디: 듣고보니 그렇군요.

이 피디: 물론 중소기업의 임금과 복지 수준이 대기업에 미치지 못하기 때문에 구직자들이 중소기업을 외면하고 있다는 설명을 붙여놓긴 했어요. 하지만 왜 중소기업의 임금과 복지 수준이 개선되지 못하는지는 거의 지적하지 않아요. 이 말이 무슨 의미일까요?

박 피디: 중소기업의 임금과 복지 수준이 부족한 것은 당연하니 그냥 받아들이라는 뜻인가요?

이 피디: 딩동댕. 특히 경제학 이론까지 동원해 그냥 받아들이라고 부추기는 경우도 많아요.

박 피디: 경제학 이론도 있어요?

매칭이론의 불편한 진실

미스매칭이 나올 때마다 주목받는 것이 매칭이론입니다. 2012년

노벨 경제학상을 수상한 앨빈 로스가 주창한 이론인데요. 게임이론에 바탕을 두고 있는 매칭이론을 통해 일자리 문제를 해결할 수 있다고 주장합니다. 어떻게 가능할까요?

《식탁 위의 경제학자들》을 쓴 조원경 박사는 이렇게 설명합니다. 드라마 〈태양의 후예〉의 주인공 유시진(A)과 강모연(B)이 있다고 가정합니다. 그리고 인기가 별로 없는 남자(a)와 여자(b)가 있습니다. 네 명이 어떤 식으로 짝짓기를 해야 가장 안정적일까요? 인기 있는 사람끼리(A-B), 인기 없는 사람끼리(a-b) 파트너가 되는 방법이 있을 수 있고, 서로 섞일(A-b, a-B) 가능성도 있습니다. 조합은 총 네 가지죠.

문제는 유시진인 A가 b와 짝이 되거나 강모연인 B가 a와 짝이 될 경우입니다. 만일 A와 b가 커플이 되면 유시진은 평생 강모연인 B를 그리워하며 살게 될 가능성이 큽니다. 또 a와 B 커플도 비슷한 이유로 파탄날 수 있죠.

결국 이 조합들은 깨지거나 불륜으로 이어질 수 있습니다. 따라서 가장 안정적인 상태는 (A-B), (a-b)로 커플을 이루는 것이라는 게 매칭이론의 결론입니다. 그럴싸하죠.

이를 일자리 문제에도 적용할 수 있습니다. 누구나 탐나는 인재 A와 누구나 들어가고 싶어 하는 기업 B, 보통인 구직자 a와 중소기업 b가 있을 경우 앞에서처럼 A-B, a-b로 매칭이 된다면 안정적이라는 이야기입니다. 현재 일자리 미스매칭도 이처럼 매칭만 잘하면 바로 해결된다는 주장입니다. 구직자와 기업이 서로의 상태를 정확히 공개해 탐색비용을 줄인다면 가능하다는 이야기죠.

박 피디: 맞는 이야기 같았는데 좀 불편하네요.

이 피디: 뭐가 불편하죠?

박 피디: 사람끼리 사귀는 것이야 그럴싸해 보였는데 취업을 생각해보니 억울할 것 같아요. '학력, 인맥 없는 사람은 평생 중소기업에서만 썩어라'라고 저주하는 것으로 보이네요.

이 피디: 그렇죠. 능력 없는 구직자는 불안한 일자리에 만족하고 살라는 이야기가 되니까요. 따져보면 이런 생각도 들어요. 유시진-강모연 커플만이 행복할까?

박 피디: 그렇지 않을까요?

이 피디: 드라마나 영화에서는 신분을 뛰어넘는 사랑을 자주 그리잖아요. 박근혜가 좋아했다는 드라마 〈시크릿 가든〉도 재벌 2세와 스턴트우먼의 사랑을 다루고 있잖아요.

박 피디: 그렇긴 하네요.

이 피디: 〈심청전〉도 마찬가지예요. 왕후라면 최소한 귀족 출신이어야 하는데, 심청은 평범보다 훨씬 처지는 집안 출신이잖아요. 봉사 홀아버지만 있고. 그런데도 결말은 행복해요. 신데렐라 등 다른 동화도 마찬가지죠. 신분을 뛰어넘는 사랑에 다들 감동받으면서 왜 유시진-강모연 같은 사랑만 안정적일 거라고 생각할까

요? 또 평범한 구직자가 좋은 기업에 들어가면 왜 불편할 거라고 생각할까요?

박 피디: 음… 거기까진 생각 못 했네요.

폴란드 출신의 경제학자 미할 칼레츠키는 이미 70여 년 전에 이런 문제를 지적했습니다. 아무리 매칭을 잘해도 완전고용이 달성되기 힘들다고요. 칼레츠키는 1943년에 발표한 〈완전고용의 정치적 측면〉이라는 논문에서 정부가 적극적인 재정지출 등을 통해 유효수요를 만들어내면 고용 수준을 끌어올릴 수 있지만 결코 그렇게 하지 않는다고 지적합니다. 이유가 뭘까요? 경제적 논리와 무관한 정치적 문제라고 칼레츠키는 주장합니다.

칼레츠키의 설명에 따르면, 자본은 노동자들에게 '일자리는 본래부터 희소한 것이며, 따라서 일자리를 베풀어준 자신들에게 감사할 줄 알아야 한다'는 것을 항상 설교해왔습니다. 경제가 이렇게 어려운데도 서민들을 위한 일자리 창출에 나선다고 선전하는 수구보수 언론들이 바로 이런 이야기를 확산합니다.

그런데 만약 고용 수준을 끌어올려 완전고용에 가깝게 되면 어떻게 될까요? 노동자들이 자본에 감사할 리 없습니다. 자본 입장에서는 노동자들을 마음대로 부리기 힘들어지는 것이죠.

칼레츠키는 이 때문에 자본주의사회에서 완전고용은 허상에 불과하다고 강조합니다. 아무리 자본주의가 발달해도 태생적으로 일자리는 항상 부족하게 된다는 설명이죠. 노동자를 길들이기 위해 일부러 완전고용을 피하면서 어느 정도의 실업을 유지하려는 대기업과 정치권력의 결탁, 또 이에 동조하는 경제학자와 언론 때문에 노동자들이 아무리 눈높이를 낮춘다고 해도 일자리 부족 문제는 해결되지 않는다는 이야기입니다.

이 피디: 매칭만 잘하면 일자리 문제가 해결된다는 매칭이론과는 완전 딴판이죠.

박 피디: 정말 그렇군요. 현실을 보다 잘 설명하는 것 같아요. 한편으로는 매칭이론에 완전히 속았다는 생각에 분통까지 터지네요.

이 피디: 경제학의 탈을 쓰고 일반인들을 현혹하는 것은 이것만이 아닙니다.

박 피디: 이것 말고도 더 있다고요?

일자리와 인구감소

일자리 문제가 거론될 때 빠지지 않고 등장하는 것이 인구 문제입니다. 세계 최고의 고령화 속도로 생산가능인구가 줄어들고 있기 때문이죠. '인구절벽'이라는 신조어까지 내세워 나라가 망할 수 있다고 정부는 물론 언론들까지 호들갑을 떨기도 합니다. 인구감소 대책을 마련하라고 말이죠. 1960년대의 '적게 낳아 잘 기르자', 1970년대의

'딸 아들 구별 말고 둘만 낳아 잘 기르자'라는 구호를 귀에 못이 박히도록 들었던 장년층에게는 격세지감을 느낄 정도입니다.

정부정책도 인구 문제에 점점 큰 비중을 두고 있습니다. 2017년 정부예산은 무려 400조 7,000억 원에 달합니다. 2016년보다 3.7%나 늘어난 수치죠. 통계청이 발표한 2016년 연간 물가상승률인 1%보다 세 배가 넘게 증가한 셈입니다.

이렇게 정부예산이 늘어난 이유가 뭘까요? 정부는 청년 일자리예산, 국방예산과 함께 저출산·고령화 대책이 필요하기 때문이라고 설명합니다. 이르면 2018년에 닥칠 것으로 예상되는 인구절벽에 대비하기 위해 막대한 예산을 쏟아 부어야 한다는 이야기죠.

실제로 저출산과 일자리, 복지 등에 쓰이는 예산이 130조 원에 달합니다. 전체 예산 증가율보다 높은 5.3%나 증가한 수치입니다. 역대 최저로 떨어진 출산율을 끌어올리기 위해서는 어쩔 수 없다는 것이 정부의 주장입니다.

정부의 말대로, 우리나라 출산율은 심각한 수준입니다. 2010년~2015년 평균출산율이 1.3명에 불과해 세계 198개국 중 무려 196위입니다. 전 세계(2.5명), 아시아·태평양(2.2명), 유럽(2명) 평균에 한참 못 미칩니다.

이뿐만이 아닙니다. 우리나라는 OECD 국가 중 1.3명 미만인 '초저출산' 꼴찌를 15년째 이어오고 있습니다. 삼성경제연구소는 이 같은 저출산 추세가 계속되면 2015년 기준 5,150만 명인 우리나라 인구가 2100년에 2,468만 명으로 줄고, 2500년에는 33만 명밖에 남지 않을 것이라고 주장하고 있습니다. 자칫 대한민국이 지도상에서 사라질지도 모른다고 경고한 셈이죠.

박 피디: 나라가 없어질 수 있다니 정말 무서운데요.

이 피디: 그렇긴 하죠. 2100년이면 우리 나이가 120살이 넘을 텐데 인구가 지금의 절반밖에 되지 않는다고 하잖아요.

박 피디: 앗, 벽에 X칠 할 때까지 사시려고요?

이 피디: 지금이 100세 인생인데 그때쯤이면 150세 인생으로 바뀌지 않을까요?

박 피디: 꿈이 야무지시네요.

이 피디: 아무튼 생각만 해도 끔찍하죠. 무슨 공포영화 보는 것 같고요. 하지만 한편으로는 이런 경고나 지적이 과연 합당할까 하는 생각이 들기도 해요.

박 피디 : 그건 무슨 소리인가요?

AI 로봇의 위협

정부나 경제계에서는 저출산이 우리나라 경제를 망치는 것은 물론 국가의 존망까지 위협한다고 경고하고 있습니다. 인구가 감소하면 생산과 소비가 줄어 성장기조가 무너지고 국가경쟁력이 약화돼 결국 몰락할 수밖에 없다고 강조합니다. 생산가능인구가 줄어들어 노년층에 대한 부양 부담이 급증할 것이라는 주장이죠. 한마디로 나라도 개인도 쫄딱 망한다는 이야기입니다. 여기에 '인구 수가 국력'이라는 신화까지 덧입혀지면서 초등학생들까지 인구감소를 걱정할 정도입니다.

그런데 인구감소가 진짜 국가의 존망까지 위협할까요? 혹시 논리적 모순은 없을까요? 이 같은 주장은 첫 대목부터 문제가 있습니다. 인구가 줄어들면 생산이 줄어든다고 했는데, 과연 그럴까요?

최근 4차 산업혁명이란 말이 우리 사회를 휩쓸고 있습니다. 1차 증기기관, 2차 전기, 3차 IT 기술이 대량생산을 이끌어냈던 것처럼, 알파고로 대변되는 인공지능(AI)이 혁명적인 산업 변화를 가져온다는 이야기입니다.

영화 속에서나 봤던 AI 로봇이 우리 주변에 속속 등장하고 있습니다. 청소 로봇, 잔디깎이 로봇, 벨보이 로봇 등은 물론 바리스타 로봇, 셰프 로봇도 활동 중이죠. '1가구 1로봇' 시대도 멀지 않아 보입니다.

이미 생산현장에는 로봇이 대세입니다. 자동차, 가전 등을 조립하는 공장에는 사람보다 로봇이 더 많은 상태죠. 특히 이런 로봇들은 하루 8시간밖에 일하지 않는 인간과는 달리 24시간 쉬지 않습니다. 휴식은 물론 휴가도 필요 없죠. 전기만 공급하면 계속 일합니다. 생산이 줄어들 걱정이 필요 없다는 이야기입니다.

생산현장은 이미 로봇이 대세다. (출처: 〈일본생산재마케팅〉 보도자료 중)

이 같은 장점 때문에 아이폰 등을 조립하는 업체인 대만의 폭스콘
은 사람 직원 대부분을 로봇으로 대체한다는 계획입니다. 이미 '폭
스봇(Foxbot)'이라는 자체 개발 산업 로봇 4만 대를 중국 공장에 설
치해 운영하고 있다는군요. 현재는 시험단계지만 폭스봇을 통한 생
산이 본격화되면 전체 공장을 자동화해 생산과 물류, 테스트, 검사
등에 필요한 최소 인력만 배치할 계획입니다.

박 피디: 와, 이렇게 되면 대량생산이 가능해 아이폰 가격이 정말 싸지
　　　　겠네요.
이 피디: 그렇죠. 미국에서 아이폰을 생산하라는 도널드 트럼프 대통령
　　　　의 압력도 허사가 되는 거죠.

박 피디: 그런데 폭스콘 공장에서 일하던 중국 노동자들은 어찌 되는 건가요?

이 피디: 안타깝게도 일자리를 잃게 될 가능성이 매우 커요. 현재 100만 명 정도가 폭스콘 공장에서 일하고 있는데 중국에서는 사회 문제가 될 수 있어요.

박 피디: 우와 100만 명이 한꺼번에 쏟아져 나오면 정말 심각하겠는데요. 그런데 이게 중국만의 문제가 아니라는 거죠?

이 피디: 그렇습니다. 그런데 전 세계에서 산업용 로봇을 가장 많이 쓰는 나라가 어딘지 아세요?

박 피디: 설마 우리나라인가요?

이 피디: 맞아요. 국제로봇연맹(IFR)의 〈2016 세계 로봇 보고서〉에 따르면 우리나라의 노동자 1만 명 당 로봇 수는 531대에 달해요. 이는 싱가포르(398대), 일본(305대), 독일(301대)은 물론 미국(176대)도 훨씬 앞선 수치죠. 중국은 아예 순위에도 없어요.

박 피디: 그럼 AI 로봇 확산도 훨씬 빠를 수 있다는 이야기군요.

이 피디: 네. 그렇기 때문에 인구가 줄어 생산이 감소할 수 있다는 이야기는 거의 허구에 가깝죠. 오히려 AI 로봇 등장으로 인해 늘어난 생산을 어떻게 소비해야 할지를 고민해야 해요. AI에게 일자리를 빼앗기는 사람들이 늘어날 수 있기 때문이죠.

한국고용정보원이 국내 인공지능·로봇 전문가 21명을 설문조사한 결과, 현재 전체 직업 종사자의 업무수행능력 가운데 12.5%는 즉시 AI와 로봇으로 대체가 가능한 것으로 드러났습니다. 이에 따라 전체 취업자 2,659만 명 중 3만 3,000여 명이 지금 당장 로봇에 일자리를 내줄 수 있다는 이야기죠.

문제는 2020년에는 대체율이 41.3%로 높아지고, 2025년에는 70.6%가 대체가능한 업무로 분류됩니다. 근로자 수로 따지면 무려 1,575만 7,000여 명에 달합니다. 전체 노동자 10명 중 6~7명은 일자리를 잃을 수 있다는 경고죠.

특히 직업별로는 청소원, 주방보조원은 모두 사라지는 것으로 예측됐습니다. 금속가공기계조작원, 청원경찰, 펄프나 종이 생산직(기계조작), 화학물 가공 및 생산직(기계조작)도 90% 이상 로봇으로 대체될 전망이죠. 콘크리트공이나 건축도장공 등도 88% 이상 대체되는 고위험 대체직업으로 분류됐습니다.

고용정보원은 점점 더 많은 일자리에서 AI 로봇이 관여될 것으로 보인다며 변화를 거부하기보다 평생직업능력 개발을 통해 4차 산업혁명에 주도적으로 적용하라고 충고합니다. 줄어드는 인구를 걱정하라는 이야기는 한마디도 없습니다.

박 피디: 그렇군요. 생산감소를 걱정할 필요는 없겠네요. 그런데도 정부나 기업들은 인구감소를 왜 걱정하는 거죠?

이 피디: 이유는 간단합니다. 소비가 줄어들 수 있기 때문이죠.

박 피디: 소비가 줄어들기 때문이라고요?

이 피디: 소비가 줄어들게 되면 무슨 일이 벌어질까요? AI 로봇 도입으

로 생산은 점점 늘어나는데 소비가 줄면 물건 가격은 폭락합니
다. 최근 경기가 나빠지자 백화점에서까지 90% 세일 하는 것처
럼 말이죠.

박 피디: 그렇게 되면 기업들이 힘들어지는 거고, 일자리는 더욱 줄어들
지 않을까요?

이 피디: 단기적으로는 그럴 가능성도 없지 않습니다. 하지만 중장기적
으로는 인간이 단순노동에서 해방되는 계기가 될 수 있어요.

박 피디: 단순노동에서 해방된다고요?

탈노동의 시대

호주의 정치·철학박사인 팀 던럽은 《노동 없는 미래》라는 책에서
발상의 전환을 권하고 있습니다. AI 로봇이 인간의 거의 모든 일을
해줄 수 있는 상황에서 굳이 일자리를 구하려고 애쓰지 말라는 것입
니다. 어차피 일자리가 없기 때문이죠.

그럼 손가락 빨고 살라는 말일까요? 당연히 아닙니다. 던럽 박사
는 일에 대한 개념을 바꾸라고 주장합니다. 생존을 위해서 돈을 받고
일할 수밖에 없는 상황, 유급 노동의 논리에서 벗어나라는 의미입니
다. 바로 '탈노동' 접근 방식이죠. 탈노동은 사회의 생산적인 일은 기
계에 넘기고 인간은 자유롭게 다른 활동을 추구하는 삶입니다.

던럽 박사는 "우리가 일하지 않게 만들어주는 기술들을 두려움

없이 수용하고 그 기술을 중심으로 조직화한다면, 우리는 일주일에 10시간만 일하는 멋진 삶을 살 수도 있을 것"이라고 말합니다.

박 피디: 좋기는 한데, 너무 뜬구름 잡는 이야기 아닐까요⋯.

이 피디: 당연히 그렇게 느껴질 수 있어요. 하지만 역사적으로 봤을 때 시민들이 일을 하게 된 것이 언제부터일까요?

박 피디: 오래전이 아닌가보죠?

이 피디: 맞아요. 그리 오래되지 않았어요. 고대 그리스와 로마에서 노동은 노예의 몫이었죠. 로마 시민들은 놀고먹으며 몸만 가꿨죠. 전쟁에서 승리해야 하니까. 시민들이 노동을 혐오했다는 기록도 있어요. 우리 역사도 마찬가지죠. 고려의 귀족이나 조선의 양반도 노동은 하지 않았어요.

박 피디: 그럼 언제부터 시민들이 노동을 했나요?

이 피디: 산업혁명 이후죠. 자본주의가 태동하면서 시민들이 소비의 주체이자 생산의 주체로 떠오르기 시작했습니다. 스스로 생산하고, 이로 인해 생긴 소득을 소비하는 구조가 생겨난 것이죠. 자본주의는 점점 더 많은 생산, 더 많은 소비를 요구하게 되죠.

박 피디: 과잉생산, 과잉소비 문제가 반복되는 것도 이 때문이겠군요.

이 피디: 맞아요. 결국 시민들이 일을 하게 된 것은 불과 200년도 되지 않은 셈이죠. 그런데 AI 로봇 등장으로 노동의 의미가 또다시 바뀔 가능성이 높아진 겁니다.

박 피디: 그러면 노동을 하지 않게 되는 것이니까 노동의 가치가 폄하되

겠군요.

이 피디: 그건 결코 아니에요. 노동의 가치를 더욱 높여야 한다는 이야기
입니다.

박 피디: 노동을 하지 않는데 어떻게 노동의 가치가 올라가게 되죠?

이 피디: 질문을 하나 할게요. 박 피디님은 우리 노동자들이 인간답게 살
수 있는 임금을 받고 있다고 생각해요?

박 피디 : 그건 절~대 아니죠.

이 피디 : 이유가 뭘까요?

현대사회에서는 노동의 가치보다 자본소득의 가치가 더 높게 평
가되고 있습니다. 자본주의사회니까 당연한 결과겠죠. 하지만 그 가
치 차이가 일반인들이 도저히 받아들일 수 없을 정도로 커지고 있습
니다.

국제구호단체인 옥스팜이 2017년 발표한 보고서 〈99%를 위한
경제〉에 따르면 빌 게이츠, 마크 저커버그 등 세계적 갑부 여덟 명
의 재산이 4,260억 달러(약 503조 원)로, 전 세계 소득 하위 50%인
36억 명의 재산의 합과 비슷합니다. 단 한 명이 약 4억 5,000만 명
의 재산을 합친 것만큼 소유하고 있다는 거죠.

2010년 동일한 조사에서는 슈퍼리치 388명의 재산의 합이 전 세
계 하위 50%의 총 재산과 같다는 결과가 있었습니다. 불로소득인
자본소득이 눈덩이처럼 부를 불리면서 '빈익빈 부익부' 현상을 가속
시키는데, 그 속도에 멀미가 날 지경입니다.

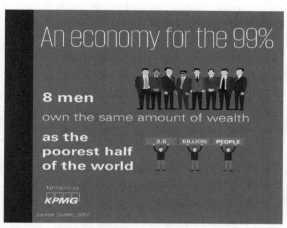

빈익빈 부익부 현상을 가속화하는 자본소득(출처: KPMG 남아프리카공화국 블로그 중)

우리나라도 마찬가지입니다. 이건희, 이재용 부자 등 갑부 18명이 소득 하위 30%와 비슷한 수준의 재산을 보유하고 있죠. 부동산 보유액 상위 1%는 1인당 평균 4,019억 원어치를 보유하고 있는데, 하위 10%의 1인당 평균보유액은 500만 원에 불과합니다.

박 피디: 내가 4억 5,000만분의 1밖에 되지 않는다니… 서글프네요.

이 피디: 박 피디님만이 아니니까 너무 슬퍼하지 말아요. 문제는 이런 빈익빈 부익부를 더 이상 방치하기 힘들다는 점이죠. 이대로 가다간 인구가 줄어들기 전에 빈부격차 불만이 폭발해 국가가 무너질 가능성이 매우 커요.

박 피디: 정말 그럴 것 같네요.

이 피디: 이런 점에서 최근 주목받는 개념이 있어요. 바로 '기본소득.'

박 피디: 아, 핀란드에서 도입했다는 거 말이군요.

기본소득의 중요성

기본소득은 소득과 자산 수준에 관계없이 모든 개인에게 지급하는 소득을 말합니다. 도입된다면 이건희 삼성그룹 회장이나 서울역의 노숙인도 똑같이 받는 거죠.

이 때문에 '일하지 않는 자는 먹지도 말라', '가난은 부도덕한 것'이라고 배워온 사람들에게는 불편한 개념이기도 합니다. 재원 마련의 어려움을 들어 비현실적이라는 지적도 끊이질 않죠.

하지만 비현실적이라고 공격받는 '보편적 복지'에 대한 과감한 도전은 세계 곳곳에서 벌어지고 있습니다. 대표적인 나라가 바로 핀란드입니다. 핀란드는 2017년 1월부터 2년간 기본소득제를 시범 실시한다고 발표했습니다. 지급 대상은 현재 실업수당 또는 생계보조금 수령자 가운데 정부가 무작위로 선정한 2,000명입니다.

이들에게는 매월 560유로(약 70만 6,000원)를 기본소득으로 지급할 계획인데, 이는 핀란드 국민의 평균 월 소득 3,500유로(약 456만 원)의 16%에 해당하는 금액입니다. 특히 일단 대상에 선정되면 수입이나 재산 규모, 고용 여부와 상관없이 2년 동안 지급됩니다. 이건희 손자라도 받게 된다는 말이죠.

핀란드 정부는 이번 실험이 성공적이라고 판단되면 대상을 단계적으로 늘려 모든 성인 국민에게 기본소득을 제공할 계획입니다.

네덜란드도 중부 대도시 위트레흐트에서 시범 프로젝트를 실험하고 있습니다. ①원하는 만큼 일하면서 조건 없이 980달러(약 112만 원)를 제공받거나 ②사람들에게 강제로 일을 하게 한 다음 돈을 주거나 ③사람들이 자발적으로 일할 경우 추가로 돈을 주거나 ④사람들에게 돈은 주지만 일을 못 하게 하거나 등 네 가지 실험군으로 나눠 기본소득의 효과를 측정하고 있죠.

이 밖에 캐나다, 아이슬란드, 우간다, 브라질 등도 기본소득 논의가 한창이라고 합니다.

박 피디: 우간다, 브라질은 그렇다 치더라도 복지천국이라고 불리는 핀란드, 네덜란드는 왜 기본소득을 추진하는 거죠? 기본소득을 보장해주면 사람들을 더 게으르게 만들고 재정악화를 가져올 수도 있는데요.

이 피디: 물론 그런 부작용이 없는 것은 아니죠. 하지만 핀란드와 네덜란드 정부는 기본소득으로 인한 긍정적인 효과가 더 크다고 판단하고 있어요.

박 피디: 정말요?

핀란드 정부는 고용 여부와 무관하게 기본소득을 보장할 경우 실업수당을 받기 위해 일부러 취업을 기피하는 현상을 해소할 수 있을 것으로 기대합니다.

핀란드의 실업률은 지난 2013년 7월 이후 7% 밑으로 떨어지지 않고 있습니다. 핀란드 정부는 실업 후 재교육 기간에 하루 최대 18유로(약 2만 3,000원)까지 제공하는데, 이 실업수당을 받기 위해 사람들이 일용직 일자리 등을 기피하기 때문입니다. 일하게 되면 실업수당을 못 받으니 그냥 놀겠다는 거죠.

기본소득의 목표는 노동자들이 실업수당을 잃는 공포에서 벗어나게 하는 것입니다. 노동자들이 일자리를 얻어도 기본소득을 계속 지급하죠. 일용직 일자리를 얻었다가 차상위계층으로 분류돼 오히려 실질소득이 줄어드는 일이 없어진다는 이야기입니다.

기본소득이 보장되는 데다 일용직이라도 일하면 소득이 더 생기는데 이를 마다할 노동자는 거의 없겠죠? 핀란드 정부는 기본소득제 성공 여부를 판단할 기준으로 실업률을 꼽고 있습니다.

게다가 기본소득을 보장해주면 노동자가 상황에 쫓겨 나쁜 조건으로 노동계약을 맺지 않아도 됩니다. 하기 싫은 일을 억지로 하지 않고, 개개인이 진짜 원하는 일을 찾아갈 수 있어 직업 선택의 폭이 넓어지고, 노동기본권이 강화된다는 것입니다. 특히 적어도 기본소득보다는 많은 소득을 보장해줘야 사람을 고용할 수 있으니 고용하는 쪽에서도 노동 조건을 개선할 수밖에 없죠.

더 나아가 알파고 시대의 해법으로도 기본소득이 등장합니다. AI 기술의 발전으로 생산직, 사무직 일자리가 차츰 없어지면서 로봇과 인간이 품위 있게 공존하려면 기본소득이 필수라는 이야기죠.

그럼 재원은 어떻게 마련할 수 있을까요? 핀란드 정부는 기본소득 도입으로 각종 명목에 따라 분리된 복지체계가 일원화되면 장기적으로 재정개선에도 도움이 될 것으로 전망했습니다. 현재 GDP의 약 60%를 차지하는 복지비용이 기본소득제 전면도입으로 오히려 줄어들 것이라는 판단이죠.

박 피디: 기본소득에 이런 장점이 있는 줄은 몰랐어요. 우리나라도 빨리 도입하면 좋을 것 같은데요.

이 피디: 많은 전문가들은 기본소득이 핀란드나 네덜란드, 스위스 같은 선진국보다는 사회안전망이 취약한 한국에서 더욱 효과적이라고 강조하고 있죠. 복지 사각지대에 놓인 서민층이 우리나라에 너무나 많기 때문입니다.

박 피디: 맞아요. 비극적인 고독사 뉴스가 끊이질 않고 있잖아요.

이 피디: 그렇죠. 게다가 갈수록 침체되는 한국경제를 살리는 데도 기본소득이 큰 역할을 할 수 있어요.

박 피디: 정말요?

이 피디: 기본소득은 누구에게나 공평하게 지급된다고 했잖아요. 당장 생활비에 쪼들리는 서민에게 지급되는 기본소득은 그렇다면 어

디로 갈까요? 은행이나 금고 등으로 갈 가능성은 매우 적죠. 바로 소비될 가능성이 큽니다. 경제에 윤활유가 될 수 있다는 이야기죠.

박 피디: 부자감세를 통해 세금감면해주는 것과는 완전히 다르겠네요.

이 피디: 더 큰 이득도 있어요. 우리나라는 선별적 복지 대상을 선정하기 위해 엄청난 재원과 인력을 들이고 있어요. 복지예산의 대부분이 가난한 사람보다는 공무원에게 들어간다는 비난도 있고요. 하지만 누구에게나 공평하게 지급하는 기본소득을 도입하면 이 같은 행정 낭비를 대폭 줄일 수 있어요.

박 피디: 와, 듣던 중 반가운 소리네요.

이 피디: 앞서 언급했던 던럽 박사의 주장도 의미가 있어요. 던럽 박사는 "어떤 이에게 물고기를 주면 하루를 배불리 보내겠지만, 대신 물고기를 잡는 로봇을 주면 그 사람은 보다 중요하고 흥미로운 일에 더 많은 시간과 에너지를 쏟을 수 있게 될 것"이라고 설명해요. 과거 그리스 시민들이 예술과 교육에서 삶의 의미를 느꼈듯이 말이죠. 이렇게 된다면 인구감소를 두려워하지 않아도 되겠죠.

박 피디: 듣던 중 두 번째로 반가운 소리네요.

이 피디: 세 번째로 반가운 이야기가 더 있습니다. 역사적으로 봤을 때도 인구감소는 축복인 경우가 많아요.

축복이 된 인구감소

인류는 이미 인구감소로 인한 급격한 사회 변화를 경험했습니다. 바로 유럽 중세 흑사병이 만연했을 때였죠. 14세기에 발병한 흑사병으로 2,500만~6,000만 명에 이르는 유럽인이 사망한 것으로 알려져 있습니다. 이는 당시 유럽 인구의 3분의 1 내지 4분의 1에 해당하는 엄청난 숫자죠.

이처럼 인구가 감소하자 놀라운 일이 벌어졌습니다. 농장에서 일할 노동력이 줄어들자 영주와 상인들은 앞다퉈 임금을 올리기 시작한 것이죠. 무려 임금이 여섯 배가 뛴 지역도 있다는 기록도 있습니다.

20년 장기불황에다 인구감소로 몸살을 앓고 있는 현재의 일본과 비슷한 상황이죠. 일본의 대졸 취업률은 무려 95%에 육박한다고 합니다. 야후재팬의 주4일 근무제 등 파격적인 노동친화정책을 도입하는 기업들도 늘어나고 있고요. 정말 부러운 일이죠.

흑사병이 만연했던 유럽에도 비슷한 일이 벌어졌습니다. 검은 빵과 밀가루죽으로 간신히 연명하던 농민과 노동자들이 늘어난 임금 덕분에 하얀 빵과 고기를 먹을 수 있게 됐죠.

소비가 증가하면서 경제에 활력이 돌고, 덩달아 상공업도 발달하게 됐습니다. '사방에 고기가 넘쳐난다. 기근에도 다들 고기를 먹고 있다'는 다소 믿기 힘든 기록까지 등장합니다.

게다가 이 같은 경제 발전은 르네상스 시대를 여는 원동력이 됩니다. 경제의 미래가 밝아지자 자본가들은 더 많은 돈을 벌기 위해 적극적으로 투자하기 시작했죠. 자본주의가 서서히 태동을 준비하게 된 것도 흑사병 덕분으로 보는 학자들도 있습니다.

　베스트셀러 《인구 쇼크》로 유명한 앨런 와이즈먼 애리조나대 교수는 경제를 거덜 내는 것은 인구폭발이지 감소가 아니라고 강조합니다. 인구가 줄어도 1인당 소득은 감소하지 않으며, 진정한 복지나 평화롭고 여유 있는 삶을 향한 인류의 새로운 도약에 필수적인 조건이 바로 적정 수준으로의 인구감소라고 주장하죠.
　특히 생산가능인구가 줄어들어 노년층에 대한 부양 부담이 급증할 것이란 우려에 대해서도 와이즈먼 교수는 노년층 부양 부담은 인구감소에 따라 줄어드는 기반시설 투자금액과 정부예산으로 극복 가능하다고 설명합니다.

박 피디: 인구감소가 축복이라고 이야기해도 되겠네요.
이 피디: 맞아요. 인구감소를 계기로 중세 르네상스 시대가 도래했듯이, 이번 인구감소로 인간적인 자본주의가 태동할 수 있죠.
박 피디: 인구감소 덕분에 저녁이 있는 삶이 가능하겠군요.
이 피디: 2008년 〈포브스〉가 뽑은 '세계에서 가장 영향력 있는 여성 100인'에 이름을 올린 셰일라 베어 미국 워싱턴대 총장도 인구감소가 경제발전에 엄청난 기회가 될 수 있다고 주장합니다. 인구가 줄면

당면한 실업이 해소되는 것은 물론, 직접 일을 하는 노동자들은 프리미엄, 즉 더 많은 임금을 받게 될 것이란 설명이죠. 특히 인구가 흘러넘치는 개도국에서는 인구감소가 엄청난 경제적 기회가 될 것으로 강조했어요.

박 피디: 물론 꿈같은 일이 그냥 오진 않겠죠.

이 피디: 맞아요. 정부와 자본가들은 최대한 늦추려고 노력할 것입니다. 언론과 경제연구소 등을 동원해 잘못된 정보를 확산시키려 하겠죠. '인구감소는 재앙이다', '애를 낳지 않으면 나라가 망할 수 있다'처럼 말이죠.

박 피디: 그럼 노동자들은 어떻게 해야 할까요?

이 피디: 처음에 이야기했던 〈심청전〉 이야기로 다시 돌아가 해법을 찾아볼게요.

심청이는 아버지를 바로 구할 수도 있었는데 한참을 기다린 이유가 뭘까요? 추측컨대 심청이는 신분상승의 위험을 알았을 것입니다. 미천한 신분으로 왕후가 되는 것이 얼마나 불안한지 말이죠. 언제든 정적에 의해 쫓겨날 수 있다는 것을 눈치챘을 것입니다. 이 때문에 아버지를 찾는 데도 신중을 기했을 테죠. 왕후의 아버지가 봉사라고 소문나면 문제가 커질 수 있기 때문이죠. 그래서 심청은 와신상담을 하면서 전략을 세운 것 같습니다.

심청이는 일단 왕의 마음을 사로잡은 후 봉사 잔치를 열자고 부탁합니다. 심청을 사랑하는데다 백성들에게 점수를 딸 수 있는 좋은 기회이니 왕으로써도 마다할 리 없죠. 심청은 이 자리에서 아버지인 심봉사를 만납니다. 백성들이 다 지켜보는 자리에서 자신의 아버지를 전격 공개한 것이죠.

심청을 싫어하는 정적들도 이 자리에서 감히 심청을 비난하기 힘들었을 겁니다. 아무리 멍청한 사람이라도 공양미 삼백석 미담의 주인공으로 백성들을 감동시킨 심청이에게 찬물을 끼얹을 수는 없었을 것입니다. 왕도 마찬가지였을 테고요.

만일 심청과 심봉사, 왕이 삼자대면을 했다면 "심봉사를 장인으로 받아들일 수 없다"며 화를 냈을 수도 있었을 것입니다. 심청에게 "실망했다"고 할 수도 있고요. 하지만 잔치에 참석했던 백성들이 왕과 왕후를 칭송하는데 그럴 수 없었겠죠. 심청은 이미 이런 것까지 계획하고 잔치를 벌이지 않았을까요?

박 피디: 노동자들도 심청이처럼 장기적인 계획을 세워야 한다는 이야기군요.

이 피디: 맞아요. 당장 취업됐다고 좋아라 하는 것은 심청이가 부활한 후 바로 심봉사를 찾아나서는 것과 마찬가지라는 생각이 듭니다. 당장은 아니더라도, 이 구조가 변하지 않는 한 몇 년 후 구조조정의 대상이 되기 십상이죠.

박 피디: 취업이 되지 않는다고 눈높이를 함부로 낮춰서도 안 되겠군요.

이 피디: 맞아요. 기업들이 눈높이를 낮출 수 있는 구조를 만들어야 해요. 이를 위해서는 정치적 목적에서 실업을 방치하는 대기업과 정

치권력의 결탁을 막아야 합니다. 이에 동조하는 경제학자와 언론도 가려내야 하고요.

박 피디: 정치적 목적에 의해 경제 문제인 실업 문제가 풀리지 않고 있으니 정치부터 바꿔야 한다는 이야기인가요?

이 피디: 정경유착의 깊은 뿌리를 발본색원하는 거죠. 심청이가 봉사 잔치를 연 것처럼 전격적으로 없애야 합니다. 그래야 다시는 구직자들에게 눈높이를 낮추라는 강요를 더 이상 하지 않게 될 것입니다. 또 인구감소는 재앙이라며 국민들을 개돼지 취급하는 악습도 사라지게 되죠.

박 피디: AI 로봇과 공존할 수 있는 비법인 기본소득을 포퓰리즘이라고 비난하는 사람들도 없어지게 될 거고요.

이 피디: 혹시 2011년 1월 생활고와 질병에 시달리다 홀로 세상을 떠난 최고은 작가 기억하나요?

박 피디: 차상위계층으로 분류돼 선별 복지에 희생됐던 비극적인 사건이죠. 국제단편영화제에서 수상하기도 한 전도유망한 시나리오 작가였는데…. 젊은 예술인들의 고독사 문제가 이슈일 때 큰 파장을 일으켰던 걸로 기억합니다.

이 피디: 맞아요. 이런 비극들이 다시는 우리나라에서 발생하지 않기 위해서는 올바른 정치가 필요해요. 그리고 올바른 정치가 정착할 수 있는 인고의 시간도 버텨내야 합니다. 심청이가 그랬던 것처럼 말이죠.

박 피디: 이야, 효녀인 줄만 알았던 심청이에게 배워야 할 것이 참 많군요.

마무리 정리

이번 장에서 우리가 찾은 도둑은 일자리 도둑이었습니다. 정확히는 일자리에 대한 잘못된 미신 두 가지를 이야기했습니다. 일자리 문제는 새로운 대통령도 가장 중요하게 생각하고 있지만 우리의 생계가 걸려 있기 때문에 무엇보다도 중요한 문제입니다.

그렇기 때문에 일자리와 관련된 잘못된 이야기에 대해서 자세히 알아보고 그 문제를 해결하려는 노력이 꼭 필요합니다.

첫 번째, 미스매칭은 10년도 넘게 반복되는 문제입니다. 노벨 경제학상을 받은 매칭이론을 가져와 일자리 문제를 해결할 수 있다고 합니다. 하지만 결국 구직자가 직장을 구하지 못하는 것은 능력에 맞지 않는 직장을 원하는 탓이니 눈높이를 낮추라고만 해 불편합니다. 그리고 이미 70년 전에 발표된 논문에 의하면 노동자를 길들이기 위해 일부러 완전고용을 피하고 실업을 유지하기 때문에 아무리 눈높이를 낮춘다고 해도 일자리 문제는 해결되지 않는다고 했습니다.

두 번째, 인구감소 문제에 대한 잘못된 주장입니다. 인구감소는 심각한 수준입니다. 하지만 생산이 준다는 언론의 주장은 한번 생각해볼 문제입니다. 4차 산업혁명과 AI 로봇의 도입으로 생산은 오히려 늘어나고 인간은 단순노동에서 해방되는 계기가 될 수 있습니다. 우리가 준비해야 할 것은 '탈노동의 시대'입니다. AI 로봇 등이 인간의 노동을 대체한다면 그 기술을 두려워하지 않고 노동은 AI 로봇 등에 맡기고 다른 삶을 살면 된다는 것이죠. 마치 예전 고대 그리스, 로마 시민들처럼 말이죠.

그 전에 논의되어야 하는 것이 기본소득입니다. 앞으로 점점 줄어들 일자리의 해법으로 기본소득이 필수이기 때문입니다. 또한 미스매칭의 경우에서도 기본소득이 있다면 기업체에서도 구직자에게 마냥 눈높이를 낮추라고 요구할 수 없습니다. 기본소득이 있는 구직자는 더 좋은 일자리가 나올 때까지 더 오래 버틸 수 있기 때문입니다.

마지막으로 인구감소가 재앙이 아니라 축복이라는 주장입니다. 일본의 경우 20년 장기불황과 인구감소 몸살을 우리보다 먼저 앓고도 현재 대졸 취업률은 95%에 육박하고 있습니다. 과거에도 인구감소는 경제발전의 원동력이 되는 계기가 되었고 많은 학자들도 인구감소가 재앙이 아니라 축복이 될 것이라고 예측하고 있습니다. 나쁜 정보가 나쁜 결과를 도출하기도 합니다. 일자리에 대한 나쁜 주장이 나쁜 일자리를 만들고 있진 않은지 의심해야 합니다.

chapter **4**

무한경쟁의
서글픈 거짓말

—

희망을 착취하는 열정 도둑

700여 명의 공무원을 뽑는 시험에 매년 5만 명 이상이 전쟁을 벌이고 있습니다. 구조조정
과 성과평가의 올가미는 경제가 조금 나아진 지금도 여전히 직장인들을 불안에 떨게 하고
요. 이처럼 일상화된 무한경쟁, 누가, 언제부터, 무엇을 위해 조장하고 있는 것일까요?

이 피디: '개미' 하면 뭐가 생각나세요?

박 피디: 또 개미 이야기인가요? 앞에서도 들었던 것 같은데… 개미를 너무 좋아하시는 것 같은데요.

이 피디: 개미에게 배울 점이 정말 많거든요. 개미가 인간보다 더 진화한 생명체라고도 하잖아요.

박 피디: 아, 그런가요? 저는 개미하면 베르나르 베르베르의 소설《개미》가 가장 먼저 생각나요. 제가 나름 문학소년 아닙니까.

이 피디: 저도 그 소설 정말 재미있게 읽었어요. 인간이 몰랐던 개미의 비밀세계를 엿보는 짜릿함! 지금도 그때 기억이 생생하네요.

박 피디: 개미의 시선에서 인간을 바라본다는 작품의 콘셉트가 매우 충격적이었고 신선했잖아요. 그래서 저는 지금도 함부로 개미를 밟지 않아요. 인간에 버금가는 지성을 가진 생명체라는 생각 때문에 말이죠.

이 피디: 그런데 개미를 자세히 살펴보면 의외로 노는 개미가 많다는 사실 아시나요?

박 피디: 정말요?

이 피디: 그래서 탄생한 경제용어도 있어요.

'20%가 80%를 먹여 살린다'로 요약되는 경제이론이 있습니다. 바로 이탈리아의 경제학자 빌프레도 파레토가 1896년에 발표한 논문에서 주창한 '파레토 법칙'이죠.

파레토는 이탈리아 농업 자료를 분석하면서 놀라운 사실을 발견했습니다. 이탈리아 전체 인구의 20%가 국토의 80%가량을 소유한다는 것이었죠. 우수한 종자의 완두콩 20%가 전체 수확량의 80%를 차지한다는 점도 수치적으로 계산해냈고요.

이를 토대로 사회 전반에서 나타나는 현상의 80%는 20%의 원인에서 발생한다는 내용으로 발전시켰습니다. 바로 20 대 80 법칙의 탄생입니다.

재미난 것은 파레토가 이 법칙의 아이디어를 개미로부터 얻었다는 점입니다. 이탈리아에서도 개미는 성실의 대명사입니다. 하지만 파레토가 개미 집단을 자세히 살펴봤더니 진짜 열심히 일하는 개미들은 20% 정도였고 나머지 80%는 대충 일하고 있는 것을 발견했습니다.

뭔가 이상하다고 여긴 파레토가 '인간세계에도 비슷한 현상이 있지는 않을까'해서 연구한 결과 파레토 법칙이 탄생했다고 합니다.

파레토의 놀라운 법칙은 곧 이슈화됐죠. 각종 논문은 물론 언론에도 자주 언급됐습니다. 이를 눈여겨본 경영 컨설턴트 조셉 주란은 파레토 법칙을 경영학에도 접목시킵니다. 품질관리 성과의 80%가 중요한 소수의 노력에 의존하며, 사소한 다수는 성과기여도가 20% 정도에 불과하다는 주장을 1976년에 펴내죠.

이후 파레토 법칙은 다양한 분야에 채용됩니다. 마케팅 전략은 물론 인사관리에도 사용됐죠. '20%의 우수 직원이 나머지 80%를 먹여 살린다'는 식으로 말이죠. 이를 극단적으로 표현해 이건희 삼성전자 회장은 "한 사람의 천재가 10만 명을 먹여 살린다"고 강조하기도 했습니다.

박 피디: 와, 하찮아 보이는 개미로부터 경제용어가 탄생했다니 놀라운데요. 그럼 저도 앞으로 곤충을 열심히 살펴야겠어요. 개미는 이미 빼앗겼으니 바퀴벌레를 관찰하면 어떨까요? 좋은 아이디어가 떠오를 것 같은데요.

이 피디: 아… 징그러운 바퀴벌레를 관찰하겠다고요…?

박 피디: 역사에 남을 용어를 탄생시키려면 그 정도 희생은 해야죠.

이 피디: 박 피디님의 열정에 두 손 두 발 다 듭니다. 그런데 파레토 법칙의 탄생이 그저 즐거운 일만은 아닙니다.

박 피디 : 그건 또 무슨 말이죠?

이 피디 : 파레토 법칙을 악용하는 경우가 생각보다 많거든요.

박 피디 : 악용한다고요?

악용되는 파레토 법칙

파레토 법칙은 최근 들어 더욱 주목받고 있습니다. 전 세계적으로 몰아치고 있는 구조조정 광풍의 이론적 근거를 파레토 법칙에서 찾고 있기 때문이죠.

경기가 어려울 때 기업은 물론 국가에서도 가장 먼저 언급하는 것 중 하나가 구조조정입니다. 불필요한 것을 걷어내 활력을 되찾자는 주장이죠.

그럼 불필요한 것은 무엇일까요? 이때 적용하는 이론적 근거가 바로 파레토 법칙입니다. 중요한 역할을 하는 20% 이외에는 다 필요 없다는 발상이죠. 80%의 결과를 만들어내는 중요한 20%를 찾아내 거기에 투자하고 나머지는 과감히 정리하면 기업 성과가 증대된다는 논리입니다. 실적이 뛰어난 기업이나 인재들만을 남기고 나머지 기업이나 직원들을 솎아내면 된다고 생각하는 거죠.

박 피디: 윽. 이건 한마디로 80%는 놀고먹는다는 이야기네요. 80%가 소위 떨거지라니. 너무 과장된 것 아닌가요?

이 피디: 좀 그렇죠. 하지만 이를 맹신하는 사람들이 의외로 많아요.

박 피디: 맹신한다고요?

이 피디: 네. '놀고먹는 80%는 어떻게든 정리해야 한다', '그냥 놔두면 국가와 기업의 활력이 떨어진다'는 주장도 있고요. 그래서 놀고먹

는 80%를 끊임없는 긴장상태로 만들어야 한다고 주장하는 이론도 있어요.

박 피디: 그런 이론도 있나요?

이 피디: '메기이론'이라고 들어보셨나요?

메기이론은 수조에 미꾸라지의 천적인 메기를 집어넣으면 미꾸라지가 더 활발하고 건강해진다는 내용입니다. 환경이 가혹할수록 오히려 살아남으려는 욕구가 강해져 발전한다는 의미를 담고 있죠.

실제로 메기이론은 척박한 환경의 북유럽에서 유래된 것으로 알려져 있습니다. 17~18세기 스웨덴, 노르웨이, 핀란드, 덴마크 등 북유럽 어민들의 주 수입원은 정어리의 한 종류인 청어였는데, 청어는 차가운 해역에서 잘 자라기 때문에 육지에서 상당히 떨어진 곳에 어장이 형성됩니다. 따라서 수조에 넣어 항구로 가져오는 동안 잡힌 청어 대부분이 죽고 말죠. 죽은 청어보다는 살아 있는 청어의 가격이 훨씬 비쌌기 때문에 북유럽 어부들의 관심은 온통 '어떻게 하면 청어를 산채로 항구로 운반할 수 있는가'였습니다.

그런데 한 노르웨이 어부는 매번 살아 있는 청어를 싣고 항구에 도착해 큰돈을 벌었다고 합니다. 다들 비법을 궁금해했지만, 그 어부는 절대 비법을 공개하지 않았죠.

어부가 사망한 후에야 그 비법이 알려졌습니다. 바로 청어의 천척인 메기를 수조에 풀어두었던 것입니다. 메기의 위협을 느낀 청어는 항구에 도착할 때까지 살아남기 위해 꾸준히 움직인다는 것이죠.

박 피디: 아, 저도 들어봤어요. 그래서 학창 시절 선생님에게 잘 보이려고
　　　　친구들을 고자질하는 '메기' 같은 놈이 꼭 한 명씩 있었잖아요.
이 피디: 하하, 그랬나요. 메기이론도 그럴싸하죠?
박 피디: 네. 청어나 미꾸라지도 잡아먹히지 않기 위해 열심히 노력하면
　　　　살아남을 수 있다는 거잖아요.
이 피디: 그런데 여기에 함정이 있어요.
박 피디: 함정이요?
이 피디: 전설처럼 전해지는 북유럽 어민의 사례만 있지 과학적으로 연
　　　　구된 것이 없어요. 오히려 메기이론과는 정반대인 연구자료만
　　　　있어요.

메기이론의 불편한 진실

　　이스라엘 히브리대 연구진이 두 개의 사육장을 만들어 메뚜기를
관찰했습니다. 하나의 사육장에는 메뚜기만, 다른 사육장에는 메뚜
기와 천적인 거미를 함께 넣었습니다. 재미난 것은 거미의 입을 접
착제로 붙였기 때문에 메뚜기에게는 전혀 위협이 되지 않았다는 점
이죠. 이렇게 기른 메뚜기들이 수명을 다해 죽자 사체를 각기 따로
모은 후 낙엽과 함께 땅에 뿌렸습니다.

그런데 놀라운 일이 벌어졌습니다. 90여 일이 지난 후 살펴봤더니 거미와 함께 산 메뚜기의 사체에 뿌려진 낙엽이 그렇지 않은 메뚜기의 것에 비해 두 배나 덜 썩었던 것입니다.

연구진이 분석한 결과, 거미와 함께 있었던 메뚜기에게 영양물질인 질소의 체내 함량이 적은 것으로 나타났습니다. 질소 함량이 낮으니 토양 미생물 성장이 억제되고, 결국 토양의 영양순환이 느려졌다는 설명이죠.

거미와 함께 있었던 메뚜기의 체내 질소 함량이 낮은 이유가 뭘까요? 바로 '스트레스'입니다. 거미와 함께 있었던 메뚜기는 잡아먹힐지도 모른다는 공포 때문에 스트레스가 극심했죠. 그래서 메뚜기는 몸을 건강하게 만드는 질소보다 몸의 에너지 출력을 신속히 높일 수 있는 고탄수화물 먹이를 우선 섭취할 수밖에 없습니다. 거미의 위협에서 언제든 도망가야 했으니까요. 공포로 인한 스트레스가 몸의 구성성분까지 바꾸게 만든 것이죠.

미국 예일대의 연구 결과도 비슷합니다. 연구진은 메뚜기 사육장 천장을 천적인 새들이 앉을 수 있도록 만들었습니다. 물론 사육장은 막혀 있어서 메뚜기가 잡아먹힐 위험은 없었죠.

밖에서 잡은 먹이를 사육장 위에 앉아 먹고 있는 새들을 본 메뚜기들은 움직임이 급격히 느려지기 시작했습니다. 풀 속에 숨어서 꼼짝하지 않는 경우도 많았고, 심지어 번식률까지 떨어졌습니다. 직접적인 위협이 되지 않았는데도 메뚜기들은 엄청난 스트레스를 받은 것이었습니다. 이 두 메뚜기 연구는 〈사이언스〉에 실려 화제를 모으기도 했습니다.

박 피디: 정말 놀라운데요. 공포 때문에 몸의 구성성분이 바뀌고 번식률도 떨어진다니.

이 피디: 신기하죠. 더 놀라운 사실은 직접 잡아먹히는 것도 아닌데 공포를 느낀다는 거죠.

박 피디: 사람도 마찬가지일 것 같아요. 구조조정 소리만 나와도 다들 공포에 떨잖아요.

이 피디: 맞아요. 굳이 과학을 들이대지 않더라도 메기이론은 말이 되지 않아요. 수조 안에 물고기들이 오밀조밀 엄청나게 들어 있을 텐데 메기가 들어온다고 어디 도망다닐 데가 있을까요. 당장이야 살겠다고 발버둥 치겠지만, 곧 지치게 됐겠죠.

박 피디: 좁은 수조에서 발버둥 치는 물고기가 많아지면 스트레스도 높아지고, 산소도 부족해질 테고요.

이 피디: 맞아요. 스트레스는 만병의 근원이잖아요. 에너지를 과도하게 사용해 사망률도 높아질 수 있어요.

박 피디: 그런데 왜 이런 말도 안 되는 것들이 이론, 법칙이란 그럴싸한 말로 포장된 거죠?

이 피디: 이유는 간단해요. 경쟁을 부추기기 위해서, 약자에 대한 강자의 억압을 합리화하기 위해서!

성과연봉제의 허구

최근 우리 사회 전반에 '경쟁만이 살길'이라는 구호가 높아지고 있습니다. 치열한 글로벌 환경 속에서 살아남으려면 '노오력'이 더 필요하다는 주장이죠. 대표적인 사례가 성과연봉제입니다.

성과연봉제는 기존 호봉제와 달리 입사 순서가 아닌 능력에 따라 급여를 결정하는 방식입니다. 즉, 임금을 근속연수와 직급이 기준이 아닌 한 해 개인별 성과에 따라 차등을 두는 것이죠.

기업과 언론들은 성과연봉제가 도입되면 보상을 받기 위해서 개인이 자발적으로 일한다고 강조합니다. 성과 수준에 따라 금전 등 보상을 차등 지급하면 직원들이 이를 의식해 자발적으로 경쟁한다는 논리죠.

일한 만큼 벌어갈 수 있고 업무 성과가 떨어지는 사람은 적은 임금을 받아간다는 점에서 합리적인 것처럼 보이기도 합니다. 조직의 효율성을 높이고 일하지 않고 보수만 챙기는 이른바 무임승차를 방지할 수 있다는 논리도 타당해 보이고요.

이는 박근혜 정부에서도 마찬가지였습니다. 기획재정부는 2016년 1월 '공공기관 성과연봉제 권고안'을 발표했고 같은 해 6월에는 공기업 30곳과 준정부기관 90곳 등 120개 공공기관이 모두 성과연봉제 확대 도입을 마쳤다고 밝히기도 했습니다.

박근혜 정부가 추진했던 성과연봉제는 폐지 수순에 접어들었지만, 당시만 해도 이 같은 조치에 대해 일각에서는 환영의 목소리도 있었습니다. 중소기업을 운영하거나 공공기관에 민원을 한 번이라도 제출해본 사람이라면 이런 식으로라도 공무원들의 비효율을 없애야 한다고 생각했던 거죠.

'악화가 양화를 구축한다'는 그레샴의 법칙을 거론하기도 합니다. 그레샴의 법칙은 금의 함량이 제대로 들어 있는 화폐는 집이나 은행에 보관하고 부실한 화폐가 시장에 주로 나돌았던 역사적 현상을 토대로 만들어졌습니다. 사람도 마찬가지란 이야기죠. 능력 없는 사람들을 그냥 놔두면 뛰어난 인재들이 떠나간다고 주장합니다.

이들은 20 대 80이라는 숫자로 명확하게 구분되는 파레토 법칙처럼 구조조정, 성과연봉제 등을 정확하게 실시해야 조직의 활력이 높아진다고 강변합니다. 상대평가를 통해 끊임없이 경쟁을 시켜야 최상의 결과를 얻을 수 있다는 이야기죠.

그런데 현실이 기대와 같을까요? 능력 없는 사람들을 내쫓고 실력 있는 인재들만 남기면 경쟁력이 높아질까요? 예를 들어보겠습니다. 여덟 명의 직원이 있는 회사에 성과연봉제를 도입했습니다. 상대평가에 따라 A급 두 명에게는 높은 연봉을 보장하고, B급 두 명에게 물가상승률 수준의 임금인상을, C급 두 명에게는 동결, 마지막 D급 두 명은 삭감하기로 합니다. 이제 어떤 일이 벌어질까요? 이론적으로는 A 또는 B급을 받은 직원들은 다음해에도 등급을 유지하거나 높이기 위해 노력할 것입니다. C나 D급은 수모에서 벗어나기 위해 몸부림치겠죠.

그런데 D급 두 명이 수모를 견디지 못해 회사를 떠났다면 어떤 일이 벌어질까요? 회사에서는 전보다 직원들의 성과가 높아졌다는 이유를 들어 두 명의 빈자리를 채우지 않습니다. 여덟 명이 하는 일을 여섯 명에게 시킬 수 있게 되니 성과는 당연히 높아진 것처럼 보이죠. 두 명의 월급에서 일부만 떼어내 남은 직원들에게 성과급으로 지급하면 되니 얼마나 이익이겠습니까.

그런데 이런 일이 벌어지면 남은 직원들도 암담해집니다. 여섯 명 중 누군가는 또다시 D급을 받아야 하니까요. 의자 뺏기 놀이처럼 루저가 영원히 재탄생되는 악순환이 반복된다는 이야기입니다. 이 때문에 노동계에서는 성과연봉제를 해고연봉제, 노예연봉제로 부릅니다.

게다가 현실에서는 일 잘하는 사람보다 윗선에 아부 잘하는 사람이 높은 평가를 받을 가능성이 높습니다. 성과등급은 대부분 근무성적평정과 부서장 평가를 합산해 매겨지죠. 일단 근무성적평정은 승진의 잣대로 사용되기 때문에 고참자에게 높게 주는 것이 일종의 관행입니다. 개인의 능력이나 성과와 관계없이 고참일수록 높은 근무성적평정을 받게 된다는 이야기죠. 부서장 평가라는 완충장치를 뒀지만 믿을 만한 게 못됩니다. 객관적으로 계량화된 평가지표가 없기 때문에 부서장과의 친분에 따라 움직일 소지가 너무 큽니다.

더 큰 문제도 있습니다. 성과연봉제로 노동자들의 윤리의식이 무너질 수 있다는 점이죠. 당장 쫓겨날지도 모른다는 공포가 도덕관념을 마비시켜버리는 거죠. 정당한 방법이 아닌, 평가자에게 줄을 대는 부정한 방법이 판을 칠 수 있습니다. 심지어는 살아남기 위해 실적을 조작하는 경우도 발생합니다.

박 피디 : 에이~ 너무 과장한 것 아닌가요? 실적 조작이야 곧 들통이 날 텐데요.

이 피디 : 그렇죠. 하지만 당장 목숨을 부지하기 위해 어쩔 수 없이 하는 경우가 있다니까요. 이 때문에 무너진 세계적인 기업도 있어요. 엔론이라고 기억나시죠?

박 피디 : 네. 회계부정으로 무너진 회사 아닌가요?

이 피디 : 맞아요. 대부분 그렇게만 알고 있죠. 하지만 엔론이 진짜 무너진 이유는 따로 있어요. 바로 무리한 성과연봉제 도입 때문이죠.

박 피디 : 성과연봉제 때문에 엔론이 무너졌다고요?

엔론 몰락의 불편한 진실

엔론은 1990년대 미국을 대표하던 기업이었습니다. 1985년 설립 이후 2001년까지 16년 동안 '1,700% 성장'이라는 대기록을 세웠을 정도로 성과가 대단했죠. 미국 경제전문지 〈포춘〉이 1996년부터 2001년까지 6년 연속 '미국에서 가장 혁신적인 회사'로 선정하기도 했습니다. 이 때문에 하버드, MIT 등 미국 최고 명문대 MBA 출신 인재들이 앞다퉈 들어가려고 했던 회사이기도 했죠. 현재의 애플이나 구글보다도 당시 미국인들의 사랑을 더 많이 받았답니다.

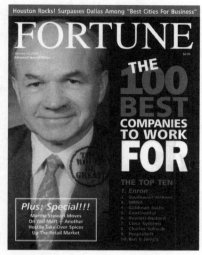

엔론의 전성기

그러던 엔론은 무려 15억 달러(약 1조 7,000억 원) 규모의 분식회계가 드러나며 2001년 한순간에 붕괴되고 말았습니다. 미국에서 가장 혁신적인 회사로 뽑히자마자 망했으니 미국인들에게는 9·11테러 못지않은 충격을 줬죠.

당시 외신들은 엔론 직원들의 윤리의식 부족을 대대적으로 성토했습니다. 영국의 〈데일리텔레그래프〉는 '엔론에서는 사내 불륜이 만연했고 고위 임원들의 이혼이 전염병처럼 유행했다'고 전하기도 했습니다.

우리가 엔론에 대해서 알고 있는 것은 보통 여기까지입니다. '수조 원대의 회계부정 스캔들이 일어났는데도 이를 묵인할 정도로 직원들의 윤리의식이 부족해 잘나가는 회사가 무너졌다'는 설명에서 더 나아가지 못합니다. 전문가들조차 '엔론과 같은 사태를 반복하지 않으려면 직원 윤리의식을 높여야 한다'고 목소리를 높일 뿐이었죠.

박 피디: 저도 비슷한 이야기를 여러 번 들었어요. 어떤 강연에서도 직원들의 윤리의식을 강조하며 엔론 사례를 언급하더라고요.

이 피디: 그렇죠. 엔론은 부도덕한 기업의 대표적인 사례로 많이 쓰여요. 그런데 뭔가 이상하지 않나요?

박 피디: 뭐가요?

이 피디: 엔론은 당시 가장 인기 있는 기업이었잖아요. 미국에서 최고 인재들만 모이는…. 그런데 그런 인재들이 유독 윤리의식이 낮았을까요?

박 피디 : 공부 잘하는 애들이 원래 싸가지가 없잖아요.

이 피디 : 뭐, 그렇긴 하죠. 하지만 윤리의식과는 별개잖아요.

등수 매겨 내쫓기의 비밀

정신분석학자 파울 페르하에허는 엔론의 몰락을 '등수 매겨 내쫓기(Rank and Yank appraisal system)' 모델 때문이라고 지적합니다. '등수 매겨 내쫓기'는 최고의 생산성을 올린 직원에게 보너스를 몰아주고, 생산성이 제일 낮은 10%의 직원은 해고하는 방식의 인사정책을 뜻합니다. 이름, 사진, 달성 목표를 기업 사이트에 공개하죠. 박근혜 정부에서 도입하려던 성과연봉제와 매우 비슷합니다.

그런데 이 시스템이 어떤 문제를 일으켰을까요? '등수 매겨 내쫓기'가 도입된 이후 재미난 현상이 벌어졌습니다. 하위 10%에 포함되지 않으려는 직원들의 몸부림이 시작된 것이죠. 더 열심히 일했냐고요? 물론 그런 직원들도 있었지만, 자칫 미국 최고의 기업에서 쫓겨날지도 모른다는 공포가 직원들을 지배했습니다. 꼼수를 써서라도 살아남으려고 발버둥친 것이죠.

이 제도가 도입되고 5년도 지나지 않아 거의 모든 직원들이 실적조작에 나섭니다. 성과 수치를 실제보다 높게 앞다퉈 보고했다는 이야기입니다. 감사가 없었냐고요? 감사마저도 자신들의 실적을 조작했습니다. 자신들이 열심히 감사한 덕분에 부정은 없다고 보고한 거죠. 살아남기 위해서는 어쩔 수 없었던 선택이었습니다.

이런 대규모 사기극의 결과는 어땠을까요? 수조 원대의 회계부정으로 확대됐고 결국 회사는 순식간에 몰락하고 말았습니다.

박 피디: 와, 정말 그럴 수 있겠네요. 상사가 시킨 일 다했냐고 물어볼 때 아직 남았지만 혼날까 봐 다 됐다고 거짓 보고하는 경우가 제법 많죠.
이 피디: 앗. 박 피디님도 그랬었나요?
박 피디: 하하, 사실 저도 몇 번….
이 피디: 아무튼… 언론에서도 서로가 서로를 속이는 일들이 만연했다고

하더라고요. 게다가 유능한 직원이 유능한 동료와 일하는 것도 꺼렸다고 해요.

박 피디: 그건 무슨 이유인가요?

이 피디: 좀 떨어지는 동료와 일해야 상대적으로 좋은 평가를 받기 쉽기 때문이죠.

박 피디 : 제가 이 피디님이랑 같이 일하는 이유기도 하죠.

이 피디: 헉, 이렇게 디스 할 줄이야…. 아무튼, 이런 문제가 불거지니 성과연봉제는 세계적으로도 폐지되는 추세랍니다.

박 피디: 유행이 한참 지난 제도를 뒤늦게 박근혜 정부가 도입한다고 설쳤던 거군요.

1990년대 이후 OECD 소속 각국 정부는 정부기관 및 공공기관에 성과연봉제를 도입하려고 시도했습니다. 하지만 2005년 OECD가 내놓은 보고서에 따르면 성과연봉제는 철저히 실패한 제도죠. 제대로 정착된 나라가 한군데도 없다는 이야기입니다.

미국의 경우 1978년 이후 무려 세 차례에 걸쳐 공공부문에 성과연봉제를 도입했다 폐지하는 일을 반복했습니다. 삼세번이나 실패했으니 또다시 미국 공공부문에서는 성과연봉제라는 말이 나오기 힘들 것 같습니다.

성과연봉제가 이처럼 철저히 실패한 이유가 뭘까요? 지나친 경쟁으로 인한 생산성 저하, 조직문화 붕괴 등의 심각한 부작용들이 생긴다고 OECD도 지적했습니다. 특히 객관적인 성과평가 방법이 있을 수 없다는 것이 가장 큰 문제라고 주장했습니다.

그런데도 박근혜 정부와 일부 기업은 성과연봉제를 도입해야 한다고 난리를 쳤던 것입니다. 심지어 메리 로버트슨 국제공공노련 연구소 객원 연구원은 성과연봉제 도입 논의 당시 "한국의 공공부문 성과연봉제는 특히 최악"이라고 평가했습니다. 박근혜 정부가 추진했던 성과연봉제가 할당제 혹은 강제 분류 방식을 이용하고 있어 일정 비율의 노동자를 무조건 저성과자로 분류해버리기 때문에 매우 위험하다는 지적이죠.

로버트슨은 "경영자 측에서 최하위등급을 이용해 성과가 낮은 직원을 최소한의 비용으로 퇴출시킨다는 점에서 노동자가 관리자의 변덕에 휘둘리게 만들며, 노동자에게 정신적 고통을 안겨준다"고 설명했습니다.

실제로 이미 성과연봉제를 시행 중인 서울의 한 대형병원의 사례를 보면 기가 막힐 정도입니다. 이 병원은 간호사의 목표관리(MBO) 지표 가운데 하나로 토익 점수를 활용하고 있습니다. 간호사가 토익 900점 이상일 경우 가중치를 30%, 한 달에 저널을 네 편 읽거나 요약문을 네 개 작성하면 가중치를 각각 20%를 부여합니다.

외국인 환자가 많아서 이런 제도를 도입했을까요? 당연히 아니죠. 이 병원의 환자는 대부분 내국인입니다. 그런데도 토익 점수를 활용하는 이유가 뭘까요? 간단합니다. 평가하기 쉽고 공정하다는 것입니다. 환자를 얼마나 잘 돌보는지, 환자에게 친절한지 등은 객관적인 평가가 어렵기 때문에 공정성 시비가 붙을 수 있다는 이야기죠. 이런 논란을 피하기 위해 토익이라는 말도 안 되는 잣대를 들이댄 것입니다.

더 황당한 일도 있습니다. 선배와의 관계 유지도 평가지표로 활용한다고 합니다. 선배와의 관계를 어떻게 평가할까요? '관리자의 관리 스타일과 일하는 방법을 파악해 팀원으로써 일의 진행에 방해가 되지 않는다', '항상 밝게 인사한다', '휴식시간·점심시간·친목모임에서 만난다' 등이 평가항목이라고 합니다. 한마디로 선배에게 아부하지 않으면 좋은 평가받기는 포기하라고 하는 것 같습니다.

박 피디: 중고등학교 때 성적순으로 반장, 부반장을 시키곤 했잖아요. 그거랑 비슷하군요.

이 피디: 그렇죠. 리더십 대신 평가하기 쉬운 성적으로 뽑았죠. 그러니 매일 교실이 개판이었죠.

박 피디: 맞아요. 그래서 대부분 아이들이 반장을 싫어했어요.

이 피디: 박 피디님이 반장을 한 번도 못 해봐서 그런 건 아니고요?

박 피디: 앗, 저도 반장했었어요! 무려 청소반장!

이 피디: 이쯤에서 이런 질문이 나올 듯해요. "글로벌 경제에서 살아남아야 할 텐데 성과연봉제 말고 대안이 있느냐?"

박 피디: 맞아요. "귀족노조, 무임승차자 늘어나 한국 기업들이 모두 망하면 어쩌냐"는 항변도 있을 듯하고요.

이 피디: 대안이 없지 않죠. 맥킨지라고 아시죠? 세계적인 경영컨설팅회
　　　　사요. 여기서 발표한 보고서가 있는데, 참조할 만해요.
박 피디: 와, 영어 아닌가요?

상대평가 대신 절대평가

　맥킨지가 발행하는 〈맥킨지쿼털리〉 2016년 5월호에서는 '성과관
리제의 미래'라는 제목의 보고서가 눈길을 끕니다. 보고서의 핵심
은 간단합니다. 성과연봉제 등 직원 성과평가라는 연례행사가 엉터
리라는 사실은 오래전부터 공공연한 비밀이었다는 것이죠. 전 세계
적으로 여전히 열에 아홉은 상대주의적 성과평가제를 실시하고 있
지만, 직원 성과를 향상시키는 데 기여한 바가 거의 없다고 합니다.
오히려 업무수행을 해칠 수도 있다고 지적하죠.

　이유가 뭘까요? 맥킨지는 성과관리 상대평가제가 평가에 시간만
잡아먹고, 오히려 지나치게 주관적이라고 설명합니다. 등급 평점과
보수에 대해 당사자들을 전전긍긍하게 만들지만, 평가 결과를 납득
하지 못하게도 만들어 동기를 부여하기보다는 동기를 잃게 한다는
이야기죠. 궁극적으로 도움이 안 된다는 것에 평가하는 관리자나 평
가받는 직원 모두 공감하고 있다는 주장입니다.

　맥킨지는 기업 성과를 높이기 위해 상대주의적 성과평가제보다는

협력을 장려하라고 조언합니다. 이미 상당수의 글로벌 기업들이 이같은 움직임에 동참하고 있다는 설명입니다. 하위평가자 10%는 가차 없이 저성과자로 분류해 해고하는 것으로 유명했던 GE가 대표적이죠.

GE는 '20세기 경영의 귀재' 잭 웰치가 1981년 회장에 취임하면서 3등급 상대평가를 도입했습니다. 전체 구성원의 상위 20%에겐 성과급과 승진 기회를 제공하고, 중위 70%는 상위등급으로 진입할 수 있도록 격려하는 반면, 나머지 10%에겐 퇴출을 권고하는 방식이었죠. 파레토 법칙을 정확히 적용한 것입니다. 구성원끼리 치열한 경쟁을 붙인 이 방식은 세계적인 벤치마킹의 대상으로 여겨질 만큼 화제가 되기도 했습니다.

하지만 문제가 불거지기 시작했습니다. 구성원 간의 불필요한 경쟁까지 유발시킨 것입니다. 아이디어를 공유하고 협업을 해야 하는 21세기 경영환경에는 적절치 못하다는 불만이 터져 나왔죠. 이런 문제가 불거지자 GE는 30년 넘게 고수했던 상대평가를 2015년 중단하고 절대평가 도입을 선언했습니다.

또 협업을 독려하기 위해 연간 1회 하던 평가를 스마트폰 앱을 통한 수시 피드백으로 변경했습니다. 관리자도 부하 직원에게 명령하고 평가하던 지위에서 벗어나 팀원 간의 협업과 협력을 도모하는 협력자 역할로 전환한 것입니다. 협업의 중요성이 강조되는 경영 트렌드에 맞춰 경쟁보다는 협력으로 회사 방침을 바꾼 것이죠.

한때 전·현직 직원들로부터 '가장 파괴적인 절차'를 지녔다고 비난받았던 MS도 마찬가지입니다. MS는 한동안 1등급에서 5등급까지 상대평가에 따른 일정비율을 강제할당 했습니다. 이 때문에 유능한 직원이 다른 유능한 직원과 함께 일하기를 꺼렸습니다. 이미 고목을 쳐낸 상황에서도 또 4등급과 5등급이라는 최하위등급을 매겨야 하는 부조리도 발생했죠.

MS는 10년간 유지해오던 이런 불합리를 2013년 말 과감히 폐지했습니다. 대신 관리자와 직원들이 정기적으로 만나는 '커넥트 미팅'을 만들었는데, 직원 간 경쟁보다는 협력을 장려하는 새로운 성과관리 방식을 시험하기 위해서라고 합니다. 추락하던 MS의 성과가 커넥트 미팅 도입 이후 크게 나아지고 있다는군요.

이런 움직임이 확산되면서 상대평가제도를 운영하는 미국 기업은 1990년 50% 수준에서 2011년 14%로 크게 감소했습니다. 이젠 워낙 줄어들어 관련 조사가 없을 정도입니다. 이와 달리 한국은 대기업의 74%(2015년 노동연구원 501개 기업 설문자료)가 아직도 매년 상대평가로 직원들을 줄 세우고 있죠.

박 피디: 그렇다고 경쟁의 장점을 마냥 무시할 수 없진 않나요? 일은 하지 않고 노는 사람들을 일하게 만들려면 뭔가 자극이 있어야 하잖아요?

이 피디: 물론 그런 이야기가 나올 수 있습니다. 컨베이어벨트가 돌아가

는 것처럼 끊임없이 일해야 한다는 사고에 빠져있기 때문이죠.

박 피디: 컨베이어벨트요?

이 피디: 네. 찰리 채플린의 영화 〈모던 타임즈〉에서처럼 한 명이라도 놀게 되면 모든 것이 망가진다는 생각 말이죠. 그래서 '일하지 않으면 먹지도 말라'고 노동자들을 다그치기도 하죠.

박 피디: 그 말 때문에 휴가 가는 것도 눈치 보이잖아요.

이 피디: 물론 소품종 대량생산-대량소비 시대라면 맞는 이야기죠. 하지만 다품종 소량생산-소량소비 시대에는 이런 방식은 더 이상 통하지 않아요.

박 피디: 그럼 어떻게 해야 하는데요?

이 피디: 직원들을 개성이 철철 넘치게 만들어야죠. 자신의 창의성과 개성을 발휘할 수 있도록 '날개'를 달아줘야 한다는 이야기죠.

박 피디: 비둘기 깃털이라도 뽑아 날개를 만들어야 하나요?

이 피디: 박 피디님의 아재개그는 끝이 없군요. 그게 아니라 '잘 놀고 잘 쉬어야 일도 잘한다'는 변화된 트렌드를 받아들일 수 있어야 해요. 실제로도 잘 놀고 잘 쉬어야 일도 잘한다는 연구 결과가 있고요.

박 피디: 앗, 정말인가요?

이 피디: 놀랍게도 이 연구 결과도 파레토 법칙을 탄생시켰던 개미에게서 나왔답니다.

백수 개미의 비밀

일본 홋카이도대 하세가와 에이스케 교수도 파레토처럼 개미의 습성에 관심이 많았습니다. 하세가와 교수는 열심히 일하지 않는 개미가 80%에 달한다는 파레토 법칙을 좀 더 세밀히 들여다봤습니다. 그런데 놀라운 점을 발견했습니다. 안정적인 개미집단일수록 아예 일을 하지 않는 백수 개미가 20%~30%나 된다는 사실입니다.

80%의 개미가 열심히 일하지 않을 뿐만 아니라 아예 놀고먹는 개미가 20%~30%에 달하는데도 안정적인 집단을 유지하는 비결이 뭘까요?

하세가와 교수는 개미의 일 가운데 알에 금이 가지 않도록 돌보는 등의 '누군가가 항상 하지 않으면 집단 전체에 치명적 피해를 끼치는 일'이 있다는 점에 주목했습니다. 그래서 일개미 1,200마리씩 집단으로 나눠 한 달 이상 현미경으로 관찰했죠.

그 결과, 백수 개미가 있는 집단은 일하는 개미가 지쳐서 휴식을 취할 때 백수 개미가 대신 일한다는 사실을 발견했습니다. 집단 유지에 반드시 필요한 알을 돌보는 일을 돌아가며 맡을 수 있었던 것입니다.

백수 개미가 없는 집단에서는 알을 돌보던 개미가 지치면 알을 그냥 방치했습니다. 결국 치명적 피해를 입고 집단 자체가 무너졌죠. 백수 개미가 있는 집단은 처음에는 상대적으로 생산성이 낮아 보였지만 장기적으로는 더 안정적이었던 셈입니다.

하세가와 교수는 더 재미난 연구도 했습니다. 아예 열심히 일하는 일개미와 노는 개미들을 나눠 각각의 집단을 만들어봤습니다. 당연히 열심히 일하는 개미들이 모인 집단의 성과가 클 것이라고 예상한 거죠.

하지만 결과는 거의 차이가 없었다고 합니다. 열심히 일하는 개미만 모인 집단에서도 20%의 개미가 놀기 시작했고, 노는 개미들로만 이뤄진 집단에서도 20%만 놀고 나머지 80%가 일을 했다고 하네요.

이 연구는 많은 의미를 내포하고 있습니다. 개미는 인류의 역사보다 훨씬 긴 수억 년 동안 지구상에 살아남았습니다. 개미들은 이 긴 기간 동안 갖은 어려움 속에서도 끊임없는 경쟁을 부추겨 저성과자를 솎아내는 조직은 갈수록 도태됐고, 협력을 통해 서로 돌아가며 쉬었던 조직이 오래 살아남았다는 사실을 깨달았겠죠. 그래서 아무것도 하지 않는 20%의 노는 개미가 상시적으로 필요하다는 지혜를 경험적으로 터득한 것입니다.

박 피디: 그럼 사람도 개미와 비슷할 거란 이야기인가요?

이 피디: 아마 그럴 것 같아요. 박 피디님이 좋아하는 스포츠를 보면 알 수 있죠.

박 피디: 스포츠요?

이 피디: 스포츠에서는 막강한 자금력으로 최정예 선수들로만 구성된 팀이 우승하지 못하는 경우가 생각보다 많죠?

박 피디: 그렇긴 하죠. 프로야구에서 2015, 2016년 최고연봉 구단인 한

화 이글스가 가을야구에 참가하지 못하긴 했죠.

이 피디: 한화 이글스는 원정 특별 타격훈련 등 절대적인 훈련량은 최대였지만 실책 수도 최다를 다퉜던 굴욕도 당했어요.

박 피디: 반면 두산 베어스나 넥센 히어로즈는 상대적으로 연봉이 적은데도 줄곧 가을야구에 초대받잖아요.

이 피디: 직장생활도 마찬가지죠. 매일 야근한답시고 일만 하는 조직보다는 적당히 휴식도 취하고 놀기도 하는 조직이 오히려 성과가 높을 때가 많잖아요.

박 피디: 맞아요. 야근해 스트레스 받는다고 술만 마시니 성과가 날 리 없죠. 몸만 축나고요.

이 피디: 창의성에서는 둘째가라면 서러운 구글이 업무시간의 20%를 자기 업무 외의 다른 분야에 쓰라는 '20% 룰'을 만든 이유도 여기에 있는 것 같아요.

박 피디: 구글 뉴스, 지메일, 구글 애드센스 등도 다른 일하면서 놀다가 아이디어가 나온 거라면서요?

이 피디: 맞아요. 자유롭게 놀면서 토론하다보니 톡톡 튀는 아이디어가 나올 수 있었죠.

박 피디: 그럼 우리도 앞으로 노는 개미가 필요하겠군요. 그럼 내가 노는 개미 할래요.

이 피디: 앗! 내가 먼저 놀려고 했는데….

이번 장에서는 우리의 열정을 빼앗는 열정 도둑에 대해서 알아봤습니다. 열정 도둑은 우리의 열정을 빼앗는 것으로도 모자라 과도한 경쟁과 스트레스로 병들게 하고 사망에도 이르게 하는 무서운 녀석입니다. 열정 도둑은 우리의 열정을 빼앗기 위해 자연계에서 아이디어를 얻어오기도 합니다.

먼저 열정 도둑이 아이디어를 얻은 것은 개미입니다. 개미에게 얻은 아이디어는 유명한 '파레토 법칙'입니다. '우수한 종자 20%가 수확량의 80%를 차지한다'라는 파레토 법칙을 인사관리에 적용하여 구조조정의 근거로 사용한 것입니다. 더 나아가 상시적인 구조조정의 필요성을 강조한 '메기이론'까지 들고 나왔습니다. 하지만 메기이론의 불편한 진실은 과학적으로 정반대의 사실만 증명되었을 뿐입니다.

경쟁을 강조하는 분위기에서 성과연봉제의 도입을 주장하는 사람들이 많습니다. 그렇다면 우리보다 먼저 성과연봉제를 실시한 선진국의 상황은 어땠을까요? 1990년대 미국을 대표하던 기업인 엔론은 세계 최고의 인재들이 모이는 회사였지만 지독한 성과연봉제로 인해 모든 직원이 실적 조작에 나섰고 윤리의식은 바닥으로 떨어졌습니다. 결국 수조 원대 회계부정으로 붕괴돼고 말았죠. 한때 상대평가 벤치마킹 대상이었던 GE는 30년간 유지했던 상대평가의 문제점을 인정하고 경쟁보다는 협력으로 회사의 방침을 바꿨습니다. 가장 파괴적인 절차를 지녔다는 MS도 10년간 유지하던 상대평가를 폐지하고 경쟁보다는 협력을 장려하는 문화를 만들고 있습니다. 이런 분위기가 확산되면서 미국 기업들 중 상대평가를 하는 기업들이 1990년 50% 수준에서 2011년 14%로 크게 감소했고, 현재는 워낙 줄어들어 관련 조사가 없을 정도입니다. 하지만 국내 기업들은 대기업의 74%가 아직 상대평가로 직원들을 줄세우고 있습니다.

우리도 열정 도둑이 아이디어를 얻었던 개미에서 아이디어를 얻었습니다. 안정적인 개미집단일수록 20~30%의 백수 개미가 존재한다는 점입니다. 인류보다 더 긴 수억 년 동안 지구에서 살아남은 개미는 경쟁을 부추겨 저성과자를 솎아내는 것보다 서로 돌아가며 쉬는 조직이 더 오래 살아남았다는 사실을 깨닫게 합니다.

chapter 5

통계의 새빨간
거짓말
—
이성을 잃게 만드는 숫자 도둑

평균연봉, 실업률, 물가상승률 등, 다양한 숫자들이 우리를 열패감에 빠지게 합니다. 현실과
동떨어진 통계 때문에 실제로 월급이 줄어들기도 합니다. 분명 물가상승률만큼 월급이 올랐
는데, 장바구니를 채우는 일이 점점 버거워지죠. 도대체 누가 거짓말을 하고 있는 걸까요?

박 피디: 아니, 이게 말이 되나요?

이 피디: 왜요? 무슨 일 때문에 그러세요?

박 피디: 우리나라 실업률이 겨우 3.6%밖에 되지 않는데요! 주변에 노는
사람이 천지인데도 말이죠.

이 피디: 아… 화가 날 만도 하네요. 현실과는 차이가 너무 크죠.

박 피디: 이런 걸 뭐하러 발표하는지 모르겠어요. 국민들 화만 돋우는데
말이죠.

이 피디: 성공은 한 것 같은데요? 박 피디님을 화나게 하는 게 목표였을
테니까요.

박 피디: 저를 화나게 만드는 게 목표라고요?

이 피디: 농담입니다. 요즘에는 통계가 틀리는 게 당연한 것처럼 여겨지
죠. 실업률뿐만 아니라 물가상승률, GDP성장률, 임금상승률 등
도 마찬가지입니다.

박 피디: 그러니까요! 그게 말이 되나요? 통계는 엄연히 정해진 규칙대
로 계산되는 거잖아요? 틀린다는 게 말이 됩니까!

이 피디: 그렇다면 좋겠지만, 현실은 달라요. 지금부터 통계가 왜 현실과
동떨어지는지 이유를 살펴볼게요. 통계도 우리 월급을 빼앗아

가는 도둑이니까요.

박 피디: 통계가 우리 월급을 빼앗아간다고요?

이 피디: 그럼요. 잘못된 통계를 근거로 세금을 더 걷어갈 수 있잖아요.

박 피디: 그럼 통계가 정말 조작될 수도 있다는 이야기인가요?

이 피디: 뭐, 조작까지는 아니더라도 전문용어로 살짝 '마사지'되는 경우
         는 너무나 많답니다.

박 피디: 도저히 믿을 수 없는 이야기네요.

정치가의 거짓말, 통계

'세상에는 세 가지 거짓말이 있다. 거짓말, 새빨간 거짓말 그리고 통계.' 19세기 후반 통계에 일가견을 가졌던 벤저민 디즈레일리 영국 총리가 남긴 명언입니다. 통계가 그만큼 믿을 게 못 된다는 소리죠.

객관적인 원칙과 기준에 따라 작성된 통계가 이런 비난을 받는 이유가 뭘까요? 이유는 생각보다 간단합니다.

통계라는 것이 워낙 어려운 학문이다보니 계산 과정을 상세히 이해하는 사람은 몇 명에 불과합니다. 수많은 데이터를 변수에 맞춰 계산하는데, 이를 일일이 검증하는 것도 사실상 불가능하죠. 따라서 작성자가 원하는 방향으로 통계 수치를 조작하는 것이 얼마든지 가능하다는 이야기입니다.

이는 통계의 어원에도 그대로 담겨있습니다. 통계(statistics)는 이

탈리아어인 '정치가(statista)'에서 유래한 말이라고 합니다. 정치적 목적으로 사용됐다는 이야기죠. 한마디로, 예로부터 정치가들이 우민을 속이기 위해 자주 사용한 방법이 바로 통계입니다.

실제로 통계 조작이 드러난 경우는 생각보다 많습니다. 바로 구제 금융 위기에 빠진 그리스가 대표적이죠. 그리스 정부는 2001년 유로존에 가입하기 위해 재정적자 규모를 줄여 발표했습니다. 그런데 2013년 이를 포착한 EU 통계청으로부터 회계자료 조작 혐의로 고발당했죠. 이 때문에 투자자들이 썰물처럼 빠져나가면서 그리스의 국채 금리가 치솟았고, IMF에 손을 벌려야 하는 신세로 전락했습니다.

심지어 아르헨티나 정부는 통계 조작 의혹으로 IMF로부터 사실상 퇴출당하는 수모도 겪었습니다. 2013년 IMF는 아르헨티나 정부가 발표하는 GDP, 인플레이션 등 경제 수치를 믿을 수 없다며 '불신임' 결정을 내렸습니다. IMF가 이처럼 극단적인 선택을 한 것은 아르헨티나 정부가 통계 조작 의혹을 제기한 학자들에게 괘씸죄 명목으로 1인당 12만 달러(약 1억 3,800만 원)의 벌금까지 매겼기 때문입니다.

중국 정부도 통계 조작 의심을 받고 있습니다. GDP 증가율, 광공업 생산률, 실업률 등이 현실과는 너무 맞지 않기 때문입니다. 일부 외신들은 중국에서 '관리가 통계 수치를 만들고 통계 수치는 관리를 만든다(官出數字 數字出官)'라는 풍자까지 나돈다고 전하고 있습니다. 통계 조작을 기정사실처럼 받아들이고 있는 거죠.

박 피디: 아니, 이렇게 조직적으로 조작한다는 게 말이 돼요? 이건 범죄
　　　　아닌가요?

이 피디: 그래서 이런 국가들은 제재를 받게 되죠.

박 피디: 그래도 너무 심한데요. 이렇게 국민을 속이는 정부는 탄핵해야
　　　　하잖아요. 촛불혁명을 완수한 우리처럼 말이죠.

이 피디: 그렇죠. 정권 유지를 위해 통계를 악용한 것이니까요.

박 피디: 우리나라 통계도 믿을 수 없는데, 설마 조작하다 걸린 사례는
　　　　없죠?

이 피디: 아직까지 우리나라는 국제기구로부터 경고를 받지는 않았지만
　　　　의심은 충분히 할 수 있죠. 대표적인 게 바로 실업률입니다.

실업률의 꼼수

　통계청에서 발표하는 실업률은 어떤 계산 절차를 거칠까요? 우선 우리나라 인구 중 만 15세 이상을 노동가능인구로 잡습니다. 이 노동가능인구를 일할 능력과 취업할 의사가 있는 사람을 뜻하는 경제활동인구와 이를 제외한 비경제활동인구로 나눕니다. 이유는 비경제활동인구를 실업률 계산에서 제외시키기 위해서입니다. 즉, 실업률은 경제활동인구 중에서 실업자의 비율로만 계산합니다.

　물론 이런 계산법은 통계청에서 자의적으로 만든 것이 아닙니다. ILO(국제노동기구)의 권고를 따른 것이죠. ILO는 지난 1주 동안 일을

하지 않았고(without work), 일이 주어지면 일을 할 수 있고(availability for work), 지난 4주간 적극적인 구직활동을 수행한(seeking work) 사람을 실업자로 정의하고 있습니다. 이외에 쉬는 사람은 비경제활동인구로 실업률 계산에서는 뺀다는 이야기죠. 이 때문에 통계청은 현재의 실업률 계산에 큰 문제는 없다는 입장입니다.

그런데 국제기구의 권고를 따른다고 정확하다고 할 수 있을까요? 객관적이긴 하겠지만 나라별로 다른 현실을 제대로 반영하지 못할 가능성이 매우 큽니다. 실제로 우리나라도 ILO의 권고에 따라 비경제활동인구를 계산했는데, 이 숫자가 다른 나라에 비해 유독 많다는 문제가 발생했습니다. 이유가 뭘까요?

우리나라는 다른 나라들에 비해 자격증이나 공무원시험을 준비하는 사람들과 전업주부의 비율이 높습니다. 이들은 스스로를 실업자라고 생각하지만 지난 4주간 적극적인 구직활동을 수행해야 한다는 ILO 권고에 딱 걸립니다. 공시족이나 전업주부가 적극적으로 구직활동을 할 리 만무하지 않습니까. 통계적으로 실업자로 잡히지 않는 비경제활동인구란 이야기죠.

우리나라의 5급 공채 및 외교관 후보자 시험, 국가직·지방직 7·9급 등 주요 공무원시험 응시인원을 모두 더하면 무려 70만 6,000여 명에 이릅니다. 물론 중복이 포함된 수치이긴 하지만 대학수학능력시험 응시인원 약 60만 명을 10만 명 이상 웃도는 엄청난 숫자죠. 이렇게 많은 젊은이들이 공무원시험에 매달리는 나라는 전

세계에서 대한민국이 거의 유일합니다.

전업주부도 무려 704만 3,000명에 달합니다. 이 때문에 자녀 연령이 만 2세 미만인 여성의 고용률은 32.4%로 OECD 주요 회원국 가운데 최하위 수준입니다. 다른 나라와 고용여건이 이처럼 차이가 큰데도 ILO 기준이라며 그대로 사용하니 현실과 동떨어질 수밖에 없습니다.

박 피디: 공시족과 전업주부만 합쳐도 770만 명이 넘는다고요?
이 피디: 네. 우리나라 노동인구가 4,300만 명이 조금 넘으니까, 무려 18%나 되죠.
박 피디: 이렇게 엄청난 비율이 실업률에 전혀 잡히지 않는다는 이야기잖아요?
이 피디: 그래서 실업률이 현실과 다른 거죠. 그런데 이게 끝이 아니에요.

일자리를 찾다가 직업을 구하지 못해 구직을 포기한 사람들도 황당하긴 마찬가지입니다. 상식적으로 생각해보면 당연히 실업자일 것 같죠? 하지만 통계에서는 비경제활동인구로 분류됩니다. 이유가 뭘까요?

통계청 설명에 따르면 ILO 권고에 따라 '매월 15일이 포함된 1주일 동안 적극적인 구직활동을 했으나 1시간 이상 일하지 못한 사람으로서, 즉시 취업이 가능한 사람'이어야 실업자입니다. 따라서 한 달 정도 구직활동을 하지 않으면 바로 구직포기자로 분류됩니다.

70만 명이 넘는 청년들을 비경제활동인구로 만드는 공무원시험

이러다보니 이런 문제가 발생합니다. 구조조정을 당한 후 마음을 추스르기 위해 한 달 이상 취업 준비를 하지 않은 사람도 바로 구직 포기자에 들어가죠. 실업률 계산에서는 빠진다는 이야기입니다. 최근 해운·조선업 구조조정으로 실업자가 엄청 늘어났을 것 같지만 실업률이 급격히 높아지지 않는 이유가 바로 여기에 있습니다.

정리하자면 실업률 계산에서 제외되는 비경제활동인구에는 연로, 심신장애 등은 물론, 전업주부에 해당되는 육아, 가사, 정규교육기관·입시학원·취업교육기관 등의 통학, 취업 준비, 진학 준비, 군입대 대기, 쉬었음 등이 모두 포함됩니다.

2017년 5월 통계에서 비경제활동인구가 무려 1,590만 7,000명에 달한 이유가 바로 여기에 있습니다. 이렇게 많은 사람들이 빠져나가니 실업률은 일반인들이 느끼는 것보다 태생적으로 낮을 수밖에 없죠.

이게 끝이 아닙니다. 경제활동인구에서도 이상한 일이 벌어집니다. 원하는 일자리를 얻지 못해 임시로 파트타임 일을 하거나 인턴을 하고 있다면 당연히 스스로를 실업자라고 생각할 것입니다. 정식 일이 아니라고 여기기 때문이죠.

하지만 통계에는 취업자로 잡힙니다. 주당 1시간 이상 돈을 받고 일을 한다는 이유죠. 주당 1시간이니, 한 달에 4시간만 일해도 취업한 것으로 간주됩니다. 황당하죠. 이러니 취업자 수는 일반인의 상식보다 훨씬 늘어날 수밖에 없습니다. 반대로 실업자 수는 급격히 줄어듭니다.

이 때문에 2017년 5월 통계에서 취업자가 2,682만 4,000명인 반면 실업자는 100만 3,000명에 불과합니다. 주변에 실업자가 넘쳐나는 것 같은데도 공식 실업률이 3.6%밖에 되지 않는 '실업률의 마법'이 펼쳐지는 이유가 바로 여기에 있습니다.

박 피디: 정부의 통계대로라면 취업하기보다 실업자 되기가 더 어려울 것 같아요.

이 피디: 그렇죠. 그러니 일부에서는 박근혜 정부가 강조했던 '창조경제'가 아니라 '창조실업'이라는 푸념을 늘어놓고 있죠.

박 피디: 정말 이 정도인 줄은 몰랐어요.

이 피디: 그래서 이를 보완하는 실업률 통계도 발표되고 있어요. 혹시 고용보조지표라고 들어봤나요?

　고용보조지표란 기존의 공식 실업률이 노동시장을 제대로 반영하지 못한다는 여론이 들끓자 통계청이 2014년 11월 새로 내놓은 고용지표입니다. 2013년 10월 ILO에서 확정한 '노동저활용지표'에 대한 국제 기준을 근거로 만들어졌죠.

　노동저활용지표는 취업욕구가 있는 근로자들이 여러 여건으로 일하지 못해 노동력이 활용되지 못하는 상태를 나타냅니다. 공식 실업률에서는 실업자가 아니었던 사람들까지 실업자로 포함되죠. 아르바이트 등 단기근로를 하지만 재취업을 원하는 사람(시간 관련 추가취업가능자), 최근 구직활동을 안 했을 뿐 일자리를 원하는 사람(잠재구직자), 구직노력을 했으나 육아 등으로 당장 시작하지 못하는 사람(잠재취업가능자) 등도 고용보조지표에서 계산됩니다. 앞에서 언급했던 문제점이 대부분 반영된 셈이죠.

　그런데 고용보조지표는 한 가지가 아닙니다. 무려 세 개나 되죠. 고용보조지표1은 경제활동인구 대비 시간 관련 추가취업가능자와 실업자의 비율, 고용보조지표2는 경제활동인구와 잠재경제활동인구를 합친 수치 대비 실업자와 잠재경제활동인구를 더한 수치의 비율, 고용보조지표3은 경제활동인구와 잠재경제활동인구를 합친 수치 대비 시간 관련 추가취업가능자와 실업자, 잠재경제활동인구를 더한 수치의 비율입니다.

수식으로 간단히 나타내면 다음과 같습니다.

$$고용보조지표1 = \frac{시간\ 관련\ 추가취업가능자^{1} + 실업자}{경제활동인구} \times 100$$

$$고용보조지표2 = \frac{실업자 + 잠재경제활동인구^{2}}{경제활동인구 + 잠재경제활동인구} \times 100$$

$$고용보조지표3 = \frac{시간\ 관련\ 추가취업가능자 + 실업자 + 잠재경제활동인구}{경제활동인구 + 잠재경제활동인구} \times 100$$

좀 어렵죠? 그냥 숫자가 높아질수록 현실에 가까워진다고 생각하면 쉽습니다. 실제로 2017년 5월 고용보조지표1은 5.7%, 2는 9.1%, 3은 11.0%입니다.

하지만 이런 고용보조지표도 현실을 제대로 반영한다고 하기에는 매우 부족합니다. 특히 최근 사회문제화되고 있는 청년실업률은 더욱 그러합니다.

---

1. 시간 관련 추가취업가능자: 취업자 중 실제 취업시간이 36시간 미만이면서, 추가취업을 희망하고 추가취업이 가능한 자
2. 잠재경제활동인구: 잠재취업가능자와 잠재구직자의 합계

청년실업률의 불편한 진실

현대경제연구원은 2015년 8월 우리나라의 청년실업률이 34.2%에 달한다고 발표했습니다. 당시 통계청이 발표한 8%에 비하면 네 배 넘게 높은 수치입니다.

왜 이렇게 차이가 클까요? 현대경제연구원의 청년실업률은 통계청의 고용보조지표3에 비자발적 비정규직과 그냥 쉬고 있는 청년까지 포함시킨 실업률 통계이기 때문입니다. 비자발적 비정규직의 경우 임금뿐 아니라 공적연금이나 고용보험, 교육훈련 등에서 정규직에 비해 턱없이 열악해 사실상 실업상태나 마찬가지란 이유입니다. 그냥 쉬고 있는 청년들은 말할 필요도 없습니다.

문제는 통계청은 청년층을 위한 고용보조지표는 따로 발표하지 않고 있다는 것입니다. 혹시 이렇게 괴리가 크다는 사실을 알기 때문에 발표를 꺼리진 않는지 의심됩니다.

박 피디: 그냥 현실에 맞는 지표 하나만 발표하면 이해하기 쉬울 텐데…
　　　　 왜 이렇게 많은 지표로 헷갈리게 하는 건가요?
이 피디: 거짓말하는 사람은 설명이 길어진다고 하잖아요. 어두운 현실
　　　　 을 그대로 보여주길 원하지 않으니 각종 이유를 대면서 지표를
　　　　 만들어내는 거겠죠.
박 피디: 이젠 화가 나기 시작하네요.
이 피디: 아직 화내긴 일러요. 숨겨진 꼼수가 또 있어요.

박 피디: 묵은 때처럼 끝없이 나오네요.

　청년실업률에는 숨겨진 꼼수가 더 있습니다. 바로 실업률 앞에 붙은 '청년'이 문제인데요. 우리나라는 통계를 계산할 때 청년층을 15세~29세로 잡습니다. 그런데 OECD는 청년층을 15세~24세로 규정하고 있죠. 무려 5년이나 차이가 납니다.

　통계청에서는 군대 때문에 우리나라 청년층 연령이 다른 나라에 비해 높다고 설명합니다. 그런데 이 설명도 좀 궁색해보입니다. 요즘은 2년 정도 군대생활을 하니까 26세로 하면 될 텐데 굳이 29세로 높여놓은 이유가 뭘까요?

　생각보다 간단합니다. OECD 기준대로 24세까지만 청년으로 인정할 경우 사회에 진출해 구직활동을 할 수 있는 기간이 줄어드니, 그만큼 실업률이 높아질 수밖에 없습니다. 하지만 29세까지 기준을 높이면 구직활동 기간이 그만큼 늘어날 수 있고, 그 사이에 취업을 하거나 아예 취업을 포기하게 됩니다. 하다못해 아르바이트라도 하게 되면 취업자로 분류되죠.

　한마디로 취업자로 분류되거나 비경제활동인구로 빠질 확률이 높아진다는 이야기죠. 단지 연령 폭을 조금 늘렸을 뿐인데 청년실업률이 낮아지는 마법 같은 일이 벌어지는 것입니다.

　실제로 2017년 1월 통계를 보면 15세~29세의 실업률은 8.6%입니다. 하지만 15세~19세는 10%, 20세~24세는 8.8%, 25세~29세는 8.2%로 갈수록 줄어듭니다. OECD 기준에 맞춰 실업률을 계산했다면 9%를 훌쩍 넘었겠지만, 군대라는 핑계로 연령 기준을 높이니 실업률이 크게 줄어들었죠. '헬조선'으로 불리는 우리나라 청년실업률이 미국·유럽 등 선진국보다 낮은 이유가 여기에 있습니다.

　2016년 9월 국회 환경노동위원회 소속 장하나 의원이 한국비정규노동센터에 의뢰해서 발표한 체감 청년실업률을 보면 놀랄 정도입니다. 당시 7월 기준 데이터를 근거로 산출한 체감 청년실업률은 무려 22.5%였습니다. 7월 공식 청년실업률인 9.4%보다 2.4배나 높은 수치죠. 꼼수를 제거하니 현실세계가 보이는 듯합니다.

박 피디: 정말 너무하는군요. 이런 꼼수까지 쓰다니….

이 피디: 그런데 이건 빙산의 일각에 불과해요. 물가지수를 보면 더 기가 막히죠.

박 피디: 맞아요. 시장이나 마트에 가면 물가가 천정부지로 뛰는데도 물가상승률은 겨우 1%~2%인 경우도 많더라고요.

이 피디 : 왜 그런 일이 벌어지는지 아나요?

박 피디: 그건 이제부터 이 피디님이 친절히 설명해주겠죠. 하하…

이 피디 : 말이나 못 하면 밉지나 않죠.

물가상승률의 비밀

　통계청이 발표한 〈2017년 5월 소비자물가 동향〉에 따르면 소비자물가지수는 102.80으로 지난해 같은 달에 비해 0.1% 상승했습니다. 세부 상승폭은 생활물가지수가 2.5%, 신선식품지수는 5.6%로 조사됐죠.

　하지만 이 같은 통계를 믿을 국민이 얼마나 될까요? 특히 직접 장 보고 살림하는 주부들이라면 결코 동감하지는 못할 것입니다. "창조경제라더니 물가도 창조하냐", "신선식품지수가 5.6% 올랐다고? 신선놀음하고 있네"라는 냉소적인 비난이 쏟아지고 있죠.

　도대체 이런 일이 왜 벌어질까요? 이유를 알기 위해서는 소비자물가지수(CPI, Consumer Price Index)의 구조부터 파악해야 합니다. 소비자물가지수는 소비자가 실제로 구입하는 품목을 조사 대상으로 삼고 있습니다. 모든 품목을 조사한다면 앞에서 설명한 것과 같은 괴리가 발생하지 않겠지만, 현실적·비용적인 문제로 대표 품목 460개를 따로 정해 조사합니다.

　계산 방법은 생각보다 간단합니다. 통계청 직원들이 매달 각 품목별 가격을 조사하고, 각 품목의 가격이 지난해나 지난달보다 얼마나 변동했는지 계산하죠. 이를 가중치별로 평균을 내고 지수화한 것이 바로 소비자물가지수입니다.

460개 품목은 어떻게 선정할까요? 가계동향조사 등에서 나타난 소비지출액 등을 기초로 결정합니다. 국민들이 많이 소비하는 품목들을 주로 넣는다는 이야기죠. 특히 최근 소비자의 기호, 구매 패턴 등 소비 구조 변화를 감안해 5년 주기로 일부 품목을 교체하기도 합니다.

가장 최근의 조사 대상 품목 교체 시기는 2015년이었습니다. 이때 꽁치, 케첩, 피망, 커피크림, 예방접종비, 신발세탁료, 잡지, 사전, 세면기 등은 빠졌습니다. 반면에 현미, 낙지, 파프리카, 아몬드, 건강기기 렌털료, 컴퓨터 수리비, 전기레인지, 보청기, 헬스기구 같은 것들이 새로 추가됐습니다. 하지만 최근 인기가 급증하고 있는 커피메이커나 키즈카페 이용료 등은 아직도 빠져 있고, 거의 사용하지 않는 연탄은 아직도 남아 있습니다. 바꿔 이야기하면 품목을 조절해 물가지수를 입맛에 맞게 만들 수 있다는 이야기입니다.

굳이 품목을 조절할 필요가 없는 경우도 있습니다. 가중치로도 충분히 통계를 '마사지'할 수 있기 때문입니다. 가중치가 높은 품목을 살펴보면 체감물가와 통계물가의 차이가 큰 이유를 알 수 있습니다.

현재 가중치가 가장 높은 품목은 전세로 가중치가 49.6입니다. 월세(43.6), 휴대전화료(38.3), 휘발유(25.1), 공동주택관리비(18.6), 도시가스(18.3) 등 주택·교통비에 관련된 품목이 가중 상위 20위를 거의 차지하고 있습니다. 반면 장바구니 물가와 직결된 식료품 중 상위 20개에 들어간 품목은 돼지고기, 국산 소고기에 불과합니다. 그나마 가중치도 전세의 6분의 1 수준인 9.1, 8.2에 불과한 실정이죠.

그럼 가중치는 어떤 방식으로 정해질까요? 통계청에 따르면 일반 가정에서 월 평균지출을 산정해 가중치를 계산한다고 합니다. 예를 들어 평균적인 가정에서 월 평균 100만 원을 지출할 경우 가중치가 49.6인 전세금으로 4만 9,600원을 쓰고 가중치가 9.1인 돼지고기 구입에는 9,100원을 쓴다고 판단했다는 의미입니다. 집집마다 소비하는 품목이 다르긴 하지만 이 수치에 공감할 수 있는 가구는 별로 없을 듯하네요.

소비자물가지수가 현실을 반영하지 못한다는 지적이 나오자 특수지수라는 것도 등장했습니다. 통계청에서 발표하는 특수지수 중 대표적인 것이 생활물가지수입니다.

생활물가지수는 두부, 라면, 돼지고기, 쌀, 닭고기, 소고기 등 소득 변화와 관계없이 가계가 자주 구입하는 품목이나 각종 납입금 등 가계의 지출 비중이 높은 품목 141개를 중심으로 만든 지표입니다. TV, 냉장고, 가구처럼 한 번 사면 오래 쓰는 품목은 생필품이지만 제외됩니다. 소비자물가지수보다는 가계 장바구니 물가에 보다 근접했다는 장점이 있습니다.

신선식품지수는 생선류, 채소류, 과실류 등 가계가 먹기 위해 주로 소비하고, 신선도 유지와 기상 조건 등에 따라 가격 변동이 큰 50개 품목을 대상으로 만드는 지표입니다.

이밖에 곡물 외의 농산물과 석유류 품목을 제외한 407개 품목으로 작성한 농산물및석유류제외지수, 축산물·수산물·가공식품·전기·지역난방비 등의 품목을 제외한 317개 품목으로 작성한 식료품및에너지제외지수도 있습니다.

박 피디: 추억의 이름, 'MB물가지수'도 생각나는데요.

이 피디: MB물가지수를 기억하다니 제법인데요. 이명박 전 대통령이 취임 초부터 물가안정을 위해 52개 주요 생활필수품을 집중관리 대상으로 선정했었죠.

박 피디: 근데 요즘은 왜 발표를 하지 않죠?

이 피디: MB 정부에서는 52개 품목만큼은 잘 관리하겠다고 했지만, 결과는 정반대로 나타났어요. 고추장 가격은 60% 가까이 뛰었고, 설탕과 우유 등도 각각 45%와 35% 넘게 가격이 급등했죠. 조사해보니 52개 주요 생활필수품 가운데 무려 48개 품목의 가격이 올랐어요.

박 피디: 관리하겠다고 해놓고선 뒤에선 기업과 '짝짜꿍'이 돼서 가격을 올린 것 아닌가요?

이 피디: 그런 의심도 받고 있죠. 그래서 요즘은 언급도 하지 않죠.

박 피디: 아무튼 통계지수에 자신의 이름까지 붙이다니 정말 어이가 없군요.

이 피디: 그런데 더 어이없는 일도 있어요.

박 피디: 뭐가 이렇게 끝이 없죠. 이번엔 또 뭔가요?

이 피디: 박 피디님은 신문이나 TV에서 나오는 경제성장률 전망을 얼마

나 믿나요?

박 피디: 그야 우리나라를 대표하는 전문가들이 전망한 것이니 어느 정
도 맞지 않을까요?

이 피디: 보통 그렇게 생각할 텐데, 조사 결과를 보면 까무러칠지도 몰라
요. 그래서 너무 놀라지 말라고 옛날이야기부터 들려줄게요.

박 피디: 그냥 해도 될 텐데 너무 겁주는 것 아닌가요?

신기루 같은 경제성장률

옛날 어느 마을에 용한 점쟁이가 살고 있었습니다. 이 점쟁이는
모든 세상일을 미리 내다볼 수 있었다고 합니다. 마을사람들도 중요
한 일이 있을 때마다 이 점쟁이에게 찾아가 미래를 알려달라고 부탁
하곤 했습니다. 물론 많은 금액의 복채를 내면서 말이죠.

어느 날 마을을 지나던 나그네가 이 점쟁이 이야기를 들었습니다.
마을사람들이 혀를 내두르며 용하다고 자랑까지 했기 때문이죠. 그
런데 나그네는 살짝 궁금해졌습니다. '이 점쟁이가 정말 그렇게 용
할까?'

그래서 이 나그네는 마을 장터에서 점을 보고 있는 점쟁이를 찾아
갔습니다. 그러고선 점쟁이에게 이렇게 말했죠. "제가 점을 보기 위
해 오던 중 마을 동쪽에서 가장 큰 빨간 벽돌집의 문이 활짝 열려 있
고 안에 있는 물건이 모두 밖으로 나와 있더군요. 아무래도 도둑이

든 것 같아요."

이 소리를 듣자마자 점쟁이는 화들짝 놀랐습니다. 마을 동쪽 가장 큰 빨간 벽돌집은 자신의 집이었기 때문이죠. 점쟁이는 나그네를 밀치며 죽자 살자 집으로 달려갔습니다. 하지만 집은 멀쩡했죠. 그때 멀리서 이 모습을 지켜보던 나그네가 말했죠. "이보시오. 자신의 일도 내다보지 못하면서 어찌 남의 운명을 알 수 있단 말이오." 이 모습을 본 마을사람들도 점쟁이의 실체를 똑똑히 알게 됐습니다.

실제로 자신의 운명까지 정확히 아는 점쟁이는 존재하지 않습니다. 사주팔자나 타로카드 등도 통계학에 기반을 둔 것으로, 과거를 맞힐 수는 있어도 완벽하게 미래를 점치는 것은 불가능하다고도 하죠. 그래서 일부 점쟁이들은 사람들이 듣고 싶은 것을 말해준다고 실토합니다. 심리상담사처럼 사람들의 불만이나 괴로움을 듣고 그 사람에게 맞는 이야기를 들려준다는 거죠. 당연히 미래를 점치는 것과는 거리가 멀다는 이야기입니다.

박 피디: 맞아요. 저도 비슷한 소리를 들었어요. 점쟁이들은 사람들의 표정이나 눈빛만 봐도 이 사람의 고민이 무엇인지 맞출 수 있다고 하더라고요.

이 피디: 그렇죠. 그래서 맞춤형 상담을 해주는 거죠.

박 피디: 그러니까요. 저도 몇 번 점을 쳤는데 하나도 맞지 않더라고요. 점쟁이 이야기를 들을 때는 그럴싸했는데 말이죠.

이 피디: 그래서 돈만 날렸다는 생각이 들죠. 그런데 점쟁이와 다를 바 없는 곳이 하나 있어요.

박 피디: 그게 어딘가요?

이 피디: 바로 경제연구소들이죠.

박 피디: 아, 그래서 아까 경제성장률을 믿느냐고 물어본 것이군요. 그런데 이상하네요. 그래도 전문가들이 내놓은 것인데 대부분 맞지 않나요?

경제연구소의 다양한 존재 이유 중 하나가 바로 경제전망입니다. 경제전망에 따라 정부는 예산과 세제 등 나라 살림의 기반을 잡고, 기업은 경영전략, 사업계획 등을 만들죠. 가계도 내년에는 지출을 늘려야 할지 말지를 검토하기도 합니다.

경제연구소가 점쟁이처럼 국민들의 표정이나 눈빛을 보고 때려 맞추는 것은 물론 아닙니다. 경제전망을 위해 엄청난 데이터를 분석합니다. 통계, 방정식 등을 사용해 정밀하게 계산하죠. 그래서 소수점 한자리까지 붙여서 딱 부러지게 발표합니다. '몇 점 몇 퍼센트'라고 말이죠.

이것이 끝이 아닙니다. 계산해낸 숫자에는 엄청난 설명이 따라붙습니다. 이렇게 예측한 숫자의 근거에 대해 자세한 해설까지 한다는 이야기죠. 따라서 경제연구소가 경제전망을 내놓으면 거의 모든 언론이 받아쓰기 바쁩니다. 이 전망치에 따라 허리띠를 더 졸라매야 할지, 호황에 대비해야 할지 등을 상세히 분석합니다. 재미난 것은 한 달 뒤, 한 분기 뒤도 아니고 1년 뒤도 쉽게 내다본다는 점이죠. 심지어는 몇 년 후 전망까지 내놓습니다.

또 하나 재미있는 점은 기상청 날씨예보가 틀리면 난리를 치는 국민들이 경제연구소가 발표한 수치가 틀려도 아주 예외적인 일이겠거니 하고 그냥 넘긴다는 것입니다. '우리나라에서 내로라하는 수재들이 모인 경제연구소에서 발표한 전망치이니 조그만 실수에 불과하겠지'라고 생각하면서 말이죠.

하지만 경제연구소에서 발표하는 전망치 중 가장 많이 쓰이는 경제성장률 전망치만 살펴봐도 놀라울 정도입니다. 산업연구원이 2016년 11월 발행한 〈2017년 경제산업전망〉 보고서에 따르면 2017년 우리나라 경제성장률은 2.5%입니다. 2016년 전망치 2.7%보다 0.2%포인트 내린 수치죠. 반기별로 보면 상반기는 2.4%, 하반기는 2.7%로 '상저하고(上低下高)'의 흐름을 띨 것으로 예상했습니다.

산업연구원은 2017년 국내 경제가 움츠러드는 주된 이유로 그동안 성장을 견인했던 건설투자의 대폭적인 둔화와 가계부채 부담, 구조조정의 여파로 가뜩이나 부진한 소비 위축을 꼽았습니다. 특히 살림살이가 나아지지 않다보니 국민의 지갑은 더욱 꽁꽁 닫힐 것으로 내다봤습니다.

하지만 이것이 끝이 아니라는군요. 박근혜·최순실 게이트에 따른 정국 혼란 장기화와 미국의 도널드 트럼프 행정부 출범은 성장률을 더 떨어뜨리는 하방 위험 요소로 남아 있다고 합니다. 따라서 성장률 전망치를 더 끌어내릴 수도 있다는 이야기입니다.

박 피디: 잠깐만요. 전망치를 끌어내린다는 것이 무슨 이야기인가요? 한
　　　　번 전망하면 끝이지, 상황 변화에 따라 바뀐다는 게 말이나 되
　　　　나요?
이 피디: 그렇죠. 하지만 산업연구원만이 아니에요. 모든 연구소들이 전
　　　　망치를 필요할 때마다 수정해요. 심할 경우에는 분기별로 내년
　　　　도 전망치를 바꾸는 경제연구소도 있답니다.
박 피디: 아니, 이건 어제 맑을 것으로 예보했는데 아침에 빗방울이 보이
　　　　면 예보를 다시 바꾸는 것과 다르지 않군요. 전망이 아니라 중
　　　　계라고 해야 할 것 같은데요.
이 피디: 아하, 경제성장률 중계치. 그거 좋군요.

　더 재미난 것도 있습니다. 각 연구소 간의 격차가 생각보다 크다
는 점입니다. 2017년 GDP 성장률은 한국개발연구원(KDI) 2.7%, 현
대경제연구원 2.6%, 한국경제연구원 2.2%, LG경제연구원 2.2% 등
입니다. KDI와 LG경제연구원의 격차가 무려 0.5%포인트나 됩니다.
　이게 별 것 아니라고 생각할 수 있지만, 사실 엄청난 차이입니다.
IMF가 발표한 2016년 우리나라 GDP가 1만 4,044억 달러(약 1,615조
8,600억 원)이니까, 성장률 0.5%포인트 차이는 GDP 약 8조 790억
원이나 차이가 나는 셈입니다. 정부가 2017년 문화·체육·관광에
쓰겠다고 잡은 예산 7조 1,000억 원보다 많은 액수입니다. 생각보

다 엄청난 차이죠.

특히 정부의 GDP 성장률 전망치와는 격차가 더욱 벌어집니다. 기획재정부의 2017년 성장률 전망치는 3%입니다. 다른 기관들과 최고 0.8% 포인트나 차이가 납니다. 이 때문에 3%는 정책의지가 반영된 '목표치'이지 순수한 전망치는 아니라는 이야기가 흘러나오고 있습니다.

박 피디: 참 어이가 없네요. 어느 경제연구소의 전망치가 맞을지를 또 다시 전망해야 하는 거잖아요.

이 피디: 그렇죠. 이쯤 되면 뭐하러 큰돈을 들여가면서 전망하는지 의문이 들 정도죠.

박 피디: 그런데 혹시 2016년, 2017년만 그랬던 것 아닌가요? 박근혜·최순실 국정농단이라는 전대미문의 사건까지야 경제연구소가 전망할 수는 없잖아요.

이 피디: 그랬으면 다행이겠지만, 과거 자료를 조사해보니 안타깝게도 아닙니다.

국내외 9개 경제기관의 2011년~2015년 연간 GDP 성장률 전망치와 실제 성장률의 차이를 분석한 결과, 실제 성장률을 정확하게 예측한 기관은 단 한 곳도 없었습니다. 5년간 내놓은 성장률 전망치가 무려 45개에 달하는데 하나도 맞히지 못했죠. 평균오차는 무려 0.80%포인트나 됐습니다. 특히 IMF의 평균오차는 1.08%포인트로

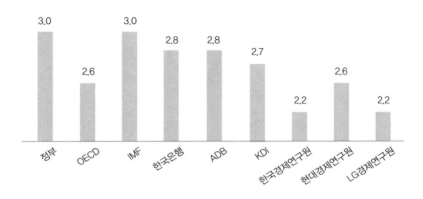

경제연구소 2017년 경제전망

정부	OECD	IMF	한국은행	ADB	KDI	한국경제연구원	현대경제연구원	LG경제연구원
3.0	2.6	3.0	2.8	2.8	2.7	2.2	2.6	2.2

가장 부정확했습니다. 기획재정부와 한국은행도 각각 0.92%포인트, 0.86%포인트로 부끄러운 수준이었습니다.

가장 정확한 것으로 분석된 한국경제연구원과 LG경제연구원의 평균오차도 0.64%포인트나 됐습니다. 학점으로 치면 낙제점이라고 해도 과언이 아닐 정도입니다.

또 재미난 것은 이들 9개 기관이 5년간 내놓은 45개의 성장률 전망치 중 실제 성장률보다 낮았던 경우가 단 한 차례뿐이라는 점입니다. 금융연구원이 예측한 2013년 성장률은 2.8%였지만 실제 성장률은 2.9%였습니다. 나머지 44차례는 모두 전망치가 실적을 웃도는 낙관적 예측이었습니다. 특히 IMF는 우리나라의 2012년 경제성장률 전망치로 4.4%를 제시했지만 실제 성장률은 절반 수준인 2.3%에 그쳤습니다. 차라리 점쟁이에게 예측을 맡기는 것이 나을 정도입니다.

박 피디: 그런데 경제성장률 전망치가 틀렸다고 문제될 것은 없지 않나요? 어디까지나 전망일 뿐인데요.

이 피디: 그렇다면 얼마나 좋겠어요. 하지만 앞에서 언급했듯이 그렇질 못해요. 정부는 물론이고 기업, 가계도 경제연구소가 내놓은 전망치에 따라 계획을 세우기 때문이죠. 경제가 크게 나아진다고 해서 정부는 예산을 늘리고 기업은 투자를 실행하고 가계는 집이나 자동차를 샀는데 경기가 침체되면 낭패잖아요.

박 피디: 이건 마치 앞 차가 우측 깜빡이 켜고 좌회전해서 사고를 당하는 것이랑 비슷하겠군요.

이 피디: 비유가 근사한데요. 실제로 일본은 잘못된 깜빡이 때문에 20년 장기불황에 빠졌어요. 1990년대 초반 거의 모든 일본 내 경제연구소가 경기호전을 예측해 당시 일본 정부는 구조조정을 미루고 단기부양책을 지속했었죠. 기업도 불필요한 투자를 늘렸고요. 그러다 결국 부동산 거품이 터졌답니다.

박 피디: 너무 무서운데요. 그런데 경제연구소들은 왜 이렇게 엉터리 전망치를 내놓는 건가요? 슈퍼컴퓨터가 없어서 그런가요, 아니면 알파고가 아니라서 그런가요?

이 피디: 슈퍼컴퓨터나 알파고가 있어도 전망치는 맞지 않을 것 같아요.

박 피디: 왜요?

이 피디: 앞에서 점쟁이는 듣고 싶어 하는 말을 한다고 했던 것처럼, 경제기관들도 듣고 싶어 하는 전망치만 내놓은 것 아닌가 하는 의심 때문이죠. 기획재정부나 한국은행은 정부의 눈치를 볼 수밖

에 없잖아요. 그래서 정부에서 듣고 싶어 하는 전망치를 내놓을
수밖에 없고, 기업연구소도 기업들이 듣고 싶어 하는 전망치를
내놓았을 가능성이 커 보입니다.

박 피디: 한마디로 짜고 치는 고스톱이네요.

이 피디: 그런데 자신들의 입맛에 맞게 통계를 조작했다가 들통 나기도
해요.

짜고 치는 고스톱

한국경영자총협회는 '4년제 대졸 신입사원 초임은 월 290만 9,000원'
이라는 제목의 보도자료를 2015년 10월 공개했습니다. 월 100만 원
간신히 넘는 대졸 신입이 대부분인 상황이었기 때문에 큰 파문이 일
었죠. 보도자료를 자세히 살펴보니 정말 놀라울 정도입니다. 거의 '사
기' 수준이었기 때문이죠.

대졸 초임 월 평균 290만 원에는 기본급은 물론, 상여금 등의 수
당을 월할로 계산해 포함했다고 합니다. 과거 사례를 통해 상여금을
받을 것으로 예측하고 합했다는 설명이죠.

예를 들면 매년 연말에 120만 원의 상여금을 받는 신입사원은 매
달 10만 원씩을 나온다고 가정해 월급에 더했다는 이야기입니다.
따라서 일반적으로 생각하는 월급보다는 많을 수밖에 없다고 경총
은 설명합니다.

문제는 이것만이 아닙니다. 경총은 종업원 수 100인 이상 사업체 중 6,000여 개 사업체를 이번 조사의 대상으로 삼았다고 밝혔습니다. 그런데 실제 조사된 업체는 겨우 414곳에 불과했다고 합니다. 전체 조사 대상의 7%도 되지 않는 기업을 대상으로 대졸 평균초임을 산출한 셈입니다. 게다가 답변을 한 업체 중 대기업이 139곳에 달합니다. 무려 34%에 달하는 수치죠.

놀라운 점은 이것만이 아닙니다. 경총은 보고서 끝에 '고임 대기업 초임급 수준의 가중치가 많이 반영됨에 따라 사업체별로 가중치를 동일하게 부여하는 사업체 단순 평균값보다 그 수준이 높게 나타날 수 있으므로 유의하여 이용하기를 바란다'고 붙였습니다. 실제 대졸 초임과는 차이가 날 수밖에 없다는 사실을 스스로 인정한 셈입니다. 이것만 보더라도 어떤 의도에서 이런 통계를 냈는지 충분히 유추하고도 남습니다.

전경련도 2015년 '30년차 근로자 임금, 1년차의 4.3배'라는 내용의 보도자료를 발표했다가 호된 비난을 받은 바 있습니다. 전경련은 고용노동부의 '고용형태별 근로실태조사'를 분석해 2014년 30년차 근로자의 월 평균임금은 638만 원으로, 1년차 근로자 149만 원의 4.3배라고 발표했습니다. 이는 일본(2.4배), 독일(1.9배), 영국(1.6배), 프랑스(1.5배), 스웨덴(1.1배)에 비해 월등히 높다는 주장이죠.

하지만 이 통계 수치는 2014년 전체 근로자 분포가 1년차 16.2%,

10년차 2.7%, 20년차 1.2%, 30년차 0.5%라는 것과 함께 보면 신뢰하기 힘듭니다. 선진국과는 달리 우리나라에서 한 직장에 30년 이상 근무하는 사람은 임원 아니면 거의 없다는 이야기입니다. 신입 직원 월급과 임원들의 월급을 비교한다는 자체가 말이 될 수 있을까요?

한국경제연구원(KERI) 역시 임금피크제 관련 통계를 과장했다는 의혹을 사고 있습니다. 연구원은 2016년 7월 임금피크제를 실시하면 5년간 약 26조 원이 절감되고, 그 비용을 청년 고용에 사용한다면 5년간 총 31만 3,000개의 청년 일자리를 만들 수 있다는 보고서를 발표했습니다.

하지만 이는 박근혜 정부가 정년 연장과 무관한 비정규직이나 퇴직자 등을 혜택자에 포함해 통계 수치를 부풀렸다는 의심을 받고 있습니다. 실제로 같은 통계 자료를 분석한 국책연구소에 의하면 절감 비용은 7,000억여 원, 창출되는 청년 일자리도 최대 8,186명에 불과한 것으로 나타났습니다.

박 피디: 와, 공식 기관들이 이렇게 사기를 쳐도 되나요? 이러니 박근혜·최순실 국정농단이 터졌죠.

이 피디: 정말 너무하죠. 그래서 이런 농담까지 있나 봐요.

박 피디: 무슨 농담요?

이 피디: 1 더하기 1에 대해 전공별로 답이 다르다는 것 아니요? 수학과는 당연히 2라고 할 테지만, 물리학과는 0, 전기학과는 3, 유

아교육과는 귀요미라고 답한대요. 그러면 통계학과의 대답은 뭘까요?

박 피디: 음… 모르겠는데요.

이 피디: 대답이 정말 걸작입니다. "뭘로 만들어드릴까요?"

박 피디: 하하, 통계가 조작이라는 사실을 인정하는 거군요.

이 피디: 하지만 거짓말은 속는 사람이 있으니까 한다는 이야기 들어보셨죠?

박 피디: 속은 사람이 바보라는 이야긴가요?

이 피디: 소설가 마크 트웨인은 "숫자는 거짓말을 하지 않는다. 그러나 거짓말쟁이는 숫자를 이용한다"고 지적했어요.

박 피디: 아하! 사람들이 숫자만 나오면 머리가 아파서 잘 살펴보지 않고 믿어버린다는 이야기를 들어보긴 했어요. 그래서 터무니없는 숫자로 사람들을 속이는 경우도 많다고 하고요.

이 피디: 맞아요. 냉전이 한창이던 1950년 조지프 매카시 당시 상원의원이 "국무부 안에 공산주의자 205명이 있다"고 황당한 주장을 폈는데 아무도 맞서질 못했어요. 너무 기세등등하게 구체적인 숫자까지 들먹이는 바람에 겁에 질렸던 거죠.

박 피디: 최순실·박근혜 국정농단이 불거지자 소위 보수라는 측에서도 100만 명이 태극기집회에 모였다고 뻥을 쳤잖아요. 당시 TV 뉴스를 보니 기껏해야 5만 명 정도에 불과했는데도 말이죠.

이 피디: 뻥이 좀 심했죠. 이런 숫자 장난에 속지 않으려면 어떻게 해야 할까요?

통계를 모르는 일반인도 거짓을 골라낼 수 있는 구분법 다섯 가지가 있습니다.

첫째, '누가 발표했는가'를 살펴야 합니다. 앞의 사례처럼 경총이나 전경련은 100% 기업에게 유리한 통계만 발표합니다. 한경연도 전경련 산하단체이기 때문에 노동자 편이 아니죠.

물론 노동자단체에서 발표하는 자료도 노동자에게 유리하기 마련입니다. 조사단체와 연관 지어 통계 수치를 보면 이 자료를 왜 만들었는지 짐작하는 것이 가능합니다.

둘째, '어떤 방법으로 조사했는가'도 중요합니다. 예를 들어 설문조사의 경우 휴대전화를 이용했는지, 일반전화를 이용했는지에 따라 결과가 천차만별이죠. 설문 문항의 순서만 바꿔도 결과가 완전히 달라지는 경우도 있습니다. 온라인 설문의 경우에는 데이터 조작도 '충분히' 가능합니다. 따라서 조사방법을 상세히 살펴보는 것이 반드시 필요합니다.

세 번째는 '표본이 모집단을 제대로 대표하는가'를 따져봐야 합니다. 경총 자료처럼 대졸 신입사원 평균이라고 해놓고선 종업원 수 100인 이상 사업체를 조사 대상을 삼는다는 것은 문제가 큽니다. 전경련 자료처럼 임원밖에 없는 30년차 직장인을 일반 직원들과 비교한다는 것도 말이 되지 않죠.

네 번째는 '상식적으로 말이 되는 내용인가'입니다. 주변에서 취업이 되지 않는다고 난리를 치는데 실업률 지표는 완전고용에 가깝다? 과감히 무시하면 됩니다.

　다섯 번째, '숨겨진 데이터는 없는가'입니다. 통계 뉴스를 발표할 때는 원본을 모두 공개하지는 않습니다. 바꿔 이야기하면 자신들에게 필요한 수치만 밝히고 불리한 내용은 숨겨놓는다는 거죠. 경총도 온갖 수치를 그럴싸하게 늘어놓고는 보고서 끝에 '유의하여 이용하기를 바란다'라고 붙인 것처럼 말입니다.

박 피디: 아하, 소개팅이랑 비슷하군요. 소개팅에서도 자신에게 불리한 내용은 숨기고 유리한 것만 이야기하잖아요.

이 피디: 이야~ 기가 막힌데요. 맞아요. 친하지도 않은 사람이 갑자기 소개팅을 시켜주는 경우 혹시나 했지만 '꽝'인 경우가 대부분이죠. 다 숨겨진 의도가 있기 때문입니다.

박 피디: 통계를 볼 때도 소개팅 할 때처럼 꼼꼼히 살피라는 이야기군요.

이 피디: '숫자는 어렵다'는 고정관념만 한 꺼풀 벗겨내고, 앞에서 소개한 다섯 가지만 기억한다면 거짓말쟁이들이 파놓은 '함정'에서 벗어날 수 있어요. 영화 〈메트릭스〉의 주인공 네오처럼 숫자 뒤에 숨겨진 진짜 세계를 만날 수 있는 거죠. 소개팅에 성공하는 것도 물론이고 우리의 소중한 월급도 지킬 수 있죠.

이번에는 우리를 속이는 거짓말쟁이 숫자 도둑에 대해 알아봤습니다. 숫자 도둑은 통계라는 가면을 쓰고 있습니다. 통계를 이용한 거짓말은 국제적으로 문제가 되는 경우도 많습니다. 그리스, 아르헨티나, 중국의 사례를 살펴봤는데요. 통계를 이용한 거짓말이 이처럼 다양하다는 것을 방증합니다. 그중에서 우리의 삶과 맞닿아 있는 거짓말 두 가지를 복습하겠습니다.

첫 번째는 실업률의 꼼수입니다. 취업하는 것만큼 힘든게 실업률 통계에 잡히는 것입니다. 실업률 통계에 포함되기 위해서는 지난 1주 동안 일을 하지 않았고, 일이 주어지면 일을 할 수 있고, 지난 4주간 적극적인 구직활동을 수행한 사람이어야 합니다.
결국 각종 수험생을 포함한 공시족, 휴학생, 전업주부, 알바, 인턴 등은 모두 실업률 통계에서 빠지게 됩니다. 또한 청년실업률을 낮추기 위해 청년층을 15세~24세에서 15세~29세로 늘려 잡는 꼼수를 부리기도 했습니다.

두 번째는 물가상승률의 비밀입니다. 소비자물가지수는 전수조사가 아니라 대표품목을 선정하여 가중치를 부여하여 측정합니다. 하지만 여기서 문제가 발생합니다. 대표품목의 선정부터 가중치의 차이까지 정부의 입김이 들어갈 수 있는 여지가 많기 때문입니다. 결국 물가지수와 밥상물가는 차이가 날 수 밖에 없었습니다.

마지막으로 가짜 통계를 구분하는 법을 복습하면서 마무리 하겠습니다. 1. 누가 발표했는가. 2. 어떤 방법으로 조사했는가. 3. 표본이 모집단을 제대로 대표하는가. 4. 상식적으로 말이 되는 내용인가. 5. 숨겨진 데이터는 없는가. 통계를 볼 때는 항상 의심의 눈초리를 거두면 안 됩니다. 숫자 도둑이 통계라는 탈을 쓰고 우리의 돈을 항상 노리고 있기 때문입니다.

PART **2**

범인은 반드시
흔적을 남긴다

결함을
의도한다
—
계획적 노후화의 불편한 진실

2G폰 사용자 찾기가 하늘에 별 따기입니다. 무선인터넷을 사용하기 쉽고, 업무적으로도 활용도가 높은 스마트폰 때문인데요. 덕분에 많은 직장인들이 주말에도 업무에서 벗어나지 못하고 있습니다. 그런데, 이 스마트폰이 우리에게 빼앗아간 것은 주말만이 아니라는군요!

박 피디: 우르릉 쾅쾅, 우르릉 쾅쾅…

이 피디: 뭐하시는 건가요?

박 피디: 듣고도 모르세요? 탱크가 내는 멋진 소리잖아요.

이 피디: 박 피디님 입으로 내는 소리 같은데요…. 갑자기 애들처럼 탱크
　　　를 가지고 놀고 싶은 것은 아닐 테고요.

박 피디: 당연하죠. 지금부터 우리의 상식을 깨뜨리는 이야기를 하려고
　　　요. 혹시 '탱크주의'란 말이 생각나시나요?

이 피디: 네. 대우전자 슬로건이었잖아요. 사상 최대의 분식회계로 대우
　　　그룹이 몰락하고 대우전자도 회사가 넘어갔죠 아마?

박 피디: 분식회계는 물론 투자 실패도 문제가 많았지만, 대우전자의 탱
　　　크주의도 대우 몰락을 부추겼다는 사실 아세요?

이 피디: 탱크주의는 제품을 튼튼하게 만드는 거잖아요. 이게 왜 대우의
　　　몰락을 부추긴 거죠?

　대우전자가 탱크주의를 내세운 것은 1990년대 초반 미국 MIT 공
학박사 출신의 배순훈 사장이 취임하면서부터입니다. 공학박사 출
신답게 배 사장은 '기본에 충실하자'는 모토를 토대로 '고장 나지 않

1990년대를 주름잡은 탱크주의 신문광고

는 가전제품'을 만들겠다고 선언했죠. 탱크처럼 웬만하면 망가지지 않는 제품 말이죠.

특히 1993년 초 탱크주의를 앞세운 광고는 대박을 터뜨렸습니다. 배 사장이 직접 TV 광고에 출연해 "기능이 많은 제품이 좋은 게 아니라 고장 나지 않는 제품이 좋은 제품"이라고 설파한 덕분이었죠.

배 사장은 '탱크박사'란 별명을 얻을 정도로 큰 인기를 끌었습니다. 덕분에 대우전자가 만든 세탁기, 냉장고, TV 등의 매출은 급등했습니다.

대우전자는 '탱크처럼' 튼튼한 가전제품들을 앞세워 당시 양대 산

맥이었던 삼성전자, LG전자의 제품들을 보기 좋게 물리치며 한때 가전업계 1위로 도약하기도 했습니다. 전문가들은 대우전자의 탱크주의가 대한민국 전체 가전제품의 품질을 높이는 계기가 됐다고 분석하고 있습니다.

그런데 문제가 불거지기 시작했습니다. 탱크주의가 지닌 모순 때문이었습니다. 제품이 워낙 튼튼하다보니 한 번 사면 10년 이상 쓰는 것은 기본이고, 새로운 기능을 추가한 모델을 내놔도 팔리지 않게 됩니다. '아직 고장 나지 않고 쓸 만한데 뭐하러 바꿔'라고 소비자들이 생각하게 된 거죠. 한 번 사면 다시는 안 사니 대우의 탱크주의는 점점 교체 수요를 창출하지 못하는 '늪'에 빠진 것입니다.

이 피디: 정말 안타까운데요. 하긴 저희 집 세탁기도 대우 제품이었는데 17년이나 썼던 것 같아요. 정말 튼튼하긴 했네요.

박 피디: 하지만 대우 입장에서는 바로 그게 딜레마였던 거죠. 고장도 좀 나고 해야 교체 수요가 생기고 신제품이 팔릴 텐데, 신규 수요 가지고는 버티기가 힘들었죠.

이 피디: 그렇겠네요. 참 안타까운 일이네요.

박 피디: 그런데 정말 안타까운 일은 지금부터입니다. 잠시 높아졌던 가전제품의 품질을 다시 낮추기 시작해요.

이 피디: 예? 일부러 품질을 낮춘다고요?

박 피디: 품질 자체를 낮추는 것은 아니고요. 일부러 오래 쓰지 못하게

하는 거죠.

이 피디: 그건 사기 아닌가요?

박 피디: 어찌 보면 그럴 수도 있죠. 하지만 너무 튼튼하게 만들어서 대
우의 탱크주의처럼 망하는 것보다 낫잖아요.

이 피디: 아무리 그래도….

박 피디: 이 같은 현상에 대한 전문용어도 있어요. '계획적 노후화'

이 피디: 보험사기를 노리는 자해공갈단도 아니고, 제품을 계획적으로
노후화한다니 너무한데요.

박 피디: 그럼 예를 들어볼게요. 이 피디님은 스마트폰을 사신 지 몇 년
됐나요?

이 피디: 저는 2년 약정으로 샀는데, 아직 1년 정도 남았어요.

박 피디: 그럼 그 스마트폰은 언제까지 쓰실 건가요?

이 피디: 음… 아마 약정 끝나면 바꿀 것 같은데요.

박 피디: 이유가 뭐죠?

이 피디: 아무래도 신제품도 나올 테고, 그때쯤이면 고장도 날 테고요.

박 피디: 왜 그때쯤이면 고장이 나죠?

이 피디: 스마트폰이야 2년 정도 지나면 고장 나지 않나요?

박 피디: 탱크주의처럼 만들면 10년도 쓸 수 있을 텐데요.

이 피디: 아… 듣고보니 그러네요. 그럼 스마트폰도 계획적 노후화의 희
생양이란 이야기인가요?

스마트폰 교체주기의 불편한 진실

2017년을 기준으로 스마트폰을 들고 다니지 않는 사람이 얼마나 될까요? 시골 할아버지 할머니도 스크린을 터치하는 휴대전화를 쓰시는 걸 보면 대다수 국민이 스마트폰을 쓸 것으로 예상됩니다.

2016년 3월 기준 스마트폰 보급률은 91%로 세계 1위입니다. 사용자는 4,000만 명이 넘습니다. 무엇보다 1인당 하루 평균 이용시간이 4시간에 달해 우리 생활과 가장 밀접한 물건으로 자리 잡았습니다.

그런데 스마트폰 가격이 만만치 않습니다. 삼성전자나 애플의 플래그십 모델은 100만 원에 육박합니다. 보급형이라도 30만 원에서 50만 원 사이죠. 예전 2G폰 시절과 비교하면 사실상 전 국민이 모바일 사치를 부리고 있는 셈 입니다.

더 큰 문제는 이렇게 비싼 스마트폰을 자주 교체한다는 겁니다. 요즘은 쓰던 물건을 공짜로 바꿔주는 경우도 적지 않지만 스마트폰은 예외죠. 배터리 폭발과 같은 중대한 결함이 아닌 이상 소비자가 자기 돈 내고 새 단말기로 바꿔야 합니다.

이 피디: 말씀하신 대로 스마트폰이 고급 신형인 경우 대당 100만 원이 넘는데 그냥 바꿔줄 리 없잖아요. 기업이 자선사업단체도 아니고요.

박 피디: 그런데 요즘 자동차회사들도 공짜로 바꿔주는 마케팅을 한다는 사실 아세요?

이 피디: 정말로요?

박 피디: 특정 모델의 경우 엔진이나 변속기 같이 주행과 밀접한 관계가 있는 장치에 문제가 발생하면 구입 한 달 내에 공식적으로는 '묻지도 따지지도 않고' 바꿔주도록 법이 변경됐어요. 자동차 가격이 얼마죠?

이 피디: 보통 2,000만 원에서 3,000만 원이 넘잖아요. 헉! 그러고보니 스마트폰보다 훨씬 비싸군요.

박 피디: 그렇습니다. 그럼에도 스마트폰 제조사는 기기 결함에 의한 무상 교체 정책은 사실상 외면하고 있죠.

이 피디: 그렇군요….

박 피디: 고장이 나도 기껏해야 리퍼폰으로 교체해주는 정도잖아요. 그런데 더 화가 나는 건 일정 시간이 지나면 쥐도 새도 모르게 우리의 스마트폰이 속된 말로 '맛이 간다'는 겁니다.

이 피디: 바로 '계획적 노후화' 때문이군요.

우리는 얼마나 자주 스마트폰을 교체할까요? '난 그래도 2년은 쓰는데, 대부분 그렇지 않을까' 생각할 수 있습니다. 결과는 놀랍습니다. 정보통신정책연구원 자료에 따르면 국내 소비자들의 스마트폰 평균 사용 기간은 14개월로 조사됐습니다. 1년하고도 2개월이죠. 고급 스마트폰이 보통 100만 원이니, 우리는 매년 100만 원짜리 직사각형의 요물을 산다는 것입니다.

우리가 이처럼 적지 않은 돈을 매년 쓴 경우가 있었을까요? 정기적으로 피부미용시술을 받거나 여름휴가 때마다 해외여행을 가는 사람이라면 모를까, 일반적인 사람들은 쉽게 떠올릴만한 대상이 없을 겁니다. 그 비싸다는 수입 거위털 점퍼도 매년 사지는 않죠.

스마트폰을 매년, 그것도 100만 원짜리를 산다는 것은 심각한 병폐라 할 수 있습니다. 병폐라 해서 유별난 게 아닙니다. 딱히 필요하지 않은 일을 갑자기 하거나, 하지 않아도 될 일에 굳이 시간과 비용을 과다 투입하는 게 병폐입니다.

2% 부족할 때

누구나 하나씩 가지고 있는 디지털카메라는 어떤가요. 일단 종류부터 다양해 뭘 사야 할지 어렵게 합니다. 보통 줄여서 디카라고 하는 이 물건은 '똑딱이'라는 별명을 지닌 콤팩트카메라, 뛰어난 화질과 높은 화소수를 자랑하는 DSLR카메라, 콤팩트카메라와 DSLR카메라의 장점을 결합한 미러리스카메라로 분류합니다.

아무래도 처음에는 가격도 저렴하고 휴대가 편한 콤팩트카메라를 삽니다. 구매자도 대부분 10대나 20대 젊은 층이고, 여성의 비중이 높습니다. 가격대 또한 10만 원에서 20만 원대로 부담 없죠.

그런데 콤팩트카메라를 쓰다 보면 조금만 움직여도 사진이 흔들려서 나오고, 스마트폰이나 태블릿PC에서 살짝만 확대를 해도 깨지기 일쑤입니다. 그리고 뭔가 부족해 보입니다.

DSLR카메라를 사는 사람들 가운데 다수는 이처럼 콤팩트카메라를 쓰다가 2% 부족한 점을 절실히 체험한 경우입니다. 소문대로 사진도 잘 나오고, 1초에 수십 번이나 연속촬영을 할 수 있고, 캠코더 부럽지 않은 동영상도 만들어냅니다.

물론 남들도 알아주는 캐논, 소니, 니콘과 같은 브랜드의 제품을 사려면 최소 100만 원대 많게는 500만 원대의 가격도 감당해야 합니다. 하지만 사진을 잘 모르는 자신이 봐도 프로작가가 찍은 작품처럼 사진에 대한 만족도가 높으니 으레 '잘 샀구나' 하고 스스로 위로합니다.

그런데 몇 번 DSLR카메라를 들고 여행을 다녀오면 그 뒤로 한동안 어깨와 목이 뻐근합니다. 덩치만큼이나 압도적인 무게 탓이죠. 좋은 사진은 그저 얻을 수 있는 게 아니었습니다. 그렇게 서서히 후회가 파도처럼 밀려올 때 미러리스라는 녀석이 등장합니다.

미러리스는 전통적인 카메라와 달리 카메라 속에 거울이 없습니다. 따라서 크기는 작아지고 무게도 가벼워졌지만 DSLR에 버금가는 화질을 선물합니다. DSLR 가격과 비교해도 대체로 20~30% 저렴합니다. 사진 찍을 때 무게의 압박에서 벗어날 수 있다니, 나의 어깨와 목, 궁극적으로는 무릎에도 긍정적인 기여를 할 것이란 믿음에 또 다시 구매를 합니다.

이 피디: 저도 디카 열풍이 한창일 때 콤팩트카메라를 샀었죠. 그런데 화
질이 마음에 들지 않아 DSLR카메라를 샀어요. 하지만 이 역시
들고 다니기 귀찮아서 미러리스도 하나 장만했거든요.

박 피디: 디카 세 대를 가지고 계신데 놀이동산 갈 때나 워터파크에 갈
때 뭘 들고 가시나요?

이 피디: 흠… 언제부턴가 스마트폰으로만 사진을 찍고 있다는….

박 피디: 이 피디님뿐 아니라 많은 분들이 비슷한 상황입니다. 처음에는
그저 필름카메라보다 편리해서, 인화에 드는 비용을 줄일 수 있
어서 디카를 선택했을 뿐이죠. 하지만 이런저런 구실로 더 나은
상품을, 더 가벼운 제품을 사게 됩니다.

그래도 여기까지 오신 분들은 양반입니다. 카메라의 심오한 세계
에 빠진 분들은 농담 반 진담 반으로 '집안 거덜 내기 직전'이라는
표현을 씁니다.

독일 명품 카메라 중에 라이카라는 브랜드가 있습니다. 라이카의
주요 모델은 대당 가격이 1,000만 원에서 2,000만 원입니다. 아직
놀라기엔 이릅니다. 스웨덴의 핫셀블라드라는 브랜드는 인기 제품
의 가격이 무려 2,000만 원에서 4,000만 원에 이릅니다.

물론 초고가 카메라를 사는 사람의 숫자가 많지는 않습니다. 하지
만 매출신장률이나 고객 1인당 단가 등의 통계를 보면 매년 빠르게

상승하고 있습니다. 이는 곧 '원래 샀던 사람들은 계속 사고, 예비 고객들이 빠른 속도로 늘고 있다'는 것을 의미합니다.

은밀한 '보이지 않는 손'

스마트폰이나 카메라처럼 '나도 모르게 내 돈을 가져가는' 도둑은 많습니다. 노트북, 시계, 신발, 가방 등은 물론이고 오히려 그렇지 않은 물건을 찾는 게 빠를 겁니다.

그런데 꼭 짚고 넘어가야 할 게 있습니다. 비싼 스마트폰을 매년 사고 카메라 3종 세트를 갖추는 등의 행동이 과연 '소비자가, 즉 우리가 정말 원했던 것인가' 하는 질문입니다. 자기 돈 주고 물건을 샀으니 당연히 원해서 했던 일이라고 볼 수 있지만, 사실 여기에는 기업의 은밀한 '보이지 않는 손'이 작용합니다.

이 피디: 《국부론》의 저자이자 '경제학의 아버지'라고 하는 애덤 스미스의 '보이지 않는 손'이 갑자기 툭 튀어나오는 이유가 뭐죠?

박 피디: 보이지 않는 손은 물건을 만드는 사람과 파는 사람이 누가 시키지 않았음에도 저절로 균형을 이뤄서 '윈-윈'한다는 내용인 것은 알고 계시죠?

이 피디: 그래도 경제학을 배운 사람인데 너무 무시하는 것 아닌가요.

박 피디: 앗, 죄송합니다. 하지만 요즘 제조사들이 하는 행위를 보면 말

그대로 소비자의 눈에는 보이지 않는 그들의 손이 물건의 가치를 떨어뜨리고 있어요.

이 피디: 그게 무슨 말이죠?

박 피디: 예를 들어볼게요. 스마트폰은 전자기기죠?

이 피디: 그야 당연하죠.

박 피디: 그런데 스마트폰이 나오기 전에 일반적인 전자기기로 여겨졌던 물건들이 뭐가 있나요?

이 피디: 음… 컴퓨터, MP3, 계산기 등이 생각나는데요.

박 피디: 말씀하신 컴퓨터, MP3, 계산기로 갈수록 무엇이 달라질까요.

이 피디: 음… 가격?

박 피디 : 앗, 그것도 있겠군요. 하지만 사용할 수 있는 시간이 길어진다는 생각이 들지 않나요?

이 피디: 듣고보니 그러네요. 컴퓨터는 예전만 해도 3년 이상은 거뜬히 썼죠.

박 피디: 맞아요. MP3도 분실하거나 도난당하지 않는 이상 수년간 쓸 수 있었죠.

이 피디 : 제가 쓰는 계산기는 거의 화석이죠. 1980년대에 샀던 태양광으로 충전이 되는 계산기가 여전히 작동하거든요.

스마트폰의 계획적 노후화

스마트폰은 평균 1년 2개월을 쓰고, 오래 썼다 해도 2년 남짓입니다. '그러고보니 내가 집어던지거나 떨어뜨리지도 않았는데 2년이 지나니 맛이 간 것 같네!' 하고 무릎을 치는 분들도 계실 겁니다.

결론부터 말씀드리면 여러분의 잘못이 아닙니다. 물론 변기에 빠뜨리거나 맥가이버로 거듭나기 위해 스스로 분해를 하는 등의 극단적인 경우는 예외입니다.

기업에서 가장 공을 들이는 부분 가운데 하나가 '계획적 노후화'입니다. 말 그대로 일부러 제품을 '오래된 것처럼', '더 이상 사용하기 어렵게' 만드는 행위입니다. 기업에서 대놓고 인정하지는 않지만 '계획적 노후화'는 기업의 불편한 진실을 설명하는 대표적인 경제용어가 됐습니다.

그럼 스마트폰에 어떻게 '계획적 노후화'를 적용하는 걸까요. 늘 그렇듯이 다양한 방식이 있습니다. 우선 하드웨어 측면에서 노후화를 진행합니다. 내 스마트폰을 몰래 가져다가 고장을 내는 것도 아닌데 어떻게 그런 일이 일어날 수 있을까요?

여러분은 혹시 스마트폰을 쓰다가 어느 날 갑자기 먹통이 되는 경우를 겪지 않으셨나요? 언제부터인가 스마트폰으로 앱을 구동할 때 속도가 느려지지는 않았나요? 그것도 아니면, 갑자기 스마트폰이 자주 꺼지거나 겨울에 쓰는 손난로처럼 뜨거워지지는 않았나요? '난 그런 적이 없다'는 분들은 정말 뽑기를 잘하신 겁니다. 어쩌면 운을 타고났을지 모르니 로또 구입을 권합니다.

OO전자 직원이 스마트폰을 조립하고 있습니다. 그런데 부품을 꽉 조여주면 좋을 텐데 70% 수준으로만 조인다면 어떻게 될까요? 스마트폰의 주요 부품인 AP칩이나 액정을 만들 때 크게 티가 나지 않을 정도로만 완성도를 낮춘다면요?

'설마 대기업에서 이런 짓을 할까' 하고 의심할 수도 있습니다. 그럼에도 대기업에는 이 같은 계획적 노후화를 담당하는 직원이 존재하는 게 현실입니다. 물론 이들은 공식적으로는 어엿한 다른 직무가 있습니다. 하지만 실제 하는 일은 공식 업무와는 다릅니다.

스마트폰을 실수로 떨어뜨리는 경우가 있습니다. 그런데 운이 나쁘면 액정이 깨지고, 더 심하면 내부 부품에 손상이 가서 물건 자체를 못 쓰게 됩니다.

혹시 일부러 제품의 내구성을 약하게 한 건 아닐까요? 상식적으로 생각할 때 조금만 튼튼하게 만들거나 액정이 바닥에 직접 닿지 않는 디자인을 한다면 이런 불상사를 피할 수 있을 텐데 말이죠.

물론 기업들은 저마다 '우리 제품은 튼튼하다', '우리 물건은 오래 쓸 수 있다'고 자랑합니다. 이는 사실입니다. 하지만 디테일이 중요합니다. '튼튼하다', '오래'라는 단어는 매우 추상적이고 주관적입니

스마트폰을 모시고 살게 만드는 계획적 노후화

다. 튼튼하고 오래 쓴다고 말하지만 속으로는 '약해서 금방 파손돼야 물건을 더 팔아먹지' 하고 회심의 미소를 짓지 않을까요.

이 피디: 그러면 자동차의 경우도 최근에 나온 차들이 올드카보다는 상
　　　　대적으로 덜 튼튼하다는 이야기인가요? 부식에도 약하고 조립
　　　　완성도도 떨어지고요?
박 피디: 물론 완성차업체들은 인정하지 않고 있죠.
이 피디: 그럼 뭐라고 하나요?
박 피디: 오히려 원자재의 품질이 더 좋아졌고, 조립 인력의 완숙도도 높
　　　　아졌다고 항변해요. 그런데 사실 소비자 입장에서는 자동차에
　　　　들어가는 강판만 하더라도 정확한 정보를 알 길이 없죠.

이 피디: 쇳물을 녹이고 튼튼한 금속을 만드는 기술은 아무래도 30년 전
보다 나아지지 않았을까요? 당연히 강판의 품질이나 강도 역시
이전보다는 우수할 듯한데요.

박 피디: 그게 상식이죠. 그런데 기업은 우리의 상식을 자주 배반해요.

이 피디: 배반한다고요?

박 피디: 기술이 나아졌기 때문에 역으로 원자재의 품질을 A부터 Z까지
차별화할 수 있어요. 예전에는 A부터 C까지 품질을 구분할 수
있었다면, 이제는 Z까지 커스터마이징이 가능하죠.

이 피디: 30년 전에는 기업이 마진을 높이기 위해 최하등급인 C 수준의
강판을 쓰는 게 고작이었다면, 요즘은 Z등급의 부품을 써서 마
진을 더욱 높일 수 있다는 말씀이군요.

박 피디: 제대로 이해하셨어요. 그런데 더 짜증나는 것이 있어요.

이 피디: 뭔데요?

박 피디: 기술이 발전하다보니 예전의 C등급 자재와 현재의 Z등급 자재
를 눈으로 봐서는, 단순한 테스트만으로는 구분하기가 쉽지 않
다는 대목이죠. 즉, 돈을 주고 사서 써봐야 뒤늦게 알 수 있다는
말입니다.

1980년대와 90년대에 '소니 타이머'라는 말이 있었습니다. 소니에
서 만든 알람시계였으면 좋겠지만 아닙니다. 소니에서 만든 전자기
기가 신기하게도 일정 기간이 지나면 서서히 고장이 나는 것을 의미
합니다.

물론 소니는 공식적으로 계획적 노후화는 있을 수 없다며 부정했습니다. 하지만 소니 내부 직원이 그의 가족과 친구들에게 이를 떠들고 다녔던 건 유명한 일화죠.

소프트웨어 측면에서도 계획적 노후화가 가능합니다. 대표적인 게 OS 업데이트입니다. 먼저 MS의 윈도우를 살펴볼까요. 2016년 IT업계 이슈 가운데 하나가 윈도우10 무료 업데이트였습니다. 윈도우7이나 윈도우8을 쓰는 고객에게 무료로 윈도우10을 장착하게 하는 것이었죠. 공짜라고 하니 왠지 돈을 번 기분이 듭니다. 실제로 윈도우10 보급형 제품 가격이 10만 원대이니 그럴 만도 하죠.

하지만 윈도우7 아래 버전인 윈도우XP를 쓰고 있던 고객들의 상황은 완전히 반대입니다. 윈도우XP는 여전히 국내에서도 사용 비중이 큰 시리즈 중 하나입니다. 그런데 사실 윈도우10 업데이트는 윈도우XP를 쓰는 고객의 지갑을 열게 하기 위해서였습니다.

당시 MS는 윈도우10 업데이트를 발표하면서 고객정보 보호와 안전을 내세웠습니다. 즉, 윈도우10으로 바꾸지 않으면 문서나 사진, 동영상 자료가 쉽게 털릴 수 있고, 특히 은행거래와 같은 특수한 행위를 할 때는 더더욱 안전을 보장할 수 없다며 소비자의 불안을 증폭시켰습니다.

이 말이 어느 정도 설득력이 있는 건 맞습니다. 윈도우7 이상의 버전에서만 시스템 안전을 위한 추가 업데이트를 진행하기로 했으니 말이죠. 윈도우XP를 쓰는 사람은 시스템, 보안 등 거의 모든 부분에서 업데이트를 제공받지 못했기 때문에 정말로 피해를 볼 가능성이 큽니다.

그런데 여기서도 짚고 넘어갈 부분이 있습니다. 윈도우XP 고객은 보호해주지 않아도 될 만큼 의미 없는 존재일까요? 윈도우XP가 2001년에 출시됐으니, 약 15년을 이용해온 '도움 안 되는' 고객으로 본다면 그럴 수도 있습니다. 하지만 이들이 있기에 글로벌 점유율 수치가 현재처럼 높게 유지될 수 있고, 이들은 누가 뭐래도 가장 유력한 윈도우10 잠재 고객입니다.

MS의 이 같은 정책이 마음에 들지 않더라도 일단 나에게 어떤 피해가 닥칠지 모르기 때문에 다수의 (겁 많은) 오래된 고객들은 윈도우10으로 업데이트합니다. 당연히 이들은 비용을 내야 했습니다.

아이폰이나 갤럭시S도 마찬가지입니다. 2년 정도 지나면 이들 업체는 대대적으로 새로운 OS를 내세우고 또 앱 개발사 역시 새롭게 나오는 OS에 맞춰 제품을 만들기 때문에 구식 스마트폰에서는 정상적인 통신이나 업무를 하기 어렵습니다. 그럼 어떻게 해야 하나요? 별 수 없죠. 새 제품을 사야 합니다.

이 피디: 계획적 노후화를 진행하는 방식이 각 기업마다 다르군요.

박 피디: 그렇게 보이죠. 그런데 소프트웨어 노후화는 더 치사해 보이지 않나요?

이 피디: 맞아요. 단말기가 아무리 튼튼하고 깨끗하더라도 어쩔 수 없이 새로운 물건을 사게 강요하는 셈이잖아요.

박 피디: 하드웨어를 노후화하느냐 소프트웨어를 노후화할 것이냐는 기업이 계산기를 두드렸을 때 어떤 결과가 나오는지에 따라서 달라지겠죠. 문제는 이런 계획적 노후화가 환경 측면에서도 좋지 않다는 데 있습니다.

이 피디: 아하! 아무래도 5년 쓸 걸 2년만 쓰게 하면 그만큼 폐기되는 상품, 고물도 늘어나겠군요.

박 피디: 그렇습니다. 15년 타도 되는 차를 5년마다 바꾸는 분이 적지 않은데, 한 대면 충분할 일을 세 대로 하는 셈이죠.

이 피디: 그렇게 되면 폐차할 때 나오는 먼지, 소음, 기름은 물론이고 비용 역시 세 배로 늘어나겠네요.

박 피디: 스마트폰이나 카메라 역시 마찬가지죠. 계획적 노후화가 심해지면 그만큼 산업폐기물이나 쓰레기는 늘어날 수밖에 없어요.

이 피디: 기업의 욕심이 소비자 지갑을 터는 데 그치지 않고 우리 지구를 병들게 하는군요.

유행이란 이름의 계획적 노후화

하드웨어나 소프트웨어적으로 설명할 수 없는 계획적 노후화도 있습니다. 이는 소비자의 심리와 관련되어 있죠. 바로 '유행'입니다. 옷이나 신발, 헤어스타일, 화장법과 같은 우리 몸과 관련 있는 것으로 '유행'을 한정하는 경향이 있는데, 그렇지 않습니다.

다시 스마트폰으로 돌아갑니다. 2017년 현재 삼성전자와 애플의 플래그십 단말기는 갤럭시S8과 아이폰7입니다. 그런데 제품 뒤에 숫자 7, 8이 붙죠. 이들 업체는 1년마다 나오는 제품에 숫자 1을 하나씩 더합니다. 군대에서 이병, 일병, 상병, 병장으로 작대기가 하나씩 늘어나는 것과 비슷하죠.

그렇습니다. 계급장을 보면 '저 녀석이 언제 제대하겠구나' 짐작을 할 수 있듯이, 갤럭시S나 아이폰의 숫자를 보면 저 사람이 언제 제품을 샀는지 쉽게 알 수 있습니다.

여기서 멈추지 않습니다. 이들 업체는 숫자로 구분을 하는 것도 모자라 외형만 보고도 알 수 있도록 생김새에도 차별화를 시도합니다. '제품 차별화'라는 경제용어가 세련된 것처럼 느껴지지만 알고 보면 계획적 노후화의 일환임을 알 수 있죠.

요즘은 외관으로만 차별화를 하는 것은 '하수'로 평가받습니다. 이제는 성능을 강조합니다. 홍채를 인식해서 스마트폰 잠금장치를 열게 하고, 뱅앤올룹슨 같은 명품 오디오 브랜드의 기술이 들어가고, DSLR카메라 수준의 2,000만 화소가 넘는 이미지 센서와 렌즈가 장착돼야 고급 스마트폰으로 인정받습니다. 즉, TV나 포털에서 그렇게 자주 등장하는 이들 제품의 광고는 결국 '당신이 쓰고 있는 물건은 한물갔습니다'를 일러주는 전도사였던 셈입니다.

계획적 노후화는 기본적으로 기업이 소비자 몰래 실행하는 꼼수입니다. 하지만 소비자에게도 전혀 잘못이 없는 건 아닙니다. 스마트폰도 그렇지만 한때 학생들 사이에서 사회문제화됐던 '노스페이스' 계급론이 좋은 예입니다. 입은 옷을 보고 요즘 유행하는 금수저, 은수저, 흙수저로 계급을 매긴 거죠. 노스페이스 계급론은 이 브랜드의 다양한 제품군과 그에 따른 천차만별인 가격에 근거를 둡니다. 10만 원대부터 100만 원 가까이하는 제품이 있었으니, 만약 줄을 세운다면 10단계 정도도 가능했을 것입니다.

학생들은 부모님에게 이렇게 이야기했습니다. "노스페이스 점퍼를 입지 않으면 거지 취급받는다." "노스페이스 제품이라도 비싼 걸 입어야 왕따당하지 않는다." 이 말을 들은 적지 않은 부모님들은 울며 겨자 먹기로 고가의 점퍼를 사줬습니다.

물론 유행 아닌 유행을 만든 건 기업이지만, 유행도 유행 나름입니다. 이처럼 바람직하지 않은, 심지어 청소년 집단에서 계급으로 작용하는 이런 미친 짓에 부화뇌동해서는 안 되겠죠.

계급을 규정하는 건 노스페이스 점퍼뿐만이 아닙니다. 수입차, 고가 아파트, 명품 가방 등 너무도 많죠. 돈을 쫓는, 허세를 숭상하는 이러한 집단사고의 위험에 빠지지 않는 건 어찌 보면 큰돈을 버는 일과 같습니다.

이 피디: 이야기가 섬뜩하네요. 믿었던 기업으로부터 뒤통수를 제대로 맞은 느낌입니다. 그런데 우리가 물건을 만들 수 없으니 어쩔

수 없이 사야 하는데….

박 피디: 그게 문제죠. 그런데 소비자 권리가 가장 발달됐다고 하는 미국
에서도 계획적 노후화에 대한 소비자 보호책이 딱히 없어요. 계
란으로 바위를 치는 옵션조차 없는 게 현실이죠.

이 피디: 그럼 포기해야 하나요?

박 피디: 당연히 그러면 안 되겠죠.

계획적 노후화에 대한 반격

자, 그럼 우리 돈을 알게 모르게 가져가는 스마트폰, 카메라 같은 물건의 손아귀에서 안전거리를 유지하려면 어떻게 해야 할까요?

기업이 1~2년 정도의 짧은 기간에 물건을 교체하도록 의도적으로 소비자를 몰아가고 있다면, 정공법으로 대응해야 합니다. 소비자 역시 1~2년마다 스마트폰을 사고 카메라를 사는 겁니다. 잘 나가다가 삼천포냐고요? 당연히 단서가 붙습니다. 바로 '패스트 컨슈머'로 거듭나는 겁니다.

패스트 패션, 패스트 가전, 패스트 가구라는 용어를 들어보셨나요? 패스트 컨슈머는 이런 제품의 소비를 즐기는 새로운 소비 인류를 말합니다. 유니클로, 자라 같은 패스트 패션, 이케아로 대변되는 패스트 가구의 장점은 가성비입니다. 제품 품질이 뛰어나다고 할 수는 없지만 지불한 비용을 감안하면 제법 쓸 만한 물건이라는 겁니다.

이들 제품은 오래 쓰긴 어렵습니다. 유니클로에서 산 옷을 5년 이상 입거나 이케아에서 산 가구를 20년씩 쓰기는 쉽지 않죠. 하지만 문제가 생길 때쯤 또 사면 됩니다. 또 사도 큰돈이 들지 않기 때문입니다.

이 같은 원리를 스마트폰에도 적용할 수 있습니다. 100만 원짜리 갤럭시S나 아이폰을 사지 않고 20만~30만 원짜리 중저가 제품을 1년씩 써보자는 겁니다. 단순계산을 해도 5년이 지나면 매년 최대 80만 원, 즉 400만 원을 절약할 수 있죠.

유니클로 이야기가 나왔으니 패딩 제품에 대해 간단히 비교해보겠습니다. 유니클로는 물론이고 지오다노, 탑텐, 에잇세컨즈와 같은 중저가 패스트 패션 브랜드의 오리털, 거위털 패딩은 비싸야 20만 원을 넘지 않습니다. 이마저도 겨울이 중반쯤 이를 때면 10만 원대로 가격이 내려갑니다.

반면 현빈, 강동원 같은 톱스타가 광고하는 아웃도어 브랜드의 패딩은 비슷한 스펙을 기준으로 할 때 최소 50만 원대입니다. 비싼 제품은 200만 원짜리도 있습니다.

패딩의 기본적인 스펙과 성능은 아무래도 '얼마나 따뜻한가'겠죠. 오리털이든 거위털이든 충전재가 얼마나 많이 들어갔느냐, 보온을 위한 최소한의 양을 충족하느냐가 관건입니다. 최근 기준 거위털 충전재는 1kg에 6만 원, 오리털은 3만 원에 거래됩니다. 충전재 1kg이면 경량재킷 여섯 벌, 해비다운 세 벌을 만들 수 있다고 합니다. 즉, 볼륨이 **빵빵**한 패딩에 들어가는 털의 가격은 정작 1만 원에서 2만 원이라는 이야기죠.

그런데 완제품의 가격은 뒤에 0이 하나 더 붙는 건 기본이고, 털 가격의 최대 50배에서 200배라는 계산이 나옵니다. 패딩에 들어가는 털은 큰 차이가 없을 텐데 말이죠.

물론 패딩이 보온성만 좋다고 팔리는 물건은 아니죠. 디자인이나 컬러 역시 상품의 중요한 구매요소입니다. 하지만 아무리 디자인이 창의적이고 예술적이라 해도 유명 브랜드에서 내건 가격표는 쉽게 이해하기 힘듭니다. 한국인이 좋아하는 캐나다구스만 해도 가장 싼 패딩이 100만 원대라고 합니다. 심지어 브랜드는 캐나다구스인데 구스가 아닌 오리털을 쓴다고 합니다.

100만 원짜리 스마트폰과 20만 원짜리 제품을 어떻게 동일 선상에서 비교할 수 있냐고 물으신다면, 저는 이렇게 답하고 싶습니다. "스마트폰으로 우주선을 발사하실 겁니까?" 100만 원짜리 스마트폰으로도 물론 이 일을 할 수는 없습니다. 즉, 휴대전화 본연의 역할을 할 수 있는 물건이면 족하다는 뜻입니다.

현재 이들 보급형 제품은 지금의 플래그십 모델이라고 하는 시리즈의 1년 반 전의 스펙을 갖추고 있습니다. 세상이 아무리 빨리 발전한다고 하지만 그래도 1년 반 정도의 갭은 이런 기기를 쓰는 데 큰 불편을 유발하지는 않습니다.

물론 현재 시점에 맞는 최상급 모델이 아니라는 점 때문에 유행에

뒤떨어진 사람 혹은 형편이 어렵다는 걸 당당히 밝히는 사람으로 인식될 수 있지만, 다시 말씀드립니다. 이런 '유행'이라는 건 기업들이 돈을 벌기 위해 억지로 만든 상술이라는 점을요. 따라서 유행을 잘 따르는 사람은 기업의 충실한 노예라 해도 크게 틀린 말은 아닐 겁니다.

이 피디: 유행을 잘 따르는 사람은 기업의 충실한 노예다! 말 되네요.

박 피디: "부러우면 지는 거다"라는 말이 있는데, 앞으로는 "유행에 민감한 당신이 기업에 지는 거다"로 바꿔도 되겠죠?

이 피디: 하하, 그러네요.

박 피디: 염색만 해도 그렇잖아요. 매번 유행하는 색이 바뀌는데 그때마다 색깔을 바꾸면 머리카락이 어떻게 될까요?

이 피디: 그야 남아나지 않겠죠.

박 피디: 자기소개서, 이력서를 쓸 때만 나만의 개성을 드러내는 게 아닙니다. 이렇게 물건을 살 때도, 유행에 합리적으로 대처할 때도 우린 개성이 필요해요.

이 피디: 트렌드를 거부할 수 있는, 그런 개성이겠군요!

　　우리가 패스트 컨슈머 역할을 충실히 해야 하는 이유가 또 있습니다. 물건의 질이 상향평준화되거든요. 상향평준화란 다양한 제품들의 퀄리티가 높은 쪽으로 평균을 이룬다는 뜻이죠.

　　갤럭시S를 예로 들어보겠습니다. 우리가 갤럭시J나 갤럭시A 같은 중저가 제품을 더 많이 산다면 삼성전자가 알아서 갤럭시S 제품 가격을 대폭 낮추거나 갤럭시J와 갤럭시A의 성능을 갤럭시S 수준으로 올릴 수밖에 없다는 이야기입니다.

게다가 소비자들이 가격은 싸지만 기본에 충실한 물건을 선호한다는 게 확실해지면 자사 제품 라인업의 축소 그리고 이로 인한 품질 상향평준화는 기본이고 타사 제품과의 경쟁에서 이기기 위해 계획적 노후화 같은 술수를 부리기 어려울 겁니다. 앞서 언급했던 탱크주의가 되살아날 수도 있다는 이야기죠. 당장 경쟁사에 고객을 빼앗기게 생겼는데 물건을 대충 만든다는 게 가능하겠습니까? 단, 이들 기업의 담합이 없다는 조건에서 말입니다.

한때 어른들은 "물건을 아껴 써라", "소중하게 다뤄라" 하고 정성이 깃든 조언을 해주셨습니다. 그런데 지금은 이런 말이 통하지 않는다는 걸 이젠 아셨죠?

우리가 스마트폰이나 카메라, 시계, 노트북 같은 제품에 돈을 빼앗기지 않으려면 이들 기업의 의도를 제대로 파악하는 것과 함께 우리도 주체적으로 가성비가 높은 제품에 집중하는 스마트한 소비 행태를 보여줘야 합니다. 탱크주의와 같은 튼튼한 제품들이 다시 등장하게 하기 위해서라도 말이죠.

우리의 행동만이 기업의 꼼수를 저지할 수 있습니다.

이번 장의 도둑은 누구도 피해 갈 수 없었을 도둑이라 생각합니다. 계획적 노후화라는 도둑은 다양한 모습으로 우리 주변에서 우리의 돈을 훔치고 있습니다. 그럼 우리의 돈을 정기적으로 훔쳐가는 계획적 노후화라는 도둑에 대해서 다시 한 번 알아보겠습니다.

계획적 노후화가 처음 나온 것은 80년대 '소니 타이머'라는 말이 등장하면서부터입니다. 소니에서 출시한 전자제품이 일정 기간이 되면 서서히 고장이 나는 것을 의미하는데, 소니 내부직원이 계획적 노후화가 있다는 것을 인정하면서 알려지게 되었습니다.

이후 계획적 노후화는 기업 경영의 수단처럼 되었고 다양한 방법으로 이루어졌습니다. 소니는 물론 다른 기업들도 계획적 노후화에 대해서는 부정하고 있지만 이를 담당하고 있는 직원이 존재하는 것은 현실입니다. 또한 기술이 발전한 만큼 원자재의 품질을 세분화하여 계획적 노후화의 기술이 더욱 발전한 것도 사실이었습니다.

계획적 노후화에는 일정 시간이 되면 서서히 고장이 나는 것은 물론이고 소프트웨어 업데이트를 통한 방법과 함께 유행을 이용하는 방식도 있었습니다. 소프트웨어 업데이트를 통한 노후화는 잘 알려진 윈도우10 업데이트처럼 어느 순간부터 해당 고객의 업데이트를 멈추는 방법이었습니다. 또한 제품 차별화라는 명목으로 광고 마케팅을 통해 유행을 만들어 제품을 노후화시키는 방식도 등장했습니다.

이러한 계획적 노후화에 맞서 우리의 돈을 지키는 방법으로 제시한 대처법은 정공법입니다. 기업이 1~2년에 한 번씩 물건을 교체하게 만든다면 우리도 1~2년에 한 번씩 물건을 교체하는 거죠. 단, 패스트 컨슈머가 되어 가성비가 좋은 제품으로 합리적 소비를 해야 합니다. 최상급 모델이 아닌 가성비 좋은 모델을 많이 소비할수록 기업이 고객을 무시하지 못하게 됩니다.

chapter 7

결정할 수 없게
결정한다

—

선택의 역설

맛집 하나 찾아보려 인터넷을 뒤져도 수많은 홍보성 리뷰와 만나야 하고, 치약이나 샴푸 같
은 생필품 하나를 사려 해도 같은 브랜드 안에서도 기능과 향, 용량별로 아주 세밀하게 나눠
놓아 우리를 고민하게 만듭니다. 이게 과연 소비자의 합리적 선택을 돕기 위한 것일까요?

이 피디: 박 피디님! 제가 차를 좀 바꿔볼까 하는데, 요즘 어떤 게 인기가
　　　　있나요? 다양한 옵션을 선택할 수 있으면 더 좋고요.

박 피디: 인기 모델에 다양한 옵션이요? 이 피디님에게 적합한 차가 아
　　　　니고요?

이 피디: 아무래도 나중에 중고차로 다시 팔려면 인기 모델에 다양한 옵
　　　　션이 있는 게 유리하잖아요.

박 피디: 일리가 있는 말이지만, 그렇기 때문에 바가지를 옴팡 뒤집어 쓸
　　　　수 있다는 사실 모르세요?

이 피디: 바가지를 쓴다고요? 인기 모델에다 다양한 옵션이라면 많이 팔
　　　　린다는 의미인데요. 그렇다면 대량생산이 가능한데다 소비자
　　　　선택권이 높아지니 오히려 바가지를 덜 쓸 듯한데요.

박 피디: 그게 바로 자동차회사가 노리는 급소예요. 바로 '선택의 역설'
　　　　을 노리는 거죠.

이 피디: 선택의 역설은 도대체 뭔가요?

　'선택의 역설'은 미국 심리학자 배리 슈워츠가 제시한 이론입니
다. 선택지가 너무 많을 때 고르기 힘들어지는 현상을 뜻하죠. 예를

들어 청바지를 살 때 길이, 폭, 색깔 등 골라야 할 것이 많을수록 선택은 힘들어지기 마련입니다. 길이가 맞으면 폭이나 색깔이 마음에 들지 않고, 색깔이 근사하면 길이나 폭이 맞지 않는 경우가 있기 때문이죠. 하나를 어렵게 선택한 후에도 혹시나 좀 더 나은 것이 있지는 않았을까 하는 조바심까지 생겨납니다. 결국 아예 사는 것을 포기하는 경우도 발생합니다.

실제로 슈워츠는 미국의 한 슈퍼마켓에서 잼 시식 행사를 통해 선택의 역설을 실험했습니다. 첫 주말에는 잼 6종을 내놓고, 다음 주말에는 24종을 내놓았습니다. 결과는 어땠을까요? 6종을 내놨을 때는 시식한 사람의 30%가 잼을 사갔습니다. 그런데 24종을 내놨을 때 구매한 사람은 고작 4%에 불과했습니다. 선택지가 많아지니까 더 고르지 못한다는 '선택의 역설'이 증명된 셈이죠.

결정장애가 있는 사람들이 결정을 못 하는 이유도 대부분 선택의 역설에 빠졌기 때문입니다. 너무 많은 선택지가 주어지니 결정을 하지 못하는 거죠.

이 피디: 재미있군요. 그러면 기업 입장에서는 선택에 해당하는 옵션을 줄이는 것이 유리하겠네요.

박 피디: 꼭 그렇지만은 않아요.

이 피디: 이유가 뭐죠?

박 피디: 오히려 선택지를 더 다양하게 만들어 소비자의 선택을 어렵게 만드는 것이 기업들에게 유리할 수도 있기 때문이죠.

이 피디: 오잉, 도대체 이해가 안 되는데요.

박 피디: 아까 이 피디님이 옵션이 다양한 자동차를 사고 싶다고 하셨는
데, 그 많은 옵션을 일일이 다 비교하고 사실 건가요?

이 피디: 음… 다 비교하긴 힘들겠죠. 아무래도 박 피디님 같은 전문가에
게 도움을 청할 것 같은데요.

박 피디: 기업이 노리는 것이 바로 그 점입니다. 옵션의 홍수에서 선택하
지 못하는 경우, 소위 전문가로 칭해지는 딜러에게 선택을 넘기
는 소비자들이 의외로 많기 때문이죠.

이 피디: 아하! 그렇게 되면 딜러들이 자신에게 유리한 옵션으로 구매를
유도한다는 거군요.

박 피디: 딩동댕. 바로 그걸 전문용어로 '옵션질'이라고 해요. 다양한 옵
션 상품을 곁들여 최종구매가를 뻥튀기하는 거죠.

이 피디: 아, 옵션질! 저도 이야기는 들어봤어요. 그동안 옵션이 다양할수
록 소비자 선택권이 넓어지는 줄 알았는데, 반대로 선택권이 축
소된다는 이야기군요!

스펙타클한 옵션질

우리나라 직장인들이 가장 많이 사는 차 가운데 하나가 아반떼입
니다. 아반떼는 1990년 엘란트라에서 시작했으니, 사람 나이로 따
지면 27세입니다. 지금 영업점에 전시된 녀석은 6세대이고요. 디젤

1.6 모델을 비롯해 가솔린, LPG 등 네 가지 버전으로 출시됐고, 특히 디젤1.6 모델의 연비(18.4km/L)가 상대적으로 뛰어나 인기가 많다고 합니다.

자, 그럼 아반떼의 가격을 살펴볼까요? 공식 가격은 현대차 홈페이지에 상세하게 나와 있습니다. 네 가지 버전이긴 하지만 실제 트림별 가격을 보면 너무 복잡하다고 느껴질 만큼 다양합니다.

이처럼 가격이 복잡하고 다양한 이유가 뭘까요? 바로 옵션질을 제대로 하겠다는 의지를 드러낸 것이죠. 가솔린1.6 모델부터 살펴봅시다. 가장 싼 트림이 스타일입니다. 1,410만 원이니 모닝이나 스파크와 같은 소형차와 견줄 만한 '저렴함'이 돋보입니다.

그런데 이게 웬일이죠? 6단 수동변속기가 들어갔네요. 책을 보시는 10대나 20대 독자들은 수동변속기를 한 번도 본적이 없을 수 있습니다. 차를 몰기 위해 기어를 올렸다 내렸다 해야 하는 '스틱형' 변속기죠.

요즘은 운전면허를 딸 때도 자동변속기가 달린 차량을 대부분 이용합니다. 물론 운전면허증 역시 '2종 자동변속기'라고 박혀서 나오고요. 사실상 수동변속기를 장착한 차량을 이용하는 운전자는 없다고 봐야죠. 그런데 떡 하니 수동변속기가 자리 잡고 있으니…. 요즘은 버스도 연식이 오래되지 않은 경우는 자동변속기가 많습니다. 하물며 승용차에 수동변속기라고 친절하게 표기한 건 아무리 봐도 그림의 떡일 수밖에 없는, 1,410만 원이라는 가격을 위한 상술일 가능

가격을 복잡하고 다양하게 만들면 합리적 선택을 내리기 힘들다. (출처: 현대자동차 홈페이지)

성이 큽니다.

다행히 '선택 품목'란에 대안이 마련됐습니다. '6단 자동변속 기 150만 원' 그러면 소비자들은 대부분 '그래 150만 원 더해봐야 1,560만 원인데 이정도면 양호해!' 하고 안심합니다. 그런데 이게 끝이 아닙니다. 시트 재질이 직물이네요! 물론 유럽에서는 직물시 트도 적잖이 사랑받는다고는 하지만 한국에서는 가죽시트 선호도가 압도적으로 높습니다. 직물시트는 상대적으로 먼지가 많이 나고, 자 녀가 과자를 먹거나 음료수를 마시다 흘렸을 때 청소하기가 어렵습 니다.

이번에도 '선택 품목'란을 살펴보니 '고급 인조가죽시트 25만 원' 이라는 설명이 있네요. 천연가죽도 아닌 인조가죽인데 '고급'과 '저급'이 구분되는 모양입니다. 역시 완성차 업체의 등급을 알아보는 안목은 매우 디테일한 듯합니다.

그런데 뭔가 찜찜합니다. 그래서 스타일 다음 트림인 밸류 플러스를 살펴봅니다. 다행히 6단 자동변속기가 기본으로 들어갑니다. 15인치였던 타이어와 휠이 17인치 알로이 휠로 바뀌었네요! 기본 가격은 1,670만 원. 그런데 아쉽게도 고급 인조가죽시트가 빠져있네요. 역시 25만 원을 추가해야 합니다.

다음 트림은 스마트인데, 기본 가격이 1,798만 원입니다. 자동변속기, 인조가죽시트는 기본이고 열선 스티어링 휠도 들어갔네요. 그런데 이때 영업사원이 훅하고 들어옵니다. "고객님. 요즘 젊은 분들은 선루프를 대부분 장착하십니다. 중고차 팔 때도 선루프가 있어야 빨리 팔려요."

그러고보니 해안도로를 달릴 때 선루프를 열어 바다 냄새도 맡고, 작열하는 태양빛을 받으며 광합성을 하고 싶은 욕망이 마음속에서 이글거립니다. '중고차 팔 때 좋다고 하니'라는 생각으로 선루프를 답니다. 가격은 45만 원.

만족스러운 미소를 지으려는 찰나, 또 영업사원이 작업 멘트를 날립니다. "고객님이 선택하신 트림에서 7인치 내비와 후방카메라를 70만 원에 추가할 수 있고, 지능형 룸미러를 포함한 하이패스 시스템을 25만 원에 추가 장착할 수 있습니다. 스마트키 패키지도 가능한데 45만 원입니다. 요즘은 다들 스마트키 쓰잖아요."

들고보니 이 영업사원의 말이 크게 틀리지는 않은 듯합니다. 내비와 후방카메라는 안전운전에도 도움이 되고, 스마트키가 있어야 폼도 나잖아요. 요즘 세상에 문짝에 달린 열쇠구멍에 키를 넣고 돌리는 모습을 상상하기란 쉽지 않죠. 아니 거북합니다. 그래서 거부하기로 합니다. 기본 가격에 네 가지 옵션을 더했더니 1,983만 원입니다. 2,000만 원이 코앞이네요.

아반떼 가격이 2,000만 원에 육박했으니 더 이상의 트림은 없을 거라고 생각하셨다면 당신은 매우 순진한 사람입니다. '스마트 스페셜', '모던', '모던 스페셜', '프리미엄' 등 네 개나 더 남았습니다. 이건 뭐 '떡 하나 주면 안 잡아먹지~' 하면서 계속 나타나는 호랑이도 아니고, 스무고개 퀴즈도 아닌데 말이죠.

스마트 스페셜은 스마트에서 16인치 알로이 휠이 추가되고 운전석 세이프티 파워 윈도, HD 헤드램프가 더해집니다. 물론 스마트에서 옵션으로 장착할 수 있었던 네 가지 품목은 따로 돈을 내야 합니다. 기본 가격은 1,913만 원.

기본 가격 1,965만 원인 모던 트림에서는 버튼 시동 스마트키 시스템, 타이어 공기압 경보장치가 추가되고, 60만 원짜리 시트 패키지, 40만 원짜리 후측방 경보 시스템을 선택할 수 있습니다.

최상위 트림인 프리미엄은 기본 가격이 2,165만 원입니다. 앞좌석 통풍시트, 뒷좌석 열선시트, 천연가죽시트, 전방주차 보조 시스템, 추가 USB 포트 등이 기본으로 더해지고, 인포테인먼트 패키지

(150만 원), 컬러 패키지(10만 원), 하이테크 패키지+HID 헤드램프
(200만 원) 등을 고를 수 있습니다. 즉, 기본가+옵션가가 자그마치
2,630만 원으로 올라갑니다.

현실적으로 가장 싼 아반떼는 1,560만 원, 가장 비싼 아반떼는
2,630만 원입니다. 두 트림의 가격 차는 1,070만 원입니다. 중고차
사이트인 SK엔카에서 확인해보니 4만 4,000km를 뛴 2015년(12월)
식 아반떼의 가격이 1,100만 원이네요. 즉, 같은 아반떼지만 엔트리
급 트림을 사면 새 차 수준의 중고차를 한 대 더 살 수 있다는 것입
니다.
지금까지는 가솔린1.6 버전에 대한 내용이었습니다. 기본 가격
이 더 비싼 디젤 버전, 터보엔진 버전은 최상위 트림의 최종 가격이
2,400만~2,500만 원대이고, 고급 옵션을 더하면 3,000만 원에 육
박합니다.

이 피디: 와우! 지저스! 옵션질의 세계가 이렇게 스펙타클하고 심도가 깊
　　　　은지 미처 몰랐습니다.
박 피디: 소비자를 지치게 해서 제대로 판단하기 어렵게 하는 선택의 역
　　　　설 효과가 여실히 드러나죠.
이 피디: 그러네요. 정말 딜러 말에 깜빡 넘어갈 수밖에 없을 것 같아요.
박 피디: 맞아요. 그래서 옵션질은 욕심과 유행을 추구하려는 인간의 본
　　　　성과 안전을 내세우는 기업의 판촉용 멘트가 결합한 괴물인거죠.

이 피디: "요즘은 휠이 큰 게 유행이다", "스마트키 안 들고 다니는 사람이 없다", "시트자동조절 기능을 쓰지 않으면 원시인이다"란 말을 들으면 그냥 무시하기 힘들 것 같아요.

박 피디: 거기다 차의 핵심인 안전사양에 대한 설명에 이르면 딜러가 아닌 목사님으로 변신하게 되죠. 나의 생명, 가족의 생명을 위해서라도 돈이 더 들긴 하지만 상위 옵션으로 이동할 수밖에 없습니다.

이 피디: 한마디로 딜러들이 소비자의 심리를 들었다 놓았다 하는 거군요.

박 피디: 그럴 수밖에 없는 이유가 있습니다. 옵션질을 보다 왕성하게 제대로 하기 위한 별도의 부서가 따로 있거든요.

이 피디: 우와, 그런 부서가 진짜 있나요?

박 피디: 계획적 노후화를 진행하는 부서가 물밑에서 움직이듯이, 옵션을 관리하는 사람들 역시 공식적으로는 원가관리부와 같은 소속으로 일합니다. 하지만 그들이 실질적으로 하는 일은 호갱(호구+고객을 일컫는 속어)을 더욱 호갱으로 만드는 완벽한 옵션질 패키지를 구성하는 것이죠.

이 피디: 이건 마치 점집과 비슷한데요. 점집에 가면 신기하게도 과거를 잘 맞추잖아요. 그래서 '이 사람 용하네'라고 느끼는 그 순간을 점쟁이가 캐치하면 복비나 부적값은 부르는 대로 주는 경우가 적지 않아요.

박 피디: 맞습니다. 옵션질의 가격-제품 구성 패키지 역시 비슷한 맥락입니다. 단계별 제품 구성과 가격이 어찌 그리 가슴에 팍팍 꽂히

도록 시스템화됐는지…. 그래서 이런 일을 하는 분들은 연봉도
꽤 높습니다.

'옵션질에 휘둘리지 않고 합리적인 선택을 하면 된다'는 믿음은 딜
러와 말을 섞는 그 순간 깨지게 마련입니다. 스타일 트림에서 자동
변속기와 인조가죽을 옵션으로 추가하지 않을 수 있을까요? 스마트
트림에서 내비와 후방카메라, 스마트키를 추가하지 않을 수 있을까
요? 울며 겨자 먹기인지 나도 모르게 우주의 기운이 이끄는 대로 끌
려가는 것인지 결과적으로는 자신의 의도와는 거리가 멀어집니다.

반대의 경우도 마찬가지입니다. '다른 건 몰라도 후측방 경보 시
스템은 무조건 달아야 한다'고 마음을 먹었다면 최소 모던 트림에서
시작해야 합니다. 모던 이하 트림에서는 이 옵션을 제공하지 않기
때문이죠. 결국 이 옵션 하나 탓에 1,500만 원만 써도 되는 소비자
는 500만 원(모던 기본가 1,965만 원+후측방 경보 시스템 40만 원)가량을
추가로 부담해야 합니다.

물론 사설 센터에서 별도의 후측방 경보 시스템을 다는 방법도 있
습니다. 하지만 자동차회사는 이런 부분까지 미리 알고 대처합니다.
고객이 행여나 스마트폰으로 '후측방 경보 시스템'이라는 검색어를
지마켓에 입력하려는 눈치가 보이면 이런 말을 흘리죠. "고객님. 순
정품을 사용해야 나중에 중고차로 파실 때 가격을 인정받을 수 있습
니다. 게다가 순정품이 아닌 제품을 부착할 경우 기존 시스템과 밸

런스가 맞지 않아 오작동을 일으킬 가능성도 있습니다."

그들은 요즘 소비자들이 선호하는 사양, 가치가 있다고 생각하는 장비를 옵션으로 따로 분리해 가격을 매길 뿐 아니라, 특정 옵션을 구입하려면 아예 기본 가격을 어쩔 수 없이 추가 부담하게 하는 것이죠.

이 피디: 이건 마치 짜장면이나 짬뽕을 먹는 사람에게는 단무지를 공짜로 주지 않고 간짜장, 삼선짬뽕, 탕수육 정도는 시켜야 단무지 구경을 할 수 있는 것과 마찬가지잖아요!

박 피디: 먹는 걸 예로 드니 더 실감이 나네요.

이 피디: '단무지와 물은 셀프' 여기까지는 어느 정도 받아들일 수 있지만, '단무지 한 그릇에 500원' 이러면 폭동이 나지 않을까요?

박 피디: 비빔밥도 그런 식으로 옵션질을 하면 난리가 나겠죠. 기본 차림에는 계란 후라이, 소고기, 당근, 참기름과 같은 각종 토핑이 빠져 있고, 하나씩 추가할 때마다 돈을 내야 한다면 말이죠.

이 피디: 아마 그런 식당이 등장한다면 비빔밥의 고향인 전주 시장님부터 가만있지 않을 것 같은데요.

박 피디: 이처럼 말도 안 되는 짓을 왜 자동차회사에서는 버젓이 일삼고 있는지, 옵션질의 피해를 일방적으로 보는 소비자들은 왜 가만히 있는지 답답합니다.

이 피디: 그럼 아반떼 말고 다른 차들도 비슷한가요?

쏘나타 중간 수준의 트림 가격(옵션 포함)이 2,400만~2,600만 원대입니다. 기본 가격이 아반떼에 비해 살짝 비싸서인지 옵션이 기본으로 들어간 경우가 많군요. 결국 많은 분들이 선택하는 아반떼 가격과 쏘나타 가격이 별로 차이가 나지 않습니다. 이는 그랜저, 제네시스는 물론이고 그 외의 다른 제조사 제품도 마찬가지입니다.

자칭 준중형 아반떼와 자타공인 중형 쏘나타의 가격 차가 왜 이렇게 크지 않은 걸까요? 의외로 간단합니다. 옵션이 많다는 건 그만큼 옵션질을 다양하게 해서 돈을 많이 벌 수 있다는 거고, 그런 꼼수가 가능하다는 건 아반떼가 잘 팔린다는 이야기입니다. 반면 쏘나타는 옵션질을 현란하게 세팅해놓으면 잘 팔리지 않는다는 거죠. 실제 쏘나타는 경쟁사인 르노삼성의 SM6로부터 사실상 KO펀치를 맞고 비틀거리고 있습니다.

30분 넘게 줄을 서야만 먹을 수 있는 유명 식당을 생각해보세요. 다리도 아프고 추운 날씨에 기침도 나오지만 이를 참게 하는 건 음식의 맛과 가격, 즉 상품성이 높다고 판단했기 때문입니다. 아반떼가 옵션이 많고, 원하는 장치를 달려면 돈도 많이 써야 함에도 상대적으로 잘 팔리는 건 상품성이 그나마 낮다고 판단이 되기 때문입니다.

아반떼의 상품성은 무얼까요? 1.6엔진은 쏘나타의 2.0엔진보다 유지비가 덜 듭니다. 우리나라는 배기량을 기준으로 세금을 매기기 때문이죠. 게다가 요즘은 주차공간 확보가 쉽지 않습니다. 1인가구 증가 등의 영향으로 차는 늘어나는데 주차공간은 상대적으로 줄어듭니다. 이때 아반떼의 덩치가 장점이 되는 거죠.

게다가 중고차시장에서도 매력적입니다. 쏘나타 가격이나 아반떼 가격이 큰 차이가 나지 않을뿐더러, 오히려 아반떼가 비싼 경우도 적지 않습니다.

이러한 사정을 자동차회사에서도 잘 알기 때문에 편하게 옵션질을 할 수 있는 거죠. 옵션질은 사야만 하는, 살 수밖에 없는 물건에서만 가능한 제조사의 특별한 권리니까요.

시세 이기는 옵션은 없다?

이제 차 한대를 살 때 옵션질에 휘둘리면 많게는 1,000만 원을 털릴 수 있다는 사실을 알았습니다. 아반떼가 아닌 고급 수입차를 사는 경우라면 털리는 금액은 훨씬 더 커집니다. 물론 1,000만 원어치의 옵션이 마땅히 몸값을 할 수도 있습니다.

그런데 중고차시장에 차를 내놓은 적이 있는 분들은 아실 겁니다. '시세를 이기는 옵션은 없다'는 사실 말이죠. 시세가 1,000만 원인 차에 옵션 1,000만 원어치를 장착해도 최종 거래 가격은 1,000만 원에서 크게 벗어나지 않습니다. 물론 다른 매물에 비해 조금 더 빨리 팔릴 수는 있습니다. 희한한 건 중고차시장에서는 새 차 전시장에서와는 반대의 이야기를 한다는 겁니다.

예를 들어 중고차시장에 3,000만 원 수준의 풀옵션을 장착한 아반떼가 나왔다고 해보죠. 비슷한 연식의 상품 가격이 1,500만 원이라고 가정합니다. 이때 풀옵션 아반떼 주인은 기껏해야 1,700만~1,800만 원을 받을 수 있다는 겁니다. 신차 기준 2,000만 원짜리 아반떼 중고차 시세가 1,500만 원인데 어째서 이런 일이 벌어질까요?

중고차 딜러는 말합니다. "고객님이 선호했던 옵션의 경우 우리 매장을 찾는 고객 입장에서는 그다지 반갑지 않습니다. 오히려 잦은 고장의 원인이 되기도 합니다. 차라리 차내에서 담배를 피우지 않았거나 차체 스크래치가 적으면 시세보다 더 받을 수 있습니다. 다만 고객님처럼 상위 옵션을 격하게 반기는 분이라면 200만 원 정도 더 받을 수는 있습니다."

남들보다 1,000만 원 더 주고 산 나의 애마가 금연차나 스크래치 없는 차보다 인기가 없다고요? 억울하지만 이게 현실입니다. 이렇게 우리는 또 한 번 지갑에서 800만 원을 털립니다.

건설사와 은행의 옵션질

지금까지 자동차를 예로 들어 기업의 옵션질 만행을 설명했습니다. 비단 옵션질 만행은 자동차에만 해당하지 않습니다. 아파트에 설치되어 있는 빌트인 냉장고나 에어컨, 확장하라고 한 적 없는 발코니, 주택담보대출 받을 때 의무적으로 적금에 들어야 하는 '꺾기' 역시 넓은 의미에서 옵션질이라고 할 수 있습니다.

이 피디: 빌트인 냉장고도 옵션질이라고요? 건설사에서 주는 서비스 아닌가요?

박 피디: 공짜로 준다는 말도 안 하지만 분양가에 다 포함됐다는 설명도 굳이 하지 않죠.

이 피디: 선심 쓰는 것처럼 보이지만 사실은 돈을 받겠다는 이야기군요.

박 피디: 담보대출도 마찬가지죠. 제 경우 담보대출을 받을 때 어쩔 수 없이 '꺾기' 상품에 가입한 경험을 잊을 수 없어요. 먼저 그 은행에 신규 계좌를 만들어 적금 상품에 가입해야 했습니다. "매월 얼마를 넣으면 되나요?" 물었더니 "보통 10만 원씩 하십니다"라는 답이 돌아왔어요. 그래서 저도 월 10만 원짜리 적금을 만들었는데, 중요한 건 그걸 지금도 넣고 있다는 거예요!

이 피디: 하하, 이게 10만 원짜리다보니 사실 매달 인식을 하기도 쉽지 않고, 자동이체가 되니 더더욱 관심을 갖기가 어려울 거예요.

박 피디: 맞아요. 야속하게도 꺾기 상품은 금리도 상대적으로 낮은 거 같고요.

이 피디: 어차피 들어야 하는 거, 좋은 조건에 줄 필요가 없다는 거군요.

박 피디: 이뿐만이 아니죠. 신용카드도 만들어주면 좋겠다고 하더라고요. 다행히 제가 그 은행에서 발급한 카드가 있어서 망정이지 없었더라면 코 꿰일뻔했습니다. 그런데 더 기분 나빴던 건 '중도상환수수료'라는 제도였어요.

이 피디: 중간에 갚으면 수수료를 내라는 거죠? 생각해보니 미리 시원하게 다 갚으면 은행 입장에서도 돈 떼일 위험이 낮으니 좋은 거

아닌가요?

박 피디: 이 피디님 말처럼 빚을 다 갚으면 오히려 은행에서 "우리의 믿음을 배신하지 않아 고맙습니다"라면서 금일봉을 줘야할 것 같은데, 오히려 제가 은행에 수수료를 내야 한단 말이죠.

이 피디: 은행이 받아야 할 이자를 못 받아서 심술을 부리는 거 맞죠?

박 피디: 저도 그렇게 생각을 합니다. 제가 돈을 미리 갚아서 저에게 받을 이자를 못 받는 건 맞습니다.

이 피디: 하지만 돈을 떼일 리스크가 제로가 됐다는 점에서 은행에 피해를 준 게 아니잖아요.

박 피디: 그렇죠. 더 중요한 건 제가 미리 갚은 돈이 은행 금고에 들어갔기 때문에 그 시점에서 은행은 이 돈을 다른 사람에게 또 빌려줘서 이자를 받을 수 있다는 겁니다.

이 피디: 듣고보니 정말 화가 나네요. 이건 이중으로 이득을 보는 거잖아요. 어차피 먼저 들어온 돈을 다른 사람에게 최소한 같은 조건으로 빌려주면 결과는 동일하잖아요?

박 피디: 그런데도 일찍 갚은 사람에게는 페널티를 부과해서 또 돈을 챙기고 있는 거죠.

이 피디: 은행 본업이 아무리 돈 놓고 돈 먹기라고는 하지만 이건 너무 심하네요.

박 피디: 은행 이야기를 조금 더 해볼까요? 이 피디님은 혹시 마이너스 통장을 쓰시나요?

이 피디: 저는 쓰지 않는데요.

박 피디: 대단하신데요. 저는 사회초년생 시절 은행에 가면 세 번에 한 번 꼴로 마이너스통장 가입을 권유받았던 기억이 납니다. 당시 이 상품에 대해 잘 모르기도 했고, 창구 직원이 비상금 쓸 일이 있을 때 유용하다고 해서 비상금이 필요 없다고 거절했던 기억도 납니다.

이 피디: 그랬군요. 근데 마이너스통장을 쓰는 사람들은 나름 유용하다고 하던데요.

박 피디: 마이너스통장 역시 소비자에게 뭔가를 선택할 수 있는 옵션의 권한을 주는 것처럼 포장을 했지만, 따지고 보면 소비자를 기만하는, 우리의 지갑을 터는 또 다른 용의자입니다.

마이너스통장의 함정

2016년 마이너스통장 대출잔액은 174조 2,000억 원으로, 전년 161조 2,000억 원에서 1년 만에 13조 원(8.06%)이 늘었습니다. 마이너스통장을 쓰는 이유는 쓸 수 있는 돈, 즉 가처분소득이 줄어든 탓인데요. 몇 년 전부터 계속되는 경기침체로 가처분소득은 사실상 줄어들고 있습니다.

1,300조 원 가계부채 시대에 마이너스통장은 주택담보대출과 함께 쌍둥이 폭탄이 될 수 있습니다. 한국은행에 따르면 2017년 3월

기준 가계신용잔액은 1,359조 7,000억 원인데, 이 중 13%가 마이너스통장 대출로 분류됩니다.

물론 신용대출이나 카드론 상품도 있고, 이보다 더 심각한 대부업체의 대출 상품이나 사채도 대표적인 빚 상품입니다. 그럼에도 유독 마이너스통장을 요주의 대상으로 꼽은 이유는 마약과도 같은 위험성이 있기 때문입니다. 신용대출을 제외한 나머지 상품은 금리가 '살인적인' 수준입니다. 따라서 한두 번 빌려본 사람들은 다시는 재이용을 하지 않는 경우가 많습니다.

신용대출은 금리 측면에서 메리트가 있지만 대출이라는 이름에서도 드러나듯이 대놓고 빚을 내는 것임을 자각할 수 있어 어느 정도 조심을 할 수 있습니다.

그렇다면 가장 만만해 보이는 마이너스통장을 가장 위험한 마약과도 같다고 한 까닭이 뭘까요? 마이너스통장이란 단어에는 대출, 신용, 빚과 같은 글자가 없습니다. 대신 '통장'이 있죠.

통장이라는 단어가 주는 느낌, 이게 문제입니다. 내 통장에서 내가 돈을 빼서 쓰는 듯한 착각을 주기 때문에 모든 불행이 시작됩니다. 물론 마이너스라는 단어가 주는 부정적인 느낌이 있지만, 통장과 함께 쓰이기 때문에 '내 통장이 줄어든다' 정도로 해석하기 십상입니다.

마이너스통장은 요구불예금 계좌, 즉 우리가 흔히 가지고 있는 월급 들어오는 계좌에 신용대출 한도를 미리 설정해놓고 필요할 때마다 자유롭게 찾아 쓸 수 있는 상품이죠. 위에서 언급한 일반 대출 상품에 비해 장점이 살짝 있는 게 사실입니다. 무엇보다 조기상환 수수료가 없고, 대출을 받을 때 따로 복잡한 절차를 거치지 않아도 됩니다.

마이너스통장의 백미는 마이너스로 표시된 금액, 즉 내 계좌가 0원에서 아래쪽으로 내려간 만큼의 이자만 내면 됩니다. 1,000만 원, 1억 원이 아닌 50만 원, 100만 원 같이 일상에서 자잘하게 쓰는 금액만큼만 이자를 내기 때문에 처음에는 다들 '빨리 쓰고 갚으면 그만이겠지'라고 쉽게 생각합니다. 하지만 써본 분들은 아시겠지만 마이너스가 조금씩 늘어나면 원금의 이자는 물론이고 이자의 이자까지 붙기 때문에 자신도 모르게 신용한도를 채우기 마련입니다.

왜 이런 일이 벌어질까요? 빚을 내기 편하고 갚을 때도 편하다는 속성 탓에 소비자들이 빚을 가볍게 여기기 때문입니다. 특히 2말3초 직장인들이 그런 경우가 많은데, 예를 들어 '좀 더 큰 차를 사고 싶은데… 1,000만 원만 더 있으면 되는데…' 하면서 마이너스통장을 이용합니다.

물론 월급이 다달이 들어오면서 마이너스가 줄어들겠지만 마이너스통장을 쓰지 않았을 때 계좌잔고가 다달이 불어났던 사람이 아니라면 마이너스가 늘면 늘었지 감소할 가능성은 매우 희박합니다. 원룸 보증금과 월세, 빌라 전세금, 아파트 전세 재계약 인상분… 여기에 들어가는 돈을 적지 않은 사람들이 마이너스통장에서 끌어온다는 이야기입니다.

마이너스통장을 쓰기 전에 매달 계좌잔고가 늘어났다는 분이 있다면 손들어보세요. 아마 정체 상태이거나 조금씩 줄어드는 경우가 대부분이었을 겁니다. 하물며 마이너스통장을 쓰면서 잔고가 늘어나는 걸 기대할 수 있을까요?

2017년 5월 기준 16개 시중은행 마이너스통장 대출 평균금리는 4.65%입니다. 주택담보대출(3.71%)보다 약 1%포인트 높죠. 행여나 대출금이 연체라도 되면 이자는 더욱 불어납니다. 비상금이 필요할 때 요긴하게 쓰려고 만들었던 마이너스통장이 순식간에 빚 폭탄으로 변하는 것이죠.

마이너스통장에 크게 데인 분들은 이렇게 말합니다. "마이너스통장은 인생의 마이너스다!" 엄밀히 따지면 마이너스통장은 '차용증' 그 이상도 그 이하도 아닌 것이죠. 비상금, 급전과 같은 말들은 은행에서 장사하기 위해 만든 가짜 용어일 뿐입니다.

이 피디: 선택의 역설을 악용한 옵션질이 없는 곳이 없네요.

박 피디: 옵션질은 우리가 소비자로서 이른바 갑의 위치에서 물건을 살 때는 물론이고, 대출을 받아야 하는 을의 입장에서도 갑자기 훅 치고 들어옵니다. 소비자가 갑이든 을이든 중요한 건 기업은 소비자가 없으면 돈을 벌 수 없다는 사실인데 말이죠.

이 피디: 기업의 옵션질을 막을 수 있는, 아니 옵션질의 피해를 최소화할

수 있는 방법이 있을까요?

박 피디: 자동차 이야기를 길게 했으니 자동차를 예로 들어보겠습니다. 가장 손쉬운 방법은 경쟁 모델을 꼼꼼히 살펴보는 겁니다.

아반떼의 경쟁 차종 가운데 하나가 SM3입니다. 이 차 역시 홈페이지에 가격과 트림, 옵션이 구체적으로 나옵니다. 그런데 확실히 아반떼에 비해서는 트림과 옵션이 간결하네요. 그 많았던 아반떼의 트림과 달리 SM3는 고작 네 가지입니다.

가격 역시 가장 싼 트림인 PE가 1,570만 원으로, 아반떼보다는 100만 원이 비싼 듯하지만 자동변속기와 인조가죽시트가 기본으로 적용됩니다. 최상위 트림인 RE는 기본 가격이 2,040만 원으로 훨씬 저렴하죠. 옵션을 더하면 약 300만 원인데, 그렇다 해도 3,000만 원을 향해 달려가는 아반떼에 비해서는 500만 원 이상 저렴합니다.

물론 중고차시장에서의 시세, 디자인적 요소, 브랜드 선호도 등에 따른 상품성 하락이 상대적으로 클 수 있지만, 이런 점을 다 감안하더라도 최소 500만 원을 아낄 수 있다면 만족할 만한 선택 아닐까요? 더 솔직히 이야기하자면 아반떼나 SM3나 차를 모는 본인의 생각과 걱정만 많을 뿐이지 어차피 제3자가 볼 때는 비슷한 차입니다.

다소 허무할 수 있지만, 우리의 가치관과 생각을 조금만 바꿀 수 있다면 옵션질의 피해에서 상당 부분 자유로울 수 있습니다. '선택의 역설'을 이겨내고 스스로 선택할 수 있어야 합니다.

대한민국 월급쟁이들은 대부분 정시에 출근해야 합니다. 그래서 지옥철이긴 하지만 지하철이나 버스 같은 대중교통이 유리하죠. 즉, 옵션질까지 당하면서 산 우리의 차는 주차장에서 놀아야 할 가능성이 큽니다. 주말에 그간 밀린 잠을 몰아서 자지 않는 멘탈 갑인 직장인들은 그나마 가족이나 애인과 함께 드라이빙을 할 수 있겠죠.

'나는 차가 안 막히는데?', '나는 지방에 살아서 차가 더 편한데'라고 생각한 분도 물론 있을 겁니다. 하지만 월 15만~20만 원에 달하는 정기 주차비는 어쩌실 건가요? 국제유가가 점진적으로 오르면서 국내 휘발유 가격은 한때 리터당 1,200원에서 요즘은 1,600원대를 바라보고 있습니다. 월 30만 원가량 드는 기름값은 충분하신가요?

주차비, 기름값 무서워서 차를 집에다 모시고 살 수는 없는 노릇입니다. 중요한 건 이처럼 일상에서 후순위로 밀리고 있는 차를 이왕이면 저렴하게 사는 게 경제적으로도 유익하지 않을까 하는 겁니다.

피라미드처럼 층을 이루고 있는 자동차의 트림과 이어지는 옵션질…. 어차피 자동차의 핵심인 엔진과 차체 같은 뼈대는 전 트림이 같기 때문에 하위 트림을 선택해도 큰 문제가 없습니다. 최상위 트림의 차를 거의 매일 몰고 다닐 수 있는 특별한 분이라면 물론 해당 사항이 없습니다. 설사 이런 분이라도, 차를 아무리 좋아하는 분이라 해도 먹고 자고 휴식하는 것까지 차에서 해결할 수는 없는 노릇입니다.

그렇습니다. 차는 말 그대로 우리의 이동을 도와주는 보조기구입니다. 자전거는 "그게 그거야"라면서 100만 원짜리 대신 10만 원짜리를 구매하는데 자동차는, 심지어 핵심장치나 부품이 같은 자동차만큼은 왜 그리 다양하고 독특하고 심오한 잣대를 들이대시나요.

"총각이 차를 굴리면 돈 모으기 어렵다"는 이야기 들어보셨나요? 차 구입비, 보험료, 취등록세, 할부이자, 리스이자, 교통사고 합의금, 기름값, 주차비, 세차비, 차량유지비, 공기청정기… 끝이 없습니다. 이런 비용이 정리되고 적응될 쯤엔 더 큰 차를 사게 됩니다. 작은 차를 몰았을 때 부담했던 각종 비용을 또 새롭게 더 많이 내야 하는 거죠.

차를 몰지 말라, 사지 말라고 할 수는 없습니다. 모닝을 사든 수입차를 사든 돈이 들어가는 건 마찬가지입니다. 따라서 우리가 생각하기에 따라서 줄일 수 있는, 양보해도 되는 이러한 옵션에 대해서는 신중한 판단이 필요합니다.

이번에 저희가 잡은 도둑은 사람 심리의 약한 부분을 공략하여 돈을 훔쳐가는 옵션 도둑입니다. 이 옵션 도둑에게는 다들 한 번쯤은 당해보고 후회를 해보신적이 있을 것입니다. 옵션 도둑은 '선택의 역설'에서 설명했듯이 선택지가 많을 경우 고르기 힘들어지는 사람의 심리를 이용하는 도둑입니다. 또는 아예 햄버거 가게의 세트메뉴처럼 울며 겨자 먹기로 옵션이 세트로 묶여 강매되는 경우도 있었습니다.

그럼 옵션 도둑이 가장 화려하게 활동을 하는 자동차시장을 다시 살펴보겠습니다. 가장 인기 있는 차종인 아반떼의 경우 가장 싼 아반떼는 1,560만 원. 가장 비싼 아반떼는 2,630만 원입니다. 1,070만 원 사이에 화려한 옵션의 세계가 펼쳐진 것입니다. 물론 옵션의 선택은 소비자의 몫이라고 할 수 있습니다. 하지만 옵션만 전문적으로 연구하여 복잡하게 만들어진 옵션의 설계에다, 딜러의 화려한 말솜씨까지 더해진다면 여기서 합리적인 선택을 할 수 있는 소비자는 거의 없습니다.

그나마 자동차시장의 옵션 도둑은 선택의 기회라도 줍니다. 부동산시장과 대출시장의 옵션 도둑들은 어떨까요? 이들이 제공하는 옵션은 옵션이 아닙니다. 이미 분양가에 포함되어 있는 확장형 발코니, 빌트인 냉장고 등은 선택하고 싶어서 선택하는 것이 아니라 이미 포함되어 있습니다. 몇몇 예외의 경우를 빼고는 옵션을 제외할 수 없습니다. 담보대출도 마찬가지입니다. 대출을 받기 위해서는 각종 꺾기 상품에 가입해야 하는 경우가 많습니다. 이는 소비자의 약점을 이용한 악덕 상술입니다.

옵션 도둑에 대처하는 방법으로 자동차의 경우 최선의 방법은 대중교통을 이용하는 것이지만 자동차를 구입해야 한다면 경쟁 차종을 꼼꼼히 살피는 것을 추천합니다. 도둑들은 우리의 돈을 훔치기 위해 열심히 노력합니다. 그만큼 우리도 돈을 지키기 위해 열심히 발품을 팔아야 합니다.

chapter **8**

고정관념을
공략한다
—
가격차별의 꼼수

장사꾼들의 아주 오랜 거짓말이 있습니다. "손해 보고 파는 거야!" 우리는 그들이 손해 볼 리 없다는 걸 이미 알고 있죠. 하지만 그들도 먹고살아야 하기에 그러려니 이해하고, 또 너무 싸게 산 것 같으면 미안해합니다. 그런데, 지금 누가 누구 걱정을 하고 있는 걸까요?

박 피디: 최근 일본 오키나와로 여행 다녀오셨죠?

이 피디: 정말 오랜만에 가족들과 해외 나들이를 하고 왔습니다. 박 피디 님도 오키나와 가시게요?

박 피디: 혹시 유류할증료를 내셨는지 해서요. 한동안 0원이었다가 2월 부터 또 비용 부담이 시작됐거든요.

이 피디: 유류할증료면 비행기에 들어가는 기름값이잖아요. 그건 티켓 값에 이미 포함된 거 아니에요?

박 피디: 대부분 그렇게 알고 계신데, '할증'이라는 말에서 알 수 있듯이 더 받는다는 의미입니다.

이 피디: 비행기가 심야 택시도 아니고 무슨 할증료까지 받아요?

박 피디: 국제유가가 자신들이 정해놓은 기준 이상으로 오르면 그 상승 분을 고객에게 부담시킨다는 것이죠.

이 피디: 잠깐만요. 그런 식으로 따지면 국제유가가 올랐을 때 택시비, 가 스비, 설렁탕값까지 다 올려야죠!

박 피디: 그렇죠. 휘발유, 경유, 등유, 가스와 같은 석유 제품이 직간접적 으로 연계되지 않는 업황이 많지 않으니까요. 그런데 유독 항공 업계의 유류할증료는 국제유가가 오르면 바로 상승합니다.

이 피디: 그게 어떻게 가능하죠?

박 피디: 기업들이 가격차별화 정책을 쓰기 때문이죠.

이 피디: 가격차별화 정책? 인종차별, 나이차별은 들어봤는데, 가격차별
은 또 뭔가요?

가격차별의 꼼수

　유류할증료는 항공사나 해운사들이 유가 상승에 따른 손실을 보
전하기 위해 운임에 부과하는 할증료를 뜻합니다. 국제선은 2005년,
국내선은 2008년부터 적용됐죠.

　유류할증료가 항상 적용되는 것은 아닙니다. 기준이 있다는 이야
기죠. 싱가포르 항공유의 갤런(3.79리터)당 평균값이 150센트 이상일
때 부과합니다. 그 아래로 내려가면 내지 않아도 됩니다. 150센트
이상이면 정해진 단계별로 추가 부담을 해야 합니다.

　그럼 유류할증료는 언제 낼까요? 바로 항공권을 발급받을 때 냅
니다. 항공권을 자세히 살펴보면 공항이용료, 유류할증료 등 몇몇
비용 항목이 적혀있습니다. 그동안 관심이 없어서 내고 있으면서도
몰랐던 것입니다.

　그런데 항공사들은 왜 유류할증료를 따로 받을까요? 가격차별 정
책을 사용할 수 있기 때문입니다. 가격차별은 동일한 상품이나 서비

스에 대해 소비자마다 가격을 다르게 책정하는 것을 뜻합니다. 소비자 간 가격에 따른 수요탄력성이 다르기 때문에 성별, 나이, 구입 시기, 소득 수준, 구입 경험, 장소 등의 기준에 따라 가격에 차별을 두는 것이죠. 유류할증료는 구입 시기를 기준으로 가격을 다르게 매기는 것입니다.

어떻게 이런 차별이 가능할까요? 아무 때나 여행을 떠날 수 있는 사람은 매우 드뭅니다. 대부분 휴가 등에 맞춰 여행 시기를 정하죠. 따라서 유류할증료가 비싸다는 이유로 여행 시기를 바꾸는 것은 사실상 불가능합니다. 어차피 떠나는 시기가 결정돼 있으니 유류할증료를 비싸게 책정해도 소비자들은 울며 겨자 먹기로 이용할 수밖에 없습니다. 이런 점을 악용해 항공사들이 유가 상승에 대한 손실을 유류할증료로 보전 받고 있는 것입니다.

2017년 1월을 볼까요? 국제선의 경우 다행히 할증료가 책정되지 않았습니다. 1월 국제선 유류할증료의 기준이 된 작년 11월 16일~12월 15일 싱가포르 항공유의 평균값은 배럴당 60.22달러, 갤런당 143.38센트로 150센트를 넘지 않았기 때문이죠. 이에 따라 1월 1일부터 31일까지 발권된 국제선 항공권에는 출발일과 무관하게 유류할증료가 0원이었습니다. 국내선 유류할증료는 1,100원이었는데, 전달인 2016년 12월의 경우 2,200원이었습니다.

그러고보니 최근 19개월 동안은 유류할증료가 0원이었습니다. 국제유가 하락 때문인데, 미국에서 '샌드오일'로 통하는 셰일오일을 엄청나게 뽑아낸 덕분입니다.

땅속에 매장된 기름을 퍼 올리는 전통적인 시추 방식과 달리 셰일오일은 진흙이 섞인 돌과 모래에서 기름을 뽑아냅니다. 지금까지는 추출하는 데 많은 돈이 들었기 때문에 상업화가 쉽지 않았지만 몇년 전부터 생산비를 획기적으로 낮추는 기술이 등장했습니다.

이 피디: 셰일오일하니까 미국의 도널드 트럼프 대통령이 생각나네요. 후보 시절부터 셰일오일을 내세워서 "미국을 에너지 독립국으로 만들겠다"고 호언장담했었죠.

박 피디: 그렇습니다. 에너지 독립국은 쉽게 말해 사우디아라비아를 대표로 하는 중동국가로부터 에너지 독립을 하겠다는 의지입니다. 현재 미국의 에너지 자립도는 80% 수준인데 20%만 확보하면 이론적으로는 문제가 없다는 거죠.

이 피디: 80%면 사실상 에너지 독립국 아닌가요? 우리나라만 해도 2016년 기준 쌀 자급률이 96%인데 쌀이 너무 많아서 정부에서 대량으로 구매를 해주잖아요.

박 피디: 물론 80%라는 수치는 꽤 큰 비중이죠. 그런데 부족한 20% 때문에 미국이 이라크와 전쟁을 하고 사우디아라비아에 막대한 군사비를 투입했습니다.

이 피디: 전쟁을 하고 총을 들고 기름 나오는 곳을 지키는 게 훨씬 이익이라는 계산을 했기 때문이라는 거군요.

박 피디: 맞습니다. 이라크 전쟁 10년간 사망한 미국 군인 수는 무려

5,000명입니다. 게다가 미국은 중국과 더불어 석유를 가장 많이 소비하는 나라이기에 단순히 숫자로 표시되는 20%가 지닌 그 이상의 무게를 함축하고 있습니다.

이 피디: 그러면 트럼프는 앞으로 셰일오일을 더 많이 뽑아내겠다는 건데, 매장량에 한계가 있잖아요. 미국이 중동이나 러시아처럼 기름이 많이 나는 곳은 아니지 않나요?

박 피디: 그런 줄 알았습니다. 그런데 최근 미국 서부 텍사스 사막 지대에 200억 배럴의 셰일오일이 매장돼 있는 것으로 밝혀졌습니다.

이 피디: 그렇게나 많아요?

에너지 독립을 꿈꾸는 미국

미국지질조사국(USGS)은 서부 텍사스의 퍼미안 분지 한 구획을 차지하는 울프캠프 지역 탐사 결과 셰일오일 매장량이 200억 배럴로 추정된다고 발표했습니다. 200억 배럴이면 미국의 단일 셰일오일 광구로는 최대인 노스다코타의 매장량보다 세 배나 큰 규모입니다.

이는 우리나라 전 국민이 20년 이상 쓰고도 남을 만한 어마어마한 양이기도 합니다. 200억 배럴의 원유 가치는 현재 시세로 따지면 9,000억 달러(약 1,050조 원)에 육박합니다.

이게 끝이 아닙니다. 울프캠프의 네 개 셰일층에 16조 입방피트의 천연가스와 16억 배럴의 천연석유가 매장된 것으로 추정된다고 밝혔습니다. 퍼미안 분지 일대의 전체 매장량이 최대 750억 배럴에 달한다는 건데, 750억 배럴은 세계 최대의 매장량을 자랑하는 사우디아라비아의 가와르 유전에 버금가는 규모이며, 현재까지 알려진 셰일오일 매장량 세계 1위 러시아의 750억 배럴과 같은 규모입니다. 기존에 알려진 매장량 580억 배럴까지 합치면 미국은 단번에 셰일오일 매장량 세계 1위가 되는 거죠. 트럼프의 호언장담이 괜한 게 아니었습니다.

만약 미국이 수입 없이 에너지를 자체적으로만 사용하게 되면 국제유가는 제법 떨어질 겁니다. 단골이자 큰손인 미국이 빠져버리니 당연한 이치죠.

문제는 에너지 강국 미국이 앞으로 어떤 행보를 할지입니다. 공급을 엄청나게 늘려서 가격을 낮추면 중동이나 러시아도 할인 경쟁에 참여할 것이고, 기름 외에는 먹고살기가 쉽지 않은 중동과 러시아는 결국 백기를 들 가능성이 큽니다. 이때 미국은 서서히 원유가를 올리고 독과점의 지위를 누릴 겁니다.

현재 다국적 제약회사들의 비즈니스가 이런 식으로 이루어집니다. 특히 암이나 치매 치료제 같은 생명과 직결되는 약, 특히 신약의 경우 부르는 게 값입니다. 최근 폐암 환자에게 치료 효과가 뛰어난 것으로 알려진 신약은 한 달 투여비용이 200만 원대입니다. (관련한 자세한 내용은 10장에서 다룹니다.)

독점시장에서는 물건 만든 놈이 갑이죠. 미국이 에너지시장에서도 패권을 차지하면 장기적으로 국제유가는 오를 가능성이 큽니다. 트럼프는 미국이 돈을 버는 일, 더 정확히 말하면 자신에게 이익이 되는 일이라면 물불을 가리지 않는 사람이니까요.

다시 유류할증료 이야기로 돌아가 보죠. 원래 기름이 많이 났던 중동국가에 신생 원유 강국 미국의 등장, 여기에 러시아까지 원유와 천연가스 생산능력을 뽐내면서 최근 2년간 국제유가는 한때 배럴당 20달러대까지 떨어지는 '세기의 저유가'를 경험합니다.

그런데 0원이었던 유류할증료가 2월에는 +로 돌아섰습니다. 다행히 유가 상승폭이 크지 않아 상승 수준은 1단계입니다. 2월 국제선 유류할증료의 기준이 된 2016년 12월 16일~2017년 1월 15일까지 싱가포르 항공유 평균가격은 배럴 당 65.379달러, 갤런 당 155.666센트를 기록했습니다. 5센트 오버했으니 할증료를 내라는 거죠.

이에 따라 인천~후쿠오카, 다롄, 선양은 1,200원, 마닐라, 하노이, 다낭은 2,400원, 몰디브, 모스크바, 호놀룰루는 3,600원이 부과됐고, 토론토, 뉴욕, 워싱턴 등지에 간 여행객은 8,400원을 더 냈습니다.

'그래 봐야 1만 원도 안 되네' 하고 무시할 수도 있습니다. 그런데 말이죠, 고유가가 기승을 부리던 2008년 국제유가가 배럴당 100달러를 가볍게 돌파했을 때 미주나 유럽행 항공권에 적힌 유류할증료는 20만 원에 육박했습니다.

유가라는 건 언제든 오를 수도 있고 내릴 수도 있습니다. 앞으로 중동에서 작은 전쟁이라도 일어나면 유가가 급등할 가능성이 큽니다. 앞서 트럼프의 에너지 독립 이야기를 언급한 것도 이 때문입니다.

마이너스 유류할증료가 없는 이유

'10년째 같은 가격'과 같은 문구를 내걸고 장사하는 식당 사장님이 적지 않습니다. 얼마 전 서울 서대문구의 영천시장에 갔는데, 설탕 바른 꽈배기가 네 개에 1,000원이더군요. 10년 이상 가격을 동결했다고 합니다. 비슷한 시기에 이마트 식품관에서 파는 꽈배기 가격은 일곱 개에 만 원이었습니다.

대한항공과 아시아나항공에 10년 전 가격 그대로의 감동은 바라지도 않습니다. 그저 비용 상승분을 자체 해결하려는 노력은 하지 않고 바로 고객에게 전가하는 그들의 순발력과 반사능력이 놀라울 따름입니다. 그나마 다행인 건, 2017년 들어 6월 현재까지는 국제선 유류할증료는 매달 0원이고 국내선도 1~2단계에 그치고 있다는 점입니다.

그렇다면 여기서 문제. 국제유가가 급락하면 유류할증료가 마이너스가 돼서 전체 항공권 가격도 떨어질까요? 그렇지 않습니다. 이때는 그냥 유류할증료가 0원일 뿐입니다. 내리면 내린 만큼 '유류할

독과점적 지위를 이용해 이익을 챙기는 항공사(출처: pixabay)

인료'라는 항목을 만들어서 전체 티켓값을 인하하는 게 상식인데 대한항공과 아시아나항공은 전혀 그런 기색을 보이지 않고 있습니다. 기름값이 오르면 고객에게 떠넘길 생각만 하고 기름값이 내릴 때는 고객에게 돌려주지 않고 자신들의 지갑을 채우기 바쁩니다.

물건이나 서비스는 수요와 공급에 따라 가격이 정해지는 것이 일반적입니다. 비행기 삯 역시 공급가, 즉 원가가 낮아지면 당연히 내려가야 합니다. 하지만 운임은 동결 또는 인상만 할 뿐 내려가는 것을 좀처럼 보기 어렵습니다. 국제선 비행기 삯에서 기름값이 차지하는 비중이 상당한 것으로 알려지고 있는데 말이죠. 최근의 저유가 기조라면 충분히 항공료를 낮출 여력이 있었다는 이야기입니다.

즉, 항공사들은 최근 상당한 수익을 거뒀을 것으로 짐작을 할 수 있는데, 사실관계를 따져보니 '역시나'입니다. 대한항공은 2016년 매출 11조 7,319억 원, 영업이익 1조 1,208억 원의 대박을 터뜨렸습니다. 2015년에 비해 매출은 1.6%, 영업이익은 26.9% 증가했죠. 대한항공이 1조 원대 영업이익을 기록한 것은 2010년 이후 6년 만입니다. 그만큼 기름값이 저렴했고, 그만큼 고객에게 혜택을 줄 수 있었던 가격 인하분을 반영하지 않았다는 방증입니다.

물론 당기순손실 부분에서 2015년 5,630억 원에 이어 지난해에도 5,568억 원을 기록해 적자가 지속됐습니다만, 이는 한진해운 부실과 얽힌 탓입니다. 한진해운 퇴출은 대한항공 오너가의 실수이지 고객이나 그 외의 환경 탓이 아닙니다.

여러분은 혹시 딸기, 토마토 등의 과일을 드실 때, 택시나 기차를 탈 때 유류할증료를 내신 적이 있나요? 딸기 비닐하우스 농장을 생각해봅시다. 겨울에는 난방유를 이용해 비닐하우스에 있는 과일을 키웁니다. 비행기와 마찬가지로 기름값은 오르거나 내립니다. 그런데 보통 과일은 판매가에 유가 상승분이나 하락분이 포함됩니다. 유류할증료를 따로 받지 않는 거죠. 이는 택시나 기차도 마찬가지고요.

그렇다면 비행기는 왜 할증료를 따로 받을까요? 고객을 위해서라는 주장과 항공사를 위해서라는 주장이 공존하고 있습니다. 먼저 고객을 위한다는 측에서는 기름값을 합쳐서 비행기 삯에 포함할 경우 기름값이 내렸을 때 할인 혜택을 받기 어렵다는 주장입니다. 또 기름값이 올랐을 때도 과도한 운임 인상이 있을 수 있다는 것이죠. 즉, 유가 변동 상황이 고객에게 빠르게 영향을 주기가 쉽지 않다는 것이죠.

항공사를 위한 제도라는 측에서는 항공 서비스 자체가 기름값이 전체 원가에서 차지하는 비중이 너무 크기 때문에 유가가 높을 경우 항공사가 손해를 볼 수밖에 없다는 주장입니다. 그래서 기업의 지나친 손실을 막기 위해 할증료를 따로 받는다는 설명입니다.

자, 그런데 '기업이 손실을 막기 위해 미리 실드를 친다?' 이건 좀 심하다는 생각이 들지 않으세요? 고객이 손실을 보는 건 나 몰라라 하면서 자신들의 뱃속만 채우면 그만이라는 발상에 다름 아니죠. 자영업자 가운데 10%만 살아남는다는 헬조선의 정글과도 같은 비즈니스 세상에서 정작 재벌-대기업들은 약간의 손해도 감수하지 않겠다고 대놓고 이야기하는 셈입니다.

좀 더 본질적인 문제를 따져 보겠습니다. 한반도는 참 특이합니다. 중국, 러시아와 국경을 마주하고 있고, 일본은 비행기로 1시간 대 거리에 있습니다. 게다가 동해를 따라 길게 뻗으면 바로 미국입니다. 사실상 4대 강대국을 이웃으로 두고 있는 것이죠. 물론 지리학적, 역학적으로는 매우 유리한 조건입니다.

그런데 여행객의 입장에서는 정반대입니다. 답이 없습니다. 오로지 비행기로만 장거리 여행을 할 수 있습니다. 무엇보다 북한이 위에 버티고 있기 때문에 자동차나 기차로는 움직일 수 없습니다. 기껏해야 배를 타고 일본이나 중국을 갈 수 있는 정도인데, 한국의 여행객들은 중국과 일본에만 만족할 수 없습니다.

이 피디: 어이쿠! 우리나라 항공료가 비싼 게 꼭 기름값 때문은 아니군요. 해외여행을 가려면 어쩔 수 없이 비행기를 타야하니… 허허… 갑자기 우울해지네요.

박 피디: 비행기를 탈 수밖에 없는 상황이라면 이는 대안이 없다는 것이고, 독과점적 상황이라면 알게 모르게 담합도 가능하다는 결론이 나옵니다.

이 피디: 담합이라고요?

박 피디: 실제 대한항공과 아시아나항공은 수차례 담합을 했다는 의심을 받고 있고, 특히 2016년 미주 노선 운임과 관련한 집단소송에서는 최종 패소 판결을 받았습니다. 재판에 져서 배상금을 내야했는데, 이마저도 미적거리다 소비자들의 분노를 샀죠.

이 피디: 비행기가 유일한 대안이라면 정부에서 집중적으로 항공업계를 감시해야 하는 거 아니에요? 예전이나 그랬지 해외여행이 더 이상 부자들만의 전유물은 아니잖아요? 그럼 버스나 지하철까지는 아니더라도 준(準) 대중교통으로 구분해서 오히려 가격 인하를 해야 할 텐데 말이죠.

박 피디: 지당한 말씀입니다. 오히려 항공사는 이런 독과점적 지위를 악용할 게 아니라 항공료를 낮춰서 더 많은 사람들이 비행기를 탈 수 있게 해야 합니다. 수도권 유일의 동굴이라고 자랑하는 광명

동굴에 가보셨나요? 가볼 만한 곳이라는 데 한 표를 던지면서
도 입장권을 살 때 살짝 감동했습니다. 광명시민에게는 반값 할
인을 해줬거든요.

이 피디: 용인민속촌 이런 데 가도 시민들은 할인해주죠. 적지 않은 지방
관광지에서 이런 정책을 시행하고 있는데, 비행기가 아니면 사
실상 해외여행이 힘든 한국인들은 할인은 고사하고 바가지요금
을 내고 있군요.

박 피디: 맞습니다. 항공사들의 가격차별 정책에 철저히 차별받고 있는
셈이죠.

항공유 이야기를 하지 않을 수 없습니다. 항공유는 휘발유, 등유,
산화방지제, 부식방지제, 빙결방지제, 미생물살균제 등을 혼합해서
만듭니다. 비행기가 기온과 기압이 낮은 성층권에서 주로 이동하기
때문이죠. 비행기를 타면 모니터에 지상으로부터의 높이, 도착 예
정시간, 바깥 온도 이런 정보가 뜨는 걸 볼 수 있는데 눈을 의심하게
되죠. 높이는 10km, 온도는 영하 52도! 그래서 기름이 얼지 않고
증발하지 않도록 혼합을 열심히 합니다.

당연히 가격도 휘발유보다 비싸겠죠? 일반적으로 휘발유는 70%
가 세금입니다. 5만 원 정도 주유하면 3만 5,000원이 세금으로 빠
진다는 겁니다. 그런데 항공유의 경우 세금이 거의 없습니다. 국가
에서 일종의 공공재로 간주하기 때문인데, 공공재라는 건 누구나 접
근하는 데 어려움이나 차별이 없어야 합니다. 초중등 의무교육 역시

비슷한 맥락이죠.

문제는 정부에서도 이처럼 비행기를 탈 수 있는 권리를 보편적인 성격으로 규정하고 있는데, 항공사들은 사익을 챙기기 바쁘다는 겁니다. 유류할증료를 받는 것 자체가 벌써 항공유가 공공재라는 사실을 망각한 행위라고 볼 수 있습니다. 세금을 매기지 않는 항공유는 그만큼 쌀 수밖에 없는데도 말이죠.

항공사들이 이처럼 연달아 소비자를 울리는 갑질을 하면 정부 당국이 주의나 경고를 하고, 그래도 말을 듣지 않으면 운항정지 같은 강력한 제재를 하면 됩니다. 그런데 이착륙 시 사고가 나거나 조현아가 땅콩을 핑계로 회항하지 않는 이상 무거운 징계를 내리는 건 찾아보기 힘듭니다. 왜 그럴까요?

항공사를 관리 감독하는 부처는 국토교통부입니다. 그런데 국토부 공무원들 가운데 상당수가 대한항공이 친정입니다. 표현이 과할지 모르지만, 이는 고양이에게 생선을 맡기는 격이고 최순실에게 국가 금고를 지키게 하는 꼴이 아닐까요?

최근 자료가 없어서 2014년 자료를 들춰봤습니다. 국토부의 항공안전감독관과 운항자격심사관 등 26명 중 20명이 대한항공에서 근무한 경력이 있는 것으로 나타났습니다. 게다가 국민의 공분을 자아냈던 대한항공 전 부사장 조현아의 '땅콩 회항' 사건과 관련해 물의를 빚은 국토부 김 모 조사관 역시 15년간 대한항공에서 근무하다 2002년 국토부로 이직한 사람입니다. 이 사람은 대한항공 여 모 상무에게 조사보고서 내용을 통째로 알려준 혐의를 받았습니다. 뉴스에 종종 등장하는 교사가 학생에게 미리 시험지를 빼돌려 제공하는 행위나 마찬가지입니다.

워터파크와 스키장의 꼼수

다른 산업군의 비슷한 사례를 찾아볼까요. 여름과 겨울에 주로 어디로 놀러 가시나요? 아무래도 워터파크나 스키장의 인기가 높죠. 그런데 곰곰이 생각해보시면 이곳에서도 유류할증료처럼 고객에게 떠넘기는 비용이 있습니다.

먼저 워터파크로 가볼까요. 목욕탕이 아니기에 발가벗은 상태가 아닌, 수영복을 입은 상태로 입장해야 합니다. 즉, 수영복을 의무적으로 착용해야 합니다. 그런데 수영복만 해도 소비자가 집에서 가져오거나 현장에서 빌려야 하죠. 빌릴 때는 당연히 돈을 내고요. 구명재킷은 어떤가요? 구명재킷 역시 집에서 가져오거나 돈을 내고 빌려야 합니다. 더 짜증나는 건, 수영복 대신 반바지를 입어도 상관없지만 구명재킷을 입지 않으면 시설을 이용할 수 없는 경우가 있다는 겁니다.

대표적인 게 인공파도풀입니다. 다른 곳에 비해 안전사고 위험이 크다는 핑계를 대지만, 사고의 위험이 크기 때문에 워터파크 측에서 의무적으로 무료 제공 서비스를 해야 하지 않을까요? 수영모를 쓰지 않으면 물에 몸을 담글 수 없는 곳도 있으니 참 억울합니다. 그런데 신기하게도 렌탈숍에 가면 모자가 있죠.

먹거리 관련 규칙도 기분을 상하게 합니다. 일단 워터파크 입장전에 가방 검사부터 당합니다. 혹시나 있을지 모를 김밥, 과자, 과일 같은 음식을 가려내 반입을 막고자 하는 건데, 이들의 논리는 딱하나입니다. "워터파크 위생 관리를 위해서!"

이게 진심이라면 현장에서 그 어떤 음식도 팔아서는 안 됩니다. 하지만 그들은 놀이시설 수보다 더 많은 간이음식점을 운영하고 있습니다. 즉, 자기네가 파는 음식만 사먹으라는 강압이죠. 거기서 파는 음식은 수영장에 떨어지면 자동분해가 되나보죠?

맛있기나 하면 그나마 다행이지만, 대부분 반조리 음식이기 때문에 맛과 영양이 형편없습니다. 가격만 높을 뿐이죠. 고객의 음식 반입을 원천 차단해서 달성한 독과점 지위를 떳떳하게 누립니다.

이번엔 스키장으로 이동합니다. 워터파크에서 겪었던 각종 장비나 옷 이야기가 이곳에서도 반복됩니다. 같은 말 또 하면 저에게 짜증을 내실 테니 리프트 이야기를 하겠습니다.

리프트를 타고 슬로프 정상에 올라간 다음 신나게 내려오면 또 리프트를 타고 올라가야 합니다. 문제는 이 리프트 역시 돈을 내야 탈수 있다는 겁니다. 스키 탈 때 리프트는 기본입니다. 리프트를 타지않고는 스키를 즐길 수 없는데, 리프트 비용을 내라고 합니다. 최근 가격을 찾아보니 '50% 할인' 같은 선심성 문구를 곁들였음에도 장당 3만 원 수준이네요.

워터파크, 스키장 모두 없으면 안 되는, 쓸 수밖에 없는 것들을 온갖 이유를 대면서 소비자에게 구매를 강요합니다. 그런데 설렁탕 먹을 때 젓가락과 숟가락 사용료를 따로 내시나요? 나한테 어울리는 옷인지 알아보기 위해 피팅룸을 이용할 때 따로 비용을 지불하시나요? 피자 먹을 때 치즈 가루나 칠리 소스를 돈 내고 뿌리시나요? 아닙니다. 그런데 워터파크, 스키장은 그렇게 하고 있습니다.

이 피디: 어떻게 이런 일이 가능하죠?

박 피디: 이것도 가격차별 정책의 일환이죠. 바로 장소를 통해 다른 가격을 매기는 것입니다.

이 피디: 어차피 워터파크와 스키장에 오면 외부 음식이나 물건을 사용할 수 없으니 내부에서 파는 것들은 마음대로 가격을 책정한다는 거군요.

박 피디: 맞습니다. 반드시 사용해야 하는 것들에도 따로 가격을 받으면서 이를 뺀 입장료가 저렴하다고 홍보까지 하죠.

이 피디: 정말 가관이군요.

박 피디: 가관인 곳이 또 있습니다. 요즘 젊은 층에서 큰 인기를 얻고 있는 락볼링장 아시나요?

이 피디: 처음 듣는데요.

박 피디: 역시 아재는 모르는군요. 이 락볼링장은 인테리어나 음악 등 분위기는 나이트클럽이나 락카페인데 볼링을 칠 수 있는 곳입니다. 저녁 무렵에 가면 휘황찬란한 조명만으로도 분위기에 압도되죠.

이 피디: 저도 가보고 싶은데요. 그런데 뭐가 문제죠?

박 피디: 재미난 정책 때문이죠. 다행히 볼링공은 공짜입니다. 하지만 전용 신발은 돈을 내고 빌려야 합니다.

이 피디: 가장 중요한 공은 공짜인데 신발은 유료다?

박 피디: 하나는 공짜라고 선심 쓰는 척하면서 다른 하나의 가격을 받는 꼼수를 쓰는 것이죠.

이 피디:정말 징하군요.

가격차별 백태

지금까지 소비자에게 오히려 비용을 전가하는 사례들을 살펴봤습니다. 간혹 몇몇 분들은 "식당 숟가락과 스키장 리프트를 어떻게 비교할 수 있느냐"고 반문하실 수 있습니다. 소비자들의 이런 반응이야 말로 기업들이 진정으로 원하는 바입니다. '소비자가 비용을 떠안는 건 당연한 거야', '기업이 손해 보면서 장사할 수는 없는 일이지' 따위의 인식을 은연 중에 주입하는 것이죠.

그럼 저도 최후의 변론을 하겠습니다. 독자 여러분들도 이마트 자

더 많은 고객이 더 많은 물건을 사도록 하는 대여경제(출처: peakpx)

주 가시죠? 차를 세운 다음 가장 먼저 하는 일이 뭔가요? 100원짜리를 꺼내서 넣은 다음 카트를 뽑아내는 일입니다. 쇼핑을 마치고 갈 때는 100원을 도로 찾을 수 있기에 카트 사용료는 분명히 공짜입니다.

이마트 사장 입장에서 한번 생각해볼까요? 이마트 역시 스키장이나 워터파크처럼 당연히 필요한 것을 돈 받고 쓰게 했다면, 즉 물건을 담는 카트를 회당 3,000원을 받았다면 어떻게 됐을까요? 아마 그랬다가는 순식간에 망했을 겁니다. 기껏해야 장바구니로 쇼핑할 수 있는 소량구매 고객 정도만 이용했겠죠.

그렇다면 이마트를 운영하는 신세계의 책임자 정용진 부회장은 왜 리프트나 구명재킷처럼 카트에 사용 비용을 부과하지 않았을까요? 간단합니다. 더 많은 고객이 더 많은 물건을 사도록 배려하기 위해서입니다.

워터파크나 스키장, 볼링장을 운영하는 분들은 이런 부분에 주목해야 합니다. 더 많은 고객을 끌어들이고 더 많은 매출을 올리기 위해 없으면 안 되는 기본 장비나 물건을 공짜로 대여하도록 해주세요.

'손님이 빌려준 물건을 훔쳐가면 어쩌나' 이런 고민은 하지 않아도 됩니다. 이마트 카트에 100원을 넣고 다시 빼가게 하듯이 최소한의 금액을 보증금 형식으로 맡기도록 하면 됩니다. 혹시나 이 책을 보신 이들 사업장 사장님들이 저의 제안을 받아들여 규칙이 개선된다면 소비자들은 해당 사업장의 매출을 팍팍 올려주면 됩니다. 그러면 다른 사장님들도 따라하겠죠?

소비자들은 쇼핑의 자유를 최대한 누려야 합니다. 쇼핑에 반드시 필요한 물건을 소비자가 돈을 내서 사야 하는, 기업의 고객 비용 전가 행위는 원래 당연한 게 아닙니다. 이처럼 우리의 지갑이 얇아지는 것을 막기 위해서는 우리 스스로 생각을 바꿔야 합니다.

생각의 힘은 큽니다!

박 피디: 마지막으로 소비자에게 비용을 떠넘기는 행위 중에 소비자마저도 이를 당연하다고 여기는 것에 대해 이야기할까 합니다.

이 피디: 고객에게 비용을 전가하는 행위를 우리들도 당연하게 생각한다

고요? 그게 뭐죠?

박 피디: 바로 숙박업계, 결혼업계의 갑질입니다. 호텔, 휴양지, 웨딩드레
스, 예식장 등에서 겪었던 일들을 떠올리시면 됩니다.

이 피디: 글쎄요. 이들 업체에서 어떤 갑질을 한다는 건지 감이 잘 오지
않는데요?

박 피디: 호텔을 예로 들어 보겠습니다. 얼마 전 지인이 말레이시아의 대
표 휴양지인 코타키나발루에 다녀왔는데 "싸고 가깝고 아름답
다"는 짧은 말로 저에게도 여행을 권하더군요. 그래서 가격을
살펴봤습니다. '3박 5일, 항공, 숙박 포함 37만 원대' 놀랍지 않
습니까?

이 피디: 이 정도면 제주도 가는 것보다도 훨씬 쌀 것 같은데요.

박 피디: 그런데 구체적인 일정을 확인하는 순간 기쁨이 분노로 바뀌었
습니다. 37만 원대인 날은 월요일, 일요일처럼 정말 출발하기
힘든 때뿐이었습니다. 수요일이나 목요일은 40만 원 후반대고
금요일은 50만 원대입니다.

이 피디: 월요일이나 일요일에 여행을 떠날 수 있는 사람은 드물 것 같은
데요.

박 피디: 더욱 놀라운 건 지난 5월 첫 주 황금연휴 기간입니다. 부처님 오
신 날인 3일(수요일), 어린이날인 5일(금요일)이 포함된 주인데, 이
때는 4월 30일(월요일)부터 5일까지 모두 109만 원대입니다.

이 피디: 같은 상품이 맞나요?

박 피디: 37만 원짜리 상품과 109만 원짜리 상품은 항공기, 호텔 등급 등

모든 조건이 동일합니다. 그런데 가격이 약 세 배 차이가 납니다.

이 피디 : 그거야 성수기랑 비수기에 수요와 공급이 다르니까 그렇겠죠. 5월은 가정의 달 아닙니까.

박 피디: 그럼 반대로 묻겠습니다. 성수기와 비수기는 왜 가격이 달라야 합니까? 뜨거운 설렁탕은 아무래도 여름보다는 겨울에 수요가 많겠죠. 여름에는 저라도 냉면이나 비빔면 같은 시원한 음식을 찾을 테니까요. 혹시 여름과 겨울에 설렁탕값이 다른 식당 보셨나요?

이 피디: 그런 식당은 없죠.

박 피디: 크리스마스나 12월 31일과 같이 많은 사람이 모이고 이동하는 시기에 지하철이나 버스비가 세 배씩 올라가요? 삼다수, 백산수 같은 생수가 여름에만 가격이 세 배로 올라가요?

이 피디: 그렇진 않죠. 그러고보니 호텔, 여행업체들은 비수기, 성수기를 구분해서 가격을 따로 받고 있는데 이것도 가격차별이군요.

박 피디: 맞습니다. 월요일이나 일요일에 해외여행을 가기란 쉽지 않습니다. 그렇다고 항공사나 호텔에서 이날 영업을 하지 않는 건 아닙니다. 즉, 비행기는 상당수 좌석이 비어 있는 상태로 운항을 하고, 호텔도 적지 않은 객실이 텅 비게 됩니다.

이 피디: 사실상 매출이 발생하지 않는 시간대이니 상상하기 힘든 낮은 가격을 제시해도 전혀 손해 볼 일이 없군요.

박 피디: 그렇죠. 게다가 매출이 생기면 땡큐고 그렇지 않아도 이렇게 미끼용 상품으로 고객을 낚는 마케팅 기법으로도 활용할 수 있죠.

문제는 성수기 가격입니다. 미끼 상품 대비 최소 세 배인데, 왜 이렇게 비싼 걸까요?

이 피디: 그거야 그때가 아니면 아예 여행을 할 수 없으니 그런 것 아니에요? 그러고보니 지금까지 이야기한 '어쩔 수 없는', '대안이 없는' 그런 케이스네요.

박 피디: 물론이죠. 그런데 더 불편한 진실이 있습니다. 대안이 없기 때문에 비싸게 파는 측면도 있지만, 비수기 때 재미를 보지 못했던 상황을 반전시켜보자, 즉 손해를 만회하자는 측면도 있습니다. '사업 공 친 날은 공 친 날이고 잘되는 날 떼돈을 벌자' 이런 심리죠.

이 피디: 그렇다면 우린 지금까지 기업들이 비수기 때 손해 본 금액을 성수기 때 만회시켜준 은인, 아니 호갱이었군요. 우리 같은 노동자들도 여름이나 겨울처럼 환경이 나쁠 때는 월급을 세 배로 받고 봄, 가을처럼 따뜻할 때는 100%만 받고 그러면 참 좋을 텐데요.

월급쟁이들은 상상하기도 힘든 짓을 이렇게 기업들은 아무렇지도 않게 하고 있습니다. 역시나 '기업들이 손해를 보면서 장사할 수 없으니 고객인 당신들이 희생을 해라' 마인드인거죠.

예식장은 어떤 가요? 아무래도 날씨가 따뜻한 봄이나 가을이 성수기입니다. 결혼 성수기는 3~5월과 10~11월인데, 이때 예식장을 잡으려면 돈을 꽤 써야 합니다. 5월의 신부가 되기 위해서는 1월의 신부, 2월의 신부보다 두 배 이상은 써야 하죠. 5월에 결혼을 해도 평일이냐, 금요일이냐, 주말이냐에 따라 또 가격이 차이가 납니다.

워터파크는 또 이름을 올립니다. 성수기인 여름과 달리 비수기인 겨울에는 사람이 좀처럼 몰리지 않습니다. 당연히 가격이 저렴한데, 여름 대비 3분의 1 수준입니다. 성수기라도 간혹 가격이 싼 경우가 있는데, 대부분 '오후 4시 이후 입장 티켓'이라는 꼼수를 씁니다.

항공사, 호텔, 예식장, 워터파크… 이들 업체는 지금까지 고객을 향해 '비수기와 성수기요금이 다른 건 당연한 일'인 양 우리를 세뇌시켜왔습니다. 어찌 보면 유사업종이지만 장례식장은 최소한 비수기 성수기 구분이 없다는 점에서 상대적으로 양심적이라 할 수 있습니다. 물론 이곳 역시 수의, 관, 리무진 등에 따라 가격이 천차만별이긴 하지만, 기본요금은 같습니다.

이 피디: 그러면 숙박, 여행, 휴양시설업체들을 상대로 소비자들이 어떤 대응을 해야 할까요? 불매운동을 하거나 아예 여행이나 휴가를 포기하라는 이야기는 아니겠죠, 설마?

박 피디: 당연히 아니죠. 우리가 이렇게 아등바등 사는 것도 '먹고살기 위해' 아니 '여가를 즐기기 위해' 아니겠어요? 당연히 비행기를 타야하고 호텔에서 잠도 자고 예식장에서 멋지게 결혼도 해야죠.

뭐든 그렇지만 고정관념, 선입견, 관행 이런 것들을 깨는 건 매우 어렵습니다. 쉽게 깨지는 것들이었다면 유동관념, 후입견, 무관행 이라는 말도 쓰였겠죠.

항공과 숙박의 경우, 매우 어렵겠지만, 비수기에 휴가를 가는 노력을 하는 겁니다. 4박 5일 정도 여유가 있다면 월요일에 출발해서 토요일에 들어오는 일정을 짜는 겁니다.

4인 가족을 기준으로 자녀가 학교를 다닌다면 이런 스케줄이 거의 불가능합니다. 아이들 방학 기간인 7~8월, 1~2월은 성수기니 말이죠. 대신 4월이나 11월에 휴가를 내고 자녀들에게는 현장학습 형식으로 시간을 만들어주면 어떨까요? 비용도 비용이지만 공항에 가는 시간, 공항에서 대기하는 시간, 현지에서 소모되는 시간을 획기적으로 줄일 수 있습니다.

김빠지는 소리일 수도 있지만, 한동안 소비자들이 대동단결해서 '해외여행 덜 가기' 운동을 하는 것도 효과적인 방법입니다. 수도권이나 제주도가 아닌 대한민국 방방곡곡을 여행해보면 어떨까요? '어지간한 곳은 다 가봤는데' 이런 분들은 울릉도나 섬 개수만 자그마치 1,004개인 전남 신안군을 추천합니다.

이렇게 힘들게 소비를 하는 분들이 늘어나면 기업에서도 '어! 비수기가 더 이상 비수기가 아니네?' 하고 시선이 달라질 겁니다. 장기적으로는 성수기요금도 적잖이 내려가겠죠.

결혼식장도 마찬가지입니다. 5월의 신부만 신부인가요? 이왕이면 가장 저렴한 시기에 결혼을 하는 겁니다. 예식장 비용이 싸다는 건 신혼여행 비용도 저렴하다는 뜻이고, 여행에서 쓸데없이 소모되는 시간도 대폭 줄일 수 있다는 것입니다.

좀 더 파격을 원하시는 분들은 선진국처럼 하우스웨딩에 도전하는 것도 나쁘지 않습니다. 국내에서는 하객 수가 적은 사람들이나 작은 식장에서 결혼을 하는 것으로 알려져 있는데, 말 그대로 친한 친구와 가족만 초대하고 집 앞마당에서 결혼을 하는 겁니다. '아파트에 무슨 앞마당?'이냐며 반문하실 수 있지만, 경기도 양평이나 남양주 같은 곳에 가면 멋진 잔디밭이 딸린 카페나 식당이 많습니다. 이 잔디밭을 어떤 조건으로 이용하느냐는 여러분의 협상력에 달렸습니다.

인간관계가 그다지 좋은 편이 아니라고 생각하시는 분들에게는 더욱 '강추'합니다. 어차피 도심의 일반 예식장에서 결혼을 하려면 최소 인원을 보장해야 하고, 모자랄 경우 하객 알바라도 불러야 하기에 비용이 엄청나게 불어나거든요.

기업은 고객에게 질 좋은 상품을 제공해야 할 의무가 있습니다. 여기에 가격까지 착하면 금상첨화죠. 하지만 현실은 그렇지 않은 경우도 많습니다. 질 나쁜 물건을 팔거나 그저 그런 상품을 비싸게 파는 회사가 적지 않죠. 질이 나쁜데도 비싸게 파는 악덕 기업도 간간히 우리를 울리고 있고요.

역사시간에 배웠습니다. 천민 신분인 개혁가들이 신분제도를 바꿀 때 이런 말을 했습니다. "왕후장상의 씨가 따로 있나!" 양반, 중인, 상민, 천민 모두 같은 사람이고 평등하다는 말이죠.

저도 이렇게 주장해볼까 합니다. "비수기 성수기가 따로 있냐! 고객이 만족하는 장사를 하면 성수기, 불만이 제기되는 장사를 하면 비수기다"라고요.

　기업들은 지금까지 자신들의 기준에 따라, 수요와 공급에 따라 가격을 고무줄처럼 늘렸다 줄였다하는 가격차별 정책을 반복해왔습니다. 이제부터라도 이 가격은 우리가, 소비자가 만족하느냐 그렇지 못하느냐에 따라 결정돼야 합니다.

이번 장에서 우리가 알아 본 도둑은 일명 가격차별 도둑입니다. 가격차별 정책을 통해서 기업의 책임과 부담을 소비자에게 떠넘기는 도둑입니다. 이들의 수법은 너무나 당당해서 이들이 우리의 돈을 훔쳐가는 것을 눈치채지도 못할 정도였습니다.

우리는 먼저 유류할증료에 대해 알아봤습니다. 유류할증료는 유가 상승에 대한 손실을 보전하기 위해 운임에 부과하는 할증료를 뜻합니다. 항공사에 유가가 미치는 영향이 크기 때문에 유가의 변동에 대비하기 위하여 유류할증료가 필요하다는 점을 이해한다고 해도 왜 할증료만 있고, 할인료는 없는지는 이해하기 힘들었습니다. 유가 상승에 대한 손해는 소비자에게 부담하고 유가 하락에 의한 이득은 항공사가 취하겠다는 뜻으로밖에 이해가 안 갔습니다. 이러한 문제의 원인이 독과점 체제에서 나온 것이 아닌지 의심을 해봤습니다.

이런 식으로 소비자에게 책임과 비용을 떠넘기는 곳이 워터파크와 스키장 같은 곳이었습니다. 워터파크에서는 안전을 위해서 구명재킷을 대여합니다. 하지만 정말 안전을 위한다면 무료로 대여를 하는 것이 맞습니다. 안전을 소비자에게 떠넘기면서 비용까지 챙기려는 욕심으로밖에 보이지 않습니다. 안전을 운운하면서 음식 반입을 금지하지만 내부에서 독점적으로 음식을 파는 행위도 살펴봤습니다. 이것은 노골적으로 독점적 지위를 이용하여 매출을 올리겠다는 욕심으로밖에 안 보입니다. 마지막으로 여행을 좋아하시는 분들이 많이 경험해보셨을 들쭉날쭉한 호텔, 여행 업계의 요금입니다. 여행을 한번 가려고 알아보면 월, 요일, 시간에 따라 같은 장소, 같은 호텔, 같은 항공권이라도 비용이 각양각색입니다. 해당 업계에선 수요-공급에 따른 성수기-비수기 가격이라고 하지만 성수기에 과도한 바가지요금이 성행하고 있었습니다.

우리가 가격차별 도둑에 대처하는 방법 역시 단호한 소비자 행동밖에 없습니다. 행동하지 않는 소비자를 호갱으로 보는 건 당연하기 때문입니다. 유류할증료 문제를 당장 해결할 수는 없겠지만 최근 늘어난 중저가 항공사를 이용하여 항공사 독과점 체제가 좀 더 경쟁 체제로 바뀌도록 해야 합니다. 워터파크의 경우 소비자의 주머니를 털 생각만 하는 대형 업소 대신 중소형 시설이나 한강 수영장 같은 곳으로 대체할 수 있습니다. 여행업계 역시 비수기를 적극 활용하여 성수기가 성수기가 아니고 비수기가 비수기가 아님을 알려줘야 합니다.

chapter 9

유리지갑을
턴다
—
불순한 의도의 세금 폭탄

'13월의 월급'이라는 예쁜 별명을 가진 연말정산. 하지만 그 속을 들여다보면 열불이 터집
니다. 애초에 적당하게 걷어갔으면 되는데 미리 엄청나게 뜯어가 놓고 선심 쓰듯 돌려주잖
아요? 문제는 세금이 파놓은 함정이 도처에 다양한 이름으로 숨어 있다는 것입니다.

박 피디: 동생에게 아무리 담배를 끊으라고 해도 말을 듣지 않네요.

이 피디: 애도 아니고… 말을 한다고 듣겠어요? 그나저나 2015년에 담뱃값이 2,500원에서 4,500원으로 껑충 뛰었잖아요. 그때 금연하겠다는 사람이 많았던 걸로 기억나는데요.

박 피디: 그러니 더 환장하겠어요. 담뱃값이 많이 오르면 덜 피울 줄 알았는데, 그게 일시적 현상이라는 게 문제입니다. 오히려 1년 뒤에는 가격을 올리기 전보다 판매량이 더 느는 희한한 일이 벌어졌어요.

이 피디: 이상하네요. 당시 박근혜 정부는 국민 건강을 위해 담뱃값을 올려서 흡연율을 떨어뜨리겠다고 했는데, 어떻게 된 거죠? 그래서 담배에 붙는 세금을 올린 거잖아요?

박 피디: 그 말을 믿나요? 담뱃값이 올라도 흡연자들은 울며 겨자 먹기로 계속 피우는 경우가 많아요. '죄악세'까지 알게 모르게 내면서 말이죠.

이 피디: 죄악세요? 죄지은 사람이 내는 건가요?

박 피디: 맞아요. 죄악세는 사회적으로 바람직하지 못한 대상에 대해 규제하겠다는 목적으로 부과하는 조세를 뜻해요.

죄악세라는 별명의 세금

죄악세는 징벌세 또는 악행세라고도 불립니다. 건강과 가정, 환경을 해치는 제품에 일종의 벌금 형식으로 부과하는 세금인데, 담배는 물론 술, 도박, 마약 등에 부과되죠. 쾌적하고 깨끗한 세상을 만들기 위해 부정적인 것들의 소비를 줄이려는 목적으로 매기는 세금인 만큼 조세저항도 직접세나 다른 간접세에 비해 적습니다. 즉, 정부가 명분도 내세우면서 세금을 걷기가 편한 게 죄악세입니다.

이 피디: 그럼 정부는 이런 결말이 나올 줄 알고도 담뱃값을 올렸다는 거잖아요. 국민의 건강은 핑계였을 뿐이고….

박 피디: 당연하죠. 하지만 정부가 담뱃값을 올린다고 했을 때 의외로 환영하는 분위기가 있었죠.

이 피디: 맞아요. 저 같은 금연자들은 더욱 환영했었죠.

박 피디: 이 때문에 죄악세의 조세저항이 적은 것이죠. 그 덕에 우리의 지갑은 또 한 번 얇아지고요.

우리나라에서만 매달 4억 갑에 달하는 담배가 팔립니다. 이 많은 담배를 도대체 누가 피울까요? 한국인의 흡연율은 남성 36%, 여성 4%입니다. 남녀 인구 비중이 거의 같다고 할 때 국민 열 명 가운데 네 명이 담배를 핀다는 이야기입니다.

통계청 자료 기준 국내 인구(5,000만 명) 가운데 15세 이상은 80%

입니다. 아무래도 담배라는 상품은 나이의 제한이 있기 때문에 이 연령 이상을 기준으로 하면 총 4,000만 명이 되고, 이 가운데 40%는 1,600만 명입니다. 한마디로 1인당 매달 25갑을 피운다는 거죠. 그렇다면 거의 매일 담배 한 갑을 사는 셈입니다.

이렇게 담배를 사랑하는 사람이 많은 대한민국에서 2015년 1월부터 기존 2,500원이던 담뱃값이 4,500원으로 올랐습니다. 당시 정부는 담뱃값 인상 폭탄에 대해 "담배는 몸에 해로워서 가격을 올리면 수요를 줄일 수 있고, 그만큼 국민이 건강해진다"고 설명했습니다.

정부가 담뱃값 인상을 예고했을 때 많은 애연가들이 분노했습니다. 정부가 가격을 올리는 이유가 너무나도 어이가 없었기 때문이죠. 정부의 "국민 건강 증진을 위해서"라는 설명이 거짓말임을 잘 알고 있었다는 뜻입니다. 필수재나 다름없는 담배는 가격을 올린다고 해서 수요가 그만큼 줄어드는 물건이 아니기 때문이죠.

담배 관련 각종 통계 조사를 살펴보겠습니다. 먼저 흡연율입니다. 만 19세 이상 남녀 흡연율은 2014년 24.2%에서 2015년 22.6%로 1.6%포인트 하락에 그쳤습니다. 하지만 2016년 담배 판매량은 약 729억 개비로, 전년도 667억 개비보다 무려 9.3% 늘어났습니다.

더 큰 문제는 성인 남성들의 흡연율이 여전히 40%에 근접하고 있다는 점입니다. OECD 회원국 남성의 평균 흡연율은 20%대 초반이고 미국, 캐나다, 호주와 같은 선진국 남성들의 흡연율은 10%대입니다.

이처럼 많은 한국인들이 담배를 피우다보니 담뱃세 수입은 2015년 10조 5,000억 원에서 지난해 12조 4,000억 원으로 18.1%나 증가했습니다. 이쯤 되면 국민 건강을 핑계로 죄악세를 걷어 나라의 곳간을 채웠다는 해석이 가능합니다. 처음부터 세금을 더 뜯어낼 생각이었다고 했으면 아마도 짜증이 이렇게 많이 나진 않았을 겁니다.

이렇게 걷어간 엄청난 세금을 어디에 쓰고 있나요? 정부가 흡연자의 건강, 국민의 건강을 위해 진정성을 가지고 세금을 지출한 곳이 있으면 저자 메일로 알려주시기 바랍니다.

KT&G 주가의 불편한 진실

우리나라에서는 개인이 담배를 만들어서 팔 수 없습니다. 국가가 전매를 하는 방식인데, KT&G가 이 사업을 하고 있습니다. 그렇다면 KT&G 주가는 담뱃세 인상 전후로 어떤 변화를 보였을까요? 정부의 말대로 국민 건강이 목적이라면 주가가 상당히 빠져야 하는 게 정상입니다.

살짝 의외이긴 하지만 담뱃값 인상이 시작된 2015년 1월부터 KT&G의 주가가 제법 떨어집니다. 그 직전 해 연말만 해도 주가가 9만 원대였는데, 새해 이틀째 주가가 7만 8,000원선으로 떨어집니다. 아무래도 가격 인상 초반 투자 심리를 위축한 탓입니다.

그런데 불과 8개월 뒤인 2015년 8월부터 KT&G 주가는 9만 원을 넘어 10만 원대에 도달합니다. 8개월 만에 4만 원이 올랐습니다. 이 때 이미 예전의 담배 수요를 어느 정도 회복했기 때문입니다. 정부가 국민 건강을 위해 담뱃값을 올렸다는 주장은 판매량과 흡연율에서도, 가장 민감한 시장인 증시에서도 거짓임이 확인되는 순간입니다.

이 피디: 무슨 코미디도 아니고 흡연자, 증권시장 투자자들도 이미 정부의 건강 평계가 거짓인 줄 알았는데 정부만 몰랐다는 거예요?

박 피디: 알면서 모르는 척, 순진한 척 했다고 봐야죠. 그런데 담배 소비량이 다시 제자리로 돌아온, 그것도 무척 빨리 원상복귀한 이유가 뭔지 아세요?

이 피디: 이유가 뭔가요?

박 피디: 지인 중에 한 분은 "담뱃값이 처음 올랐을 때는 사흘 정도 끊었다. 너무 화가 나서 나름 객기를 부렸는데 나흘째 되니 도저히 못 참겠더라. 정확히는 모르지만 이때 '담배에 중독성 물질이든 마약이든 많이 들어간 모양이다' 하고 생각했던 기억이 난다. 문제는 이날 담배를 다시 피우기 시작한 이후 날이 갈수록 4,500원이라는 가격에 무뎌졌다"고 말하더라고요.

이 피디: 그분의 마음 충분히 이해합니다. 저도 막걸리 가격을 지금의 1,000원에서 4,000원으로 올린다면 일주일 정도는 금주를 하겠지만, 그 이후에는 화가 나더라도 마시기 시작할 것 같아요. '막걸리 한 통이 주는 기쁨이 얼마나 큰데!' 하고 감탄하면서 현실에 적응하겠죠.

박 피디: 맞아요. 어차피 현실에서 4,000원을 주고 만족감을 느끼게 하는 물건이 얼마나 있겠어요? 가격을 올려봤자 소비자들은 군말 없이 제품을 다시 살 수밖에 없다는 걸 정부도 알고 있었던 겁니다.

"그래도 정부와 대통령이 국민에게 거짓말을 했겠느냐" 하는 순수한 분들을 위해 팩트체크를 해보겠습니다. 앞서 KT&G 주가를 언급한 것도 이와 관련이 있습니다. 만약 정부가 정말 국민 건강을 걱정해서 담뱃세를 올렸다면 정부 관련 기관은 KT&G 주식 투자에 소홀해져야 합니다. 정부가 직접 국민 건강을 챙겨서 담배 수요가 줄면 당연히 KT&G 주가도 떨어집니다. 따라서 정부기관에서는 KT&G 주식을 살 수도 없고, 사도 안 됩니다.

그런데 이게 뭐죠? 2015년 7월 8일 국민연금은 KT&G 지분 1.02%를 추가 매입해 전체 지분율을 7.05%로 확대하면서 직전 최대주주였던 중소기업은행까지 밀어내는 기염을 토했습니다. 이후 KT&G 주가는 담배 판매량 회복과 함께 급상승했고, KT&G의 최대주주로 등극한 국민연금은 석 달 만에 1,000억 원대의 평가차익을 올렸습니다.

물론 결과론적 해석일 수 있지만, 정부는 이미 담배 판매량이 단기간에 회복될 것이란 예상을 했고, 이를 근거로 국민연금의 KT&G 주식 추가매입에 힘을 실어줬을 가능성이 큽니다. 즉, 애초부터 담배를 팔아 얻는 세금을 불리고 국민연금의 투자실적을 올리는 게 목표였을 가능성도 배제할 수 없다는 말이죠.

좀 더 사악한 시나리오를 써볼까요? 만약 가까운 미래에 정부가 담뱃값을 4,500원에서 8,000원으로 올린다고 하죠. 물론 이때도 가격인상 초반 구매실적은 떨어지겠죠. 하지만 3개월 이후 다시 회복세를 보일 겁니다. 그렇다면 국민연금이나 정부 관련 조직에서 이를 미리 알고 담뱃값을 올리기 전에 KT&G 주식을 대거 처분했다가 가격인상 발표 이후 한 달 뒤 다시 주식을 대량 매입하면 또 다시 단기간에 막대한 시세차익을 거둘 수 있습니다.

이 회사 주식을 가지고 있던 순진한 개미들만 속된 말로 '개털'이 됩니다. 만약 애연가이면서 KT&G 주식도 가진 분이 있다면 담뱃값 인상으로 돈 버리고, 흡연으로 몸 버리고, 주가가 급락해 또 돈 버리고… 3단 콤보로 지갑이 털립니다.

국민연금의 투자실적이 좋아지면 당연히 국민이 이익을 봅니다. 따라서 KT&G 지분 추가매입으로 인한 1,000억 원대의 평가차익은 칭찬받을 일일 수 있습니다. 문제는 이런 정부의 행위가 모순이라는 데 있습니다.

정부가 국민 건강을 위해 담뱃세를 올린다고 한 건 그만큼 흡연이 건강에 치명적이기 때문이죠. 특히 폐암과 같은 고치기 힘든 병에 걸릴 가능성이 크고, 그렇다면 수명도 줄어듭니다.

여기서 정말 믿기 힘든, 받아들이기 어려운 불편한 진실을 마주할 수 있습니다. 수명이 줄어들면 국민연금 입장에서는 그만큼 연금을 덜 줘도 됩니다. 즉, 연금 수혜자가 평균수명을 살면 100원을 줘야 하는데, 폐암으로 일찍 사망하면 50원만 주면 된다는 것입니다.

'본인이 죽으면 가족이 연금을 대신 받는 제도도 있다던데?' 하고 기억력을 자랑하는 분들도 있겠죠. 국민연금에는 유족연금이라는 게 있습니다. 국민연금을 수령하고 있던 사람이 사망하면 배우자를 비롯한 가족들에게 지급하는 연금인데, 이게 조건이 만만치 않습니다. 일단 사망한 분이 가족의 생계를 책임지고 있어야 한다는, 즉 유족연금을 받는 1순위자인 배우자가 별 다른 소득이 없어야 합니다.

게다가 수령 금액은 대체로 국민연금 가입 기간에 따라 결정되는데, 통상 가입 기간이 10년 미만인 경우에는 기본연금액의 40%, 10년~20년 사이 50%, 가입 기간이 20년 이상일 경우 60%를 받을 수 있습니다. 폐암으로 일찍 사망하지 않았으면 100%를 받을 수 있는데 배우자는 적게는 40%, 많아야 60%를 수령할 수 있을 뿐입니다.

담배를 피우지 않았다면 2016년 현재 우리나라 평균수명인 81세까지 살 가능성이 상대적으로 큽니다. 81세까지 국민연금을 다달이 타서 생활할 수 있는 거죠. 하지만 하루에 담배를 한 갑 피워서 만약 60세에 사망했다면 개인적으로 21년의 수명을 손해 본 것이고, 21년 치 그러니까 252개월 치 연금을 날린 셈입니다.

유족연금은 어떨까요? 개인의 월급마다 연금은 차이가 있지만,

평균 국민연금 수령액은 월 32만 원대인데, 유족연금 최대치인 60%로 계산하면 19만 2,000원을 받을 수 있습니다.

결국 국민연금 입장에서 흡연자는 죄악세를 내면서까지 담배를 많이 사줘서 KT&G 주가를 끌어올리는 호갱이자 남들보다 일찍 사망해 연금도 덜 가져가는 매우 고마운 고객입니다. 게다가 흡연자는 담배를 사면서 세금도 같이 내기 때문에 성실한 납세자이기도 합니다. 애국자가 따로 없습니다.

담배 소비자는 분노합니다. 그러면 어떤 선택을 해야 할까요?

기름값이 변함없는 이유

미디어에서는 국제유가가 많이 떨어졌다고 하는데, 왜 내가 가는 주유소는 비싼 걸까요? 또 다른 '나'들 역시 비슷한 궁금증을 가지고 있습니다. 어차피 다 대한민국 땅에 있는 주유소이기 때문입니다.

최근 2년간은 초유의 저유가시대였기 때문에 아마 기름값이 비싸다는 생각을 하신 분들이 많지 않을 겁니다. 그런데 유가라는 건 언제든지 급상승했다가 급락할 수 있는 존재인 만큼, 항상 지금과 같을 것이라고 생각해서는 안 됩니다.

2014년 상반기만 해도 국제유가는 배럴당 100달러가 넘었습니다. 그런데 미국에서 셰일오일을 마구 퍼 올리고, OPEC 역시 원유

감산에 합의하지 못해 기름을 마구 뽑아냈습니다. 여기에 신흥 에너지 강국인 러시아까지 물량 공세에 참여합니다.

덕분에 2015년 하반기 무렵에는 배럴당 30달러대로 가격이 뚝 떨어집니다. 불과 1년 반 전 100달러대에서 무려 70%가 빠졌습니다. 이러한 사실을 잘 알고 있는 자동차 운전자들은 주유소 입구의 가격표를 보고 놀랍니다. 국제유가 급락과 별개로 우리가 내야 하는 휘발유 가격은 큰 변화가 없기 때문이죠.

국제유가가 배럴당 100달러였을 때는 휘발유 가격이 리터당 1,800원대였고 30달러대였을 때 휘발유 가격은 리터당 1,300원대였습니다. 원유 가격이 70% 급락했는데 휘발유 가격은 고작 28% 하락하는 데 그쳤습니다. 42%의 가격 하락분은 도대체 어디로 갔을까요?

2017년 5월 말 현재 한국석유공사가 공개한 휘발유 가격은 리터당 1,457원대입니다. 계산의 편의를 위해 리터당 1,500원이라고 하면, 이 가운데 정말 제품과 관련한 금액은 얼마나 될까요? 주유소 마진 10%에 세금 약 20% 정도 해서 70%, 1,050원 정도 될 것이라고 추측하면 합리적이겠죠.

그런데 현실은 정반대입니다. 세금이 70%입니다. 마진, 원유매입가, 정제비용, 수송비, 주유원 인건비, 주유소 임대료 이런 걸 다 포함한 가격은 고작 30%에 불과합니다. 차에 들어가는 기름에 무슨 세금이 이리도 많이 붙는 걸까요?

기름값도 담뱃값과 비슷합니다. 환경을 오염시키기 때문인지 모르겠지만, 정부는 야금야금 죄악세를 걷어가고 있습니다. 휘발유에 부과되는 세금은 부가가치세와 기름에만 따로 매기는 유류세로 이뤄집니다. 부가가치세는 다른 상품과 마찬가지로 판매가의 10%입니다. 따라서 휘발유 가격이 오르면 많아지고 내리면 적어지죠.

이에 반해 유류세는 가격에 따라 세율이 달라지는 종가세 방식이 아니라 양에 따라 정해지는 종량세 방식입니다. 유가가 오르던 내리던 상관없이 휘발유의 중량을 기준으로 정해진다는 겁니다.

종가세를 채택하면 유가 등락에 따라 세금이 들쭉날쭉한다는 단점이 있기 때문에 안정적인 재정 마련을 위해서 불가피하게 종량세 방식을 취한다는 게 정부 측 설명입니다.

늘 그렇듯, 정부와 기업 이야기는 얼핏 들으면 맞는 것 같습니다. 그래서 정부와 기업이 뭔가를 이야기할 때는 주의 깊게 들어야 합니다. 경청해야 합니다. 그래야 나중에 후회하지 않습니다.

유류세는 크게 교통에너지환경세, 교육세, 자동차 주행에 대한 자동차세(주행세)로 구성됩니다. 이 가운데 덩치가 가장 큰 녀석이 교통에너지환경세인데, 현재 휘발유에서 리터당 529원을 가져갑니다. 유류세가 종가세에서 종량세로 바뀐 1996년 이후 20차례 개편됐지만 교통에너지환경세는 이명박 정부 시절인 2009년 5월 이후 현재까지 529원에서 단 1원도 변동이 없습니다. 극단적으로는 휘발유 가격이 리터당 1,000원이 돼도 세금은 무조건 529원을 뜯어간다는

휘발유값 어떻게 구성되나

1500원
유통마진
부가세 10%
교육세 79.35원
주행세 137,54원
교통에너지환경세 529원
공장도가

745,89원+부가세 10%

이야기입니다. 굉장하죠?

이름도 긴 이 세금은 도로·도시철도 등 교통시설 확충과 대중교통 육성을 위한 사업, 에너지와 자원 관련 사업, 환경 보전과 개선을 위한 사업에 필요한 재원을 마련하는 역할을 합니다.

교육세와 주행세도 고정입니다. 각각 교통에너지환경세의 15%인 79.35원, 26%인 137.54원으로 빼도 박도 못 합니다. 그러니까 아무리 유가가 내려도 이 세 가지를 합한 리터당 745.89원의 세금은 불변의 진리인 셈이죠. 여기에 부가세 10%가 더해지면 대략 판매액의 70%가 세금이라는 결론이 나옵니다.

이런 사연 탓에 SK엔크린, GS칼텍스, 에쓰오일 같은 정유사가 휘발유 가격을 내려도 찔끔 내린 주유소 가격에 소비자가 공감하기 어려운 것이죠.

경유는 보통 휘발유보다 200원 정도 쌉니다. 그 이유 역시 세금입니다. 경유는 정부 정책에 따라 좀 더 낮은 유류세가 적용되는데, 교통에너지환경세가 375원, 교육세가 56.25원, 주행세가 97.50원으로 모두 합쳐 528.75원입니다. 220원 정도 낮죠.

이 피디: 종량세가 문제라면 종가세로 바꾸면 되잖아요?

박 피디: 그런데 우리 정부는 허구헌 날 나라의 곳간이 비어 있어서 큰일이라고 하소연하기 때문에 어려울 것으로 보입니다. 게다가 단기적으로는 미국의 트럼프 대통령이 셰일오일을 앞세워 중동 산유국이나 러시아에 물량공세를 펼칠 것이고, 그러면 국제유가는 하락세를 이어갈 가능성이 큽니다. 우리 정부가 세수를 빵빵하게 늘려주는 종량세를 포기할 이유가 없다는 거죠.

이 피디: 혹시 세수가 줄어들지 모르니 계속 국민에게 큰 부담을 지게 한다? 정부가 국민을 위해 있는 건지 국민이 정부를 위해 있는 건지 모르겠네요.

박 피디: 무엇보다 우리 정부가 유류세에 의존하는 정도가 꽤 큽니다. 유류세로만 거둬들이는 세금 규모가 20조~30조 원인데, 이는 전체 세수의 10%가 넘는 금액입니다.

이 피디: 너무 많은데요.

박 피디: 그렇죠. 우리가 다양한 세금을 내고 있는 것을 감안하면 지나친

감이 없지 않죠?

이 피디: 다른 나라들도 비슷하지 않을까요?

세금의 가혹한 굴레

다른 나라도 우리처럼 기름값에서 세금이 차지하는 비중이 클까요? 이웃 일본은 52.9%고, 미국은 이보다 훨씬 낮은 20.9%입니다. 환장할 노릇이죠? 우리나라에서 리터당 1,500원 수준인 휘발유가 미국에서 700원 정도에 팔립니다. 반값이죠.

미국인이나 일본인이 우리보다 더 싼값에 주유를 하는 것도 짜증 나는데, 더 억울한 건 이들 국가와 우리나라의 국민소득 수준 차이가 꽤 크다는 겁니다. 2016년 기준 한국의 1인당 GDP는 2만 7,633달러로 세계 29위입니다. 반면 미국은 5만 7,294달러로 8위이지만 우리나라의 두 배가 넘습니다. 즉, 미국인은 한국인보다 월급이 두 배더 많지만 기름값은 한국인의 절반만 냅니다. 소득을 고려했을 때한국인이 미국인보다 네 배나 비싼 부담을 지는 셈이죠.

못사는 나라 국민이 잘사는 나라 국민보다 더 비싼 비용을 지불하는 건 상식에 어긋나죠. 담배도 그렇고 휘발유도 그렇고 왜 우리 정부는 국민에게 더 가혹한 짐을 지게 할까요? 담배 등 사회에 부정적인 것에만 죄악세를 매기는 다른 나라들과 달리 우리 정부는 왜 휘발유에까지 매길까요?

그런데 이 질문보다는 '그렇다면 우린 이 가혹한 굴레에서 어떻게 벗어날 수 있을까요'라는 문제제기가 훨씬 생산적이고 미래지향적일 듯합니다. 그리고 그 전에 정부가 국민을 어떻게 생각하는지를 알아야 합니다. 잔인하게 여겨질 수 있지만 엄연한 현실입니다. 바로 '쪽수가 많은 곳에 세금을 매겨라. 그래야 우리가 편하다' 정도로 요약되겠습니다. 이게 무슨 의미일까요?

월급쟁이의 세금은 입금이 되기도 전에 미리 뜯깁니다. 대학에 입학원서를 넣을 때는 우표처럼 생긴 인지대를 내야 합니다. 담배나 술을 살 때는 건강이나 교육과 관련한 세금을 내야 하고요. 물론 이 세금은 물건값에 포함돼 있죠. 차를 살 때도 등록세, 채권 등 다양한 세금을 냅니다.

반면 재벌 2세, 3세가 아버지로부터 주식을 물려받을 때 어떤 세금을 내나요? 물론 주식양도와 관련한 명목상의 세금이 있습니다. 하지만 다수의 재벌가에서는 법의 맹점을 교묘하게 파고들어 사실상 적정 수준의 세금을 내지 않고 피해갑니다.

삼성전자 이재용 부회장은 1996년 아버지 이건희 회장으로부터 약 60억 원을 증여받았습니다. 이때 그가 낸 세금은 증여세 12억 원이 전부였습니다. 그런데 증여세를 내고 남은 48억 원이 에버랜드 전환사채 헐값 배정 등을 계기로 2017년 현재 약 10조 원으로 불었습니다. 즉, 10조 원에 대한 세금이 고작 12억 원입니다. 0.01%도

안 되는 비중입니다.

그런데 삼성은 현재 국내법상 아무런 죄가 없습니다. 도덕적 문제가 있을 뿐입니다. 오죽하면 "한국의 국세청은 삼성 덕에 새로운 법을 만들고 알게 된다"는 자조 섞인 비판이 나올까요.

부자들은 세금을 잘 내려고 하지 않고, 세금을 내야 하는 행위 자체를 철저하게 은폐하기 때문에 정부 입장에서는 삥을 뜯기 어려운 강적 중에 강적입니다.

이 피디: 결국 만만한 서민, 빽 없는 중산층만 피 보는 거군요.

박 피디: 그렇죠. 쪽수가 많다는 이유로 항상 정부의 먹잇감이 됩니다. 무엇보다 재벌들처럼 법의 약점을 이용해 사실상의 탈세를 할 수 있는 시간적 여유나 만용도 없잖아요.

이 피디: 그럼 그냥 당하고 살아야 하나요?

박 피디: 그러면 안 되겠죠. 계획을 세워야 해요.

이 피디 : 어떻게요?

박 피디 : 플랜A, 플랜B가 나올 수 있습니다.

이 피디 : 앗, 두 개나요?

먼저 담배와 술에 매기는 세금에는 어떻게 대처해야 할까요? 가장 좋은 방법은 아무래도 금연하고 금주하는 거죠. 하지만 현실적으로 매우 어렵습니다. 따라서 금연, 금주까지는 아니더라도 소비를 천천히 줄여가는 노력을 해야 합니다.

술의 경우 더 현실적인 대안이 있습니다. 소주 한 병만 해도 식당이나 술집에서 마시면 적어도 4,000원입니다. 하지만 대형마트에서 사면 1,000원 남짓이죠. 술을 사서 집에서 먹는 것도 나쁘지 않다는 말입니다. 술친구는 어떻게 하냐고요? 집으로 초대하세요.

기름값은요? 당장 차를 팔아버릴 수는 없는 노릇입니다. 이 역시 소비를 줄여나가는 게 차선책인데, 다행히도 하이브리드카, 전기차가 있습니다. 가격이 비쌀 거라 생각하시겠지만 요즘은 환경을 중요시하는 정부 정책 덕에 각 지방자치단체에서도 보조금이 꽤 나옵니다.

환경부는 전기차 보급을 늘리기 위해 구매보조금 1,400만 원을 지원하고 있으며, 전국 72개 지자체에서도 추가적으로 300만 ~1,200만 원(평균 545만 원)까지 보조해줍니다. 산술적으로 최대 2,600만 원의 지원금을 받을 수 있습니다. 지자체 보조금이 가장 많은 울릉도(1,200만 원) 주민이 기아차 레이EV를 살 경우 900만 원이면 해결됩니다.

여기에 개별소비세(차량가액의 5%), 취득세(차량 가격의 7% 또는 4%) 등 세금감면 혜택도 받을 수 있어 휘발유차를 사는 것보다 오히려 저렴할 때도 있습니다.

하이브리드카는 일정 기준을 충족하면 100만 원의 보조금을 받을 수 있고, 휘발유차와의 가격도 갈수록 비슷해지고 있습니다. 전기차나 하이브리드카를 많이 몰수록 휘발유 구매는 줄어들고 따라서 유류세의 늪에서 빠져나오기도 수월해지겠죠.

박 피디: 여기서 잠깐 삼천포로 빠져볼까요?

이 피디: 혹시 아재개그 하나요?

박 피디: 아재개그는 아니고요. 전기차의 대명사인 미국의 테슬라 차량
은 국내에서는 정부나 지자체의 보조금을 받을 수 없습니다. 위
에서 언급한 1,000만 원대의 할인이 현재로서는 불가능하죠.

이 피디: 이유가 뭔가요?

박 피디: 이유에 앞서, 할리우드 인기 영화 시리즈 〈어벤져스〉에 등장하
는 아이언맨이 테슬라를 설립한 일론 머스크를 오마주하고 있
다는 거 아시죠?

이 피디: 그야 당연하죠.

박 피디: 그래서 저의 노파심이 커집니다. 우리 정부는 전기차 보조금 지
원 요건을 10시간 이내에 완충이 가능해야 한다고 규정하고 있
어요. 그런데 테슬라는 10시간 안에 완충을 할 수 없도록 배터
리가 설계됐습니다.

이 피디: 이유가 있을 것 같은데요.

박 피디: 멀리 달리기 위해 배터리 용량을 최대한 크게 세팅한 것이 충전
시간을 더 늘렸기 때문이죠.

이 피디: 혹시 현대차가 정부에 로비한 것은 아닐까요?

박 피디 : 충분히 의심할 법한 상황이죠.

세금 앞에 당당하게 살기

그럼 담뱃값을 덜 내는 방법은 없을까요? 금주보다 힘든 게 금연이라는데 매우 어려울 겁니다. 하지만 담배의 속성을 어느 정도 파악하고 나면 금연에 도움이 된다고 합니다.

흡연자들이 담배가 몸에 나쁘다는 것을 알면서도 끊지 못하는 건 마약만큼이나 중독성이 강한 니코틴에 중독됐기 때문입니다. 그러니 한 번에 금연을 하기란 사실상 불가능합니다. 담배를 피면서 흡입한 니코틴 가운데 25%가 우리의 혈액 속에 녹아 뇌로 전달되는데, 이때 걸리는 시간이 불과 15초라고 합니다. 이때 흡연자들이 원하는 흡연의 매력, 즉 긴장 완화, 집중력 증가, 스트레스가 풀리는 듯한 느낌 등이 나타납니다.

그런데 아쉽게도 이런 효과는 빠른 속도로 줄어들고 2시간이 지나면 모두 사라집니다. 담배 피우고 돌아선 지 2시간 만에 다시 옥상이나 1층으로 이동하는 이유가 있는 거죠.

따라서 담배를 단박에 끊기보다는 천천히 흡연 횟수를 줄이는 게 현명합니다. 갑자기 금연을 할 경우 오히려 흡연에 대한 욕구가 더 강해진다고 합니다. 하루에 한 갑을 피웠다면 천천히 이틀에 한 갑, 3일에 한 갑으로 니코틴 섭취를 더디게 해야 합니다.

이를 위해서는 주위 사람들에게 금연 프로젝트를 알려야 합니다. '병도 다른 사람에게 알리면 빨리 낫는다'는 말이 있듯이 금연도 마찬가지입니다. 특히 다른 사람 시선을 유독 의식하는 한국인의 경우 효과가 뛰어납니다. 여기서 말한 주위 사람이 딸이나 손자, 손녀라면 성공확률은 더 커집니다.

모바일 시대인 만큼 스마트폰이나 SNS도 적극적으로 이용할 필요가 있습니다. 제 친구 중 한 녀석은 벨소리를 "아빠 담배 피우면 안돼요. 엄마를 과부로 만들지 마세요!"라는 어린 딸의 육성으로 대체하고서 6개월이 지난 현재까지도 금연 중입니다. 이 친구에 따르면 담배를 피우고 싶어도 냄새가 나면 딸이 울기 때문에 그리고 혹시나 자신의 와이프가 정말 과부가 되면 어쩌나 하는 생각에 꾹 참는다고 합니다. 흡연 욕구가 생길 때마다 허벅지를 세게 꼬집는 것도 도움이 된다고 하네요.

페이스북 글이나 사진, 카톡 대화명을 금연과 관련한 것으로 도배를 하는 것도 나쁘지 않습니다. 특히 회사 동료들과 이런 포스팅을 공유하면 아무래도 '담배방'에 갈 때 떼어놓고 갈 가능성이 큽니다. '내가 담배 피우는 걸 목격하면 소고기 그것도 꽃등심을 쏜다'와 같은 약속을 하는 것도 방법입니다.

다시 '세금 폭탄' 본론으로 돌아가 보죠. 지금까지 말씀드린 술과 담배가 우리의 지갑을 털어가고 있는 현실, 이에 따른 대책은 어떻게 보면 미봉책입니다.

근본적인 대책은 따로 있습니다. 다름 아닌 정부의 마인드를 바꾸는 겁니다. '쪽수가 많은 이들에게 세금을 때려라' 따위의 발상 자체가 제국주의 시대의 것이나 다름없습니다. 결국 우리가 뽑는 대통령, 국회의원, 시장, 도지사, 구청장이 누구냐에 따라 월급에서 빠져나가는 세금이 늘어나거나 줄어듭니다. 당연히 우리는 세금을 줄여서 우리 지갑을 빵빵하게 해주는 정치인, 행정 관료를 선택해야겠죠. 물론 기본소득이나 복지 향상에 드는 돈을 국민에게 걷는 것과는 별개의 이야기입니다.

'투표하는 날=쉬는 날=놀러 가는 날'로 생각했던 분들도 적잖이 계실 겁니다. 물론 이분들의 심정도 이해가 됩니다. "그놈이 그놈인데 뭘 뽑아!" 맞습니다. 그 밥에 그 나물이죠. 하지만 우리는 선거에 적극적으로 참여함으로써 '최악의 결과'를 피할 수는 있습니다. 최선이나 차선까지는 아닐지라도 '차악'까지는 우리 힘으로 선택할 수 있다는 겁니다.

우리가 뽑았던 첫 여성 대통령은 결과적으로 최악으로 판가름 났습니다. 첫 대기업 사장 출신 대통령도 마찬가지고요. 투표는 결국 쓸데없는 세금을 줄일 수 있고 꼭 필요한 곳에 세금을 쓰게 하는 그런 힘이 있었습니다.

담배, 술 심지어는 휘발유에까지 알게 모르게 붙어 우리의 지갑을 털어가는 죄악세라는 도둑들을 감옥에 가두는 가장 확실한 방법, 아셨죠?

이번 장에서 잡은 도둑은 이미 유명한 도둑이었습니다. 2015년 담뱃값 인상 이후 수많은 흡연자들을 분노하게 만들었고, 자동차 운전자라면 한 번쯤은 저유가에도 떨어지지 않는 기름값에 궁금증을 가지게 만든 담배ㆍ주유소 도둑, 일명 죄악세 도둑입니다.

2015년 담뱃값을 2,500원에서 4,500원으로 무려 2,000원이나 올리면서 많은 논란이 있었습니다. 국민 건강을 위한 조치라는 정부의 주장과 증세 없는 복지를 주장하던 당시 정부에서 서민들에게 일종의 죄악세로 증세를 하는 것이라는 주장이 맞붙었습니다.

그럼 지금까지 결과는 어떻게 나왔을까요? 정부에서 주장한 국민의 건강을 위한다는 주장을 검증하기 위한 흡연율 추이를 살펴보면 담뱃값 인상 전보다 1.6%포인트 하락한 것으로 나옵니다. 하지만 담배 판매량은 무려 9.3% 늘어났습니다. 더 큰 문제는 성인 남성 흡연율이 여전히 40%에 근접합니다.

세금은 얼마나 더 거두었을까요? 2015년 10조 5,000억 원에서 12조 4,000억 원으로 18.1%나 증가했습니다. 하지만 이렇게 쉽게 거두어들인 죄악세보다 더 화가 났던 것은 KT&G 주가의 불편한 진실이었습니다. 정부의 말대로 정말 흡연율을 떨어뜨리기 위해 담뱃값을 인상했다면 국민연금은 왜 KT&G의 주식 지분율을 확대했을까요? 정부와 국민연금은 처음부터 알고 있지 않았을까요.

담배처럼 쉽게 세금을 거두는 것 중 하나가 주유소에서 기름을 넣을 때마다 내는 세금입니다. 최근 유가는 몇 년 전에 비해 최고 70%가 떨어졌습니다. 하지만 우리가 주유소에서 넣는 기름값은 거의 떨어지지 않았습니다. 그 이유는 기름값의 70%가 세금이고 그것도 종가세가 아니라 종량세이기 때문이라고 설명했습니다. 그래서 우리는 선진국보다 훨씬 비싼 기름값을 내고 있었습니다.

그럼 우리의 주머니를 야금야금 털어가는 이 죄악세 도둑을 어떻게 해야 할까요? 아껴쓰고 줄여 쓰는 것은 차선책입니다. 죄악세 도둑의 정체는 정부입니다. 정부의 조세정책이 죄악세 도둑의 모습으로 나타납니다. 결국 정부의 마인드를 바꾸는 것이 최선책입니다. 선거를 비롯한 모든 수단을 이용해 정부에 압력을 넣어야 합니다.

chapter 10

공포를
조장한다
—
메디컬푸어의 눈물

"걱정을 해서 걱정이 없어지면 걱정이 없겠네." 티베트의 속담입니다. 우리는 일어나지도
않은 일을 걱정하느라 시간과 돈을 쓰고 있죠. 이 말은 우리의 걱정이 누군가에게는 돈이
된다는 이야기이기도 합니다. 공포 뒤에 숨은 누군가가 노리는 것은 과연 무엇일까요?

박 피디: 이 피디님은 실손보험 드셨나요?

이 피디: 실손보험은 기본 아닙니까. 당연히 들었죠. 건강보험만으로는 불안하다는 소리를 많이 들어서….

박 피디: 그럼 실손보험 덕을 자주 보세요? 실손보험 가입자 80%는 보험료 중 일부를 되돌려 받는 환급형보다는 받을 수 없는 보장형입니다. 병원에 자주 갈 일이 없으면 헛돈을 쓰는 셈이죠.

이 피디: 저야 건강하니까 혜택을 보는 일은 거의 없어요. 그러고 보니 다달이 들어가는 5만 원이 아깝긴 하네요. 그래도 보험이라는 게 만약을 대비해서 드는 거 아니겠어요? 게다가 병원에 안 가면 안 가서 좋으니까 굳이 보험 혜택을 못 봐도 기분이 나쁘진 않아요.

박 피디: 어이쿠, 성인군자 났네요. 그러니 공포 마케팅이 판을 치고 있죠.

이 피디: 잘못 이야기한 것 아닌가요? 어떻게 공포가 마케팅이 돼요?

박 피디: 정말 순진하시군요. 공포 마케팅은 거의 모든 분야에서 빠지지 않고 사용되는 기법입니다.

공포 마케팅의 불편한 진실

공포 마케팅은 인간이 본능적으로 느끼는 공포와 불안, 두려움 등의 심리적인 요인들을 마케팅에 유효적절하게 이용하는 기술입니다. 이 때문에 불안 마케팅이라고도 하죠. 해당 상품이나 서비스를 구매하지 않으면 신체적인 위협이나 사회적인 불안정을 겪을 수 있다고 부추기는 것이죠.

한 가지 예를 들어보겠습니다. TV에서 "열 명 중 네 명이 암에 걸립니다. 당신은 대비하셨습니까?"라는 광고가 나옵니다. 이 광고를 보고 많은 생각이 들겠죠. '열 명 중 네 명이면 무려 40%라는 확률인데, 내가 이걸 피해갈 수 있을까'라는 불안이 생기면서 나도 모르게 광고에서 안내하는 전화번호를 누르게 되는 경우가 많습니다. 이 덕분에 대한민국은 실손보험 공화국입니다. 국민 60%가 넘는 3,200만 명이 가입한 그야말로 '국민' 보험입니다.

보통 실손보험은 의무적으로 가입하는 '국민건강보험'을 보조하는 역할로 생각합니다. 실제로 몇 년 전만 해도 실손보험은 건강보험의 틈새를 제법 충실히 메웠습니다. 입원하면 입원비가 나오고, 수술하면 수술비의 상당 부분이 충당됐습니다.

그런데 언제부턴가 실손보험료가 껑충 뛰기 시작합니다. 3,000만 명이 넘는 사람이 가입을 했다면 보험사 입장에서는 막대한 운영수익을 거둘 수 있고, 이에 따라 보험료가 최소한 오르지 않는 정책을 시행할 수도 있습니다.

그런데 현실은 정반대입니다. 매년 20%에 가깝게 보험료가 오르고 있습니다. 단순계산만 해도 5년 전에 가입한 분들은 현재 두 배 이상의 보험료를 내고 있는 셈이죠.

직장 초년생들도 가입할 만큼 인기가 많은 실손보험. 따지고 보면 국민건강보험이 우리의 의료비를 제대로 커버하지 못하기 때문에 탄생한 겁니다. 평균적으로 100원의 의료비가 나오면 건강보험에서 60원을 내줍니다. 즉, 일반 시민은 40%의 부담을 지는 건데, 어떤 병에 걸렸느냐에 따라 40%라는 숫자의 의미가 달라집니다.

보험사는 이 부분을 집중 공략합니다. "요즘은 젊은 사람도 중병에 자주 걸린다", "나이 들면 병원비가 많이 나오는데 실손보험만한 효자가 없다", "MRI, CT 찍는데 최소 50만 원이 드는데 실손보험에 가입하면 10만 원대면 된다" 등 온갖 공포심을 조장합니다. 심지어 요즘은 미세먼지가 심각해서 "폐질환이 언제 닥칠지 모른다"는 공포를 조성해 실손보험 가입을 권하는 분들도 있습니다.

보험사의 이런 주장을 일단 사실이라 생각해보죠. 그런데 보험료가 매년 급등하면 보험료를 계속 내야 할지, 지금이라도 계약을 해지해야 할지 감을 잡기가 쉽지 않습니다.

선택을 내리기 전에 보험료가 왜 매년 20% 가까이 오르는지 살펴보겠습니다. 2015년에 12.2%, 2016년에 19.3%, 그리고 2017년

19.5%나 상승했습니다. 금융 상품이 이렇게 1년마다 비용을 올리는 경우는 매우 이례적입니다. 2018년에는 얼마나 점프할까요?

보험사들의 주장에 따르면 미용주사, 도수치료, MRI 탓에 보험료를 올렸다고 합니다. 실손보험에 자주 적용되는 항목이 약 800개인데, 이 세 가지 때문에 매년 보험료가 급등한다는 거죠.

'MRI는 알겠는데 미용주사, 도수치료가 뭐지?'라고 생각하시는 분들이 많을 텐데요. 미용주사는 말 그대로 얼굴이나 피부가 예뻐지게 하는 주사입니다. 백옥주사와 신데렐라주사가 대표적입니다. 이름도 참 예쁘죠? 각각 피부를 하얗게 하는 화이트닝 효과와 주름을 개선하고 탄력을 높이는 리프팅 효과가 있다고 합니다.

그런데 실손보험은 치료를 목적으로 하는 상품이지 미용이 목적인 상품이 아닙니다. 매우 수상하죠? 이때 병원과 환자의 암묵적인 이해관계가 형성됩니다. 즉, 환자라고 할 수 없는 환자가 미용주사를 요청하면 병원 측은 가벼운 병을 만들어서 허위진단서를 발급하는 거죠.

허위진단서라는 것도 100% 허위라고 보기 힘듭니다. "갑자기 어지러우시죠?", "배가 갑자기 아프다고요? 장염인 듯합니다"라고 하면 그만이기 때문이죠. 다수의 병원에서는 이런 방식으로 매출을 올리고 있고, 미용주사를 저렴하게 맞으려는 '나이롱' 환자들도 패거리를 형성해 '의료 쇼핑'을 하고 있습니다. 너무 자주 맞으면 보험사에서 눈치챌 수 있기 때문에 횟수를 적절히 조절하는 노하우도 있다고 합니다.

천차만별 도수치료

도수치료는 전문 의료진이 하는 일종의 마사지라고 보시면 됩니다. 약물이나 수술에 의존하지 않고 의료진이 손으로 관절과 근육에 물리적 자극을 주는 방식입니다. 주로 목이나 허리 디스크가 있는 환자를 대상으로 하는데, 문제는 누가 도수치료를 하느냐에 따라 비용이 천차만별이라는 점입니다.

베테랑이냐 초보냐에 따라서, 강남권이냐 강북권이냐에 따라서 치료비가 많게는 세 배나 차이 납니다. 강남권의 경우 회당 15만 원, 강북은 5만 원대인 곳도 적지 않습니다.

무엇보다 1회 치료로는 효과가 없으니 10회짜리 패키지를 권하는 호객 행위가 도를 넘었다는 지적입니다. 사람에 따라서는 효과가 없다고 느낄 수도 있는데 환불을 요구하면 헬스클럽이나 인터넷강의에서 경험했듯이 "됐거든" 식의 반응이 돌아옵니다.

도수치료비용이 전체적으로 늘었다는 건 효과가 나쁘지 않다는 의미겠죠. 하지만 이처럼 지역별로, 의료인별로 가격차가 심하다면 거품이 낄 가능성이 농후합니다. 게다가 실손보험에서 그동안 이를 치료 목적의 의료행위로 인정을 해왔기 때문에 가입자 입장에서는 비용도 줄일 수 있었습니다.

또 도수치료를 미용주사처럼 치료가 아닌 다른 목적으로 이용하는 사람이 적지 않습니다. 바로 마사지 유사행위로 인식하는 거죠.

태국 정통 마사지를 받으려면 최소 5만 원은 줘야 하는데 도수치료는 실손보험에서 돈을 내주니까 '안 받는 사람만 손해'라는 생각을 하게 됩니다. 누군가의 비용이 줄었다는 건 누군가의 보험료가 올랐다는 거죠. 요즘은 어깨나 골반 통증이 있는 분들도 도수치료를 받는 경우가 많아 실손보험 청구료는 더 늘어날 수밖에 없습니다.

MRI 과잉 진료도 문제입니다. MRI는 한 번 찍을 때마다 비용이 50만 원 내외입니다. 꽤 비싸죠? 그런데 실손보험 가입자는 이 비용에서 20만 원을 줄일 수 있습니다. MRI 역시 치료 목적으로 촬영할 때 혜택을 볼 수 있기 때문에 병원 측에서 입원을 한 것처럼 꾸며줍니다. 그러면 입원해서 드는 각종 비용을 보험금으로 청구할 수 있고, 이 돈을 MRI 찍을 때 쓰는 거죠.

정리하면 미용주사, 도수치료, MRI를 저렴하게 이용하는 사람들이 많고, 이들 탓에 실손보험료가 급등한다는 겁니다. 가입자 10%가 전체 보험료 60%를 축내는 게 현실입니다. 이 책을 보고 있는 분들을 비롯해 다수의 실손보험 가입자는 다달이 보험료를 꼬박꼬박 잘 내면서 병원 가는 일도 거의 없고, 아파도 시간이 없어서 못 가는데 말이죠.

심지어 실손보험이 없으면 진료를 거부하는 곳도 있다는군요. 병원에 가면 병원 측에서 먼저 "실손보험 드셨어요?"라고 묻는 이유, 이제 아셨죠?

이 피디: 아파도 시간이 없어서 병원 못 간다는 데 한 표! 보험이라는 게 참 무서워요.

박 피디: 막상 혜택을 보지도 못하면서 돈만 축내는데도 이체되는 실손 보험료 액수가 작다보니 심각성을 깨닫지 못하기 때문이죠.

이 피디: 그런데 요즘은 보험사에서도 낸 돈의 일부를 돌려받을 수 있는 상품을 내놓고 있지 않나요?

박 피디: 맞아요. 하지만 보험사는 절대 손해 보는 짓을 하지 않습니다. 돌려받는다는 것 자체에 의미를 둘 뿐, 영양가는 거의 없다고 봐야 합니다.

이 피디: 그래도 언제 무슨 일이 생길지 모르는데 실손보험 하나쯤은 있어야 하지 않나요?

박 피디: 이 피디님은 죽을 때를 대비해 관을 미리 짜두는 사람 보셨나요?

이 피디: 글쎄요. 제 주위에는 없는 것 같은데요. 그런데 왜 갑자기 관을….

박 피디: 실손보험 상품 자체가 관 같지 않나요? 물론 사람은 누구나 죽기 때문에 결국 관에 들어가겠지만 그렇다고 관을 죽기 전부터 미리 짤 필요는 없잖아요. 언젠가 다칠 수도 있고 수술을 할 수도 있지만 미래에 대한 막연한 두려움과 공포 때문에 매달 돈을 쓴다는 건 비이성적인 행동 아닐까요?

이 피디: 맞는 말 같기는 한데, 뭔가 오버인 듯하기도 하고…. 어쨌건 40대의 경우 실손보험료가 1만 원대에서 5만 원대 이하라 술값 조금

아낀다고 생각하면 큰 부담은 없잖아요.

박 피디: 사실 더 큰 문제는 실손보험이 필요한 분들이 정말 급할 때는 도움을 받기 어렵다는 점입니다.

갱신 시 보험료는 인상될 수 있습니다

보험 광고에서 '40세 기준 1만 5,000원' 등의 문구를 보셨을 겁니다. 월 1만 5,000원이면 아주 싼 것 같습니다. 그런데 광고 마지막에 나오는 이 문구가 핵심입니다. '갱신 시 보험료는 인상될 수 있습니다.' 사실 가장 중요하지만 그 누구도 크게 신경 쓰지 않는 부분입니다. '인상될 수 있다'는 표현은 인상이 되지 않을 수도 있다는 전제를 포함하지만, 현실에서는 동결은커녕 인상이 대부분입니다.

40세가 월 1만 5,000원을 낼 때, 80세는 60만 원을 내야 합니다. 당연히 월 기준입니다. 연간 보험료를 한꺼번에 낸다는 뜻이 아닙니다. 40세면 중년이라고 하기에는 젊고 건강한 나이라 할 수 있죠. 반면 80세는 의학적으로도 다양한 질환에 걸릴 가능성이 매우 큽니다. 보험사가 봤을 때 가장 돈이 안 되는 고객입니다. 그렇기 때문에 높은 보험료를 물려서 손해를 만회하는 것이죠.

문제는 대한민국에서 80세 이상 어르신들 중에 월 60만 원을 보험료로 쉽게 낼 수 있는 분이 많지 않다는 겁니다. 실손보험 가입자

실손보험 인상률		
나이	갱신 회차	금액 (원)
40	가입 시점 기준	15,000
43	1	19,950
46	2	26,534
49	3	35,290
52	4	46,935
55	5	62,424
58	6	83,024
61	7	110,421
64	8	146,860
67	9	195,324
70	10	259,781
73	11	345,509
76	12	459,527
79	13	611,171
82	14	812,857

를 보면 50대 이상 비중이 상대적으로 큽니다. 그런데 재벌이나 건물주가 아닌 평범한 사람의 경우 50대부터 소득이 줄기 시작합니다.

보통 살림살이가 어려울 때 가장 먼저 없애는 게 보험인데, 당연히 실손보험이 해약 대상 우선순위에 오를 수밖에 없습니다. 아플 때 요긴하게 쓰려고 가입했던 실손보험, 정작 필요할 때는 돈이 없어서 계약을 유지하지 못하는 어처구니없는 상황입니다.

만약 20대 후반에 입사해서 실손보험에 가입했다가 자신의 의지와 관계없이 정년퇴직을 40대 후반에 했다면, 특히 20년 동안 몸과 마음을 바쳐 회사에 충성을 다했다면 실손보험을 써먹기도 힘들었을 겁니다. 그런데 앞으로는 월 20만 원에 가까운 실손보험료를 내기가 부담스러워 계약을 해지합니다. 결국 20년간 남 좋은 일을 한 것이고 정작 나에게 도움이 되는 일은 하지 못한 겁니다.

차라리 월 5만 원의 보험료를 저축했다면 어떻게 됐을까요? 원금만 따져도 연 60만 원, 20년 1,200만 원입니다. 복리이자를 친다면 원리금은 1,500만 원 이상으로 불어납니다. 여러분이 큰 의미 없이, 남들이 드니까, 친한 친구가 권해서 납부했던 1,500만 원이 내 통장에 들어 있다고 생각해보세요.

문제는 또 있습니다. 병원에 갈 일에 대비해서 가입한 건데 어찌된 일인지 병원에 갔는데도 보험료를 주지 않는 경우입니다. 이른바 희귀병이라는 이유로 보험료 지급 대상에서 빠지는 거죠.
대표적인 병이 폐결절입니다. 폐에 3cm 미만의 종양보다 작은 덩어리가 생기는 건데, 수술비와 입원비를 포함하면 대략 500만 원이 나옵니다. 하지만 희귀하다는 핑계로 보험사에서 지급을 거절하는 경우가 다반사입니다.

이 피디: 실손보험의 불편한 진실이 이렇게 심각하고 다양할 줄 몰랐습니다. 그러면 암보험도 그런가요? 우리나라 국민 세 명 중 한 명 꼴로 암에 걸린다고 해서 저도 얼마 전에 가입했거든요.

박 피디: 그런 우려 충분히 공감합니다. 최근 국립암센터 조사 결과에 따르면 해마다 암 발병 환자 절대숫자가 증가하고 있습니다. 우리나라 국민이 평균수명까지 살 경우 암에 걸릴 확률은 30%에 이르고, 남자 다섯 명 중 두 명, 여자 세 명 중 한 명꼴로 암에 걸립니다.

이 피디: 남자는 40%네요. 이 정도 수치면 매우 높은 편 아닌가요?

박 피디: 그런데 연령별로 살펴보면 전혀 다른 결과가 나옵니다. 인구 10만 명당 0세~14세는 13.3명, 15세~34세는 76.9명, 35세~64세는 515.8명, 65세 이상은 1,578.5명이 발생했습니다. 직장생활 3년차 내외의 30대 초반이라고 하면 암에 걸릴 가능성은 매우 낮습니다. 0.0008%이니까요. 즉, 65세 이상 연령에서부터 암 발병률이 급증합니다.

이 피디: 평균수명까지 살 경우의 암 발병률과 연령별 암 발병률을 비교하니 너무 큰 차이가 나네요.

박 피디: 젊었을 때는 암보험에 들지 않는 게 오히려 좋죠.

이 피디: 하지만 이렇게 낮은 확률이라도 암에 걸린 당사자 입장에서는 100% 확률 아닙니까. 그게 무서워서 보험에 드는 거고….

박 피디: 정확한 지적입니다. 매우 낮은 확률임에도 그 확률이 나에게 적용되면 100%이기 때문에 공포가 생기는 거죠. 그래서 보험사들이 공포를 먹고산다는 겁니다. 이렇다보니 40대 이상 국민의 암보험 가입률은 50%를 넘습니다.

'암에 걸리면 집 팔아야 한다'는 말이 있습니다. 그만큼 암 수술비, 치료비가 많이 든다는 뜻이죠. 국립암센터의 최근 발표자료에 따르면 간암 치료비가 6,622만 원입니다. 요즘 부쩍 발병률이 높아진 췌장암은 6,371만 원, 폐암은 4,857만 원입니다. 일반 서민 입장에서는 정말 큰돈이죠. 65세 전에는 암에 걸릴 확률이 1%도 안 된다고 이성적으로 생각하기에는 만약 걸렸을 때의 엄청난 비용이 주는 공포가 더 크다고 볼 수 있습니다.

그렇다면 암보험에 가입한 분들은 이 보험의 혜택을 어렵지 않게 볼 수 있을까요? 보험료를 제대로 받으려면 암에 걸리는 타이밍도 중요합니다. 얼핏 보면 반인륜적 표현이지만 이렇게 쓰는 데는 이유가 있습니다.

대부분의 암보험은 가입한 뒤 90일이 지나야 보장을 받을 수 있습니다. 즉, 보험에 가입하고 나서 두 달이나 한 달 만에 암이 생기면 아무 소용이 없다는 거죠. 게다가 90일 뒤에 발병이 돼도 최소 2년 동안은 가입금액의 50%만 보장됩니다. 보험 가입 25개월이 지나야 보험계약서에 적힌 보장금액을 받을 수 있다는 이야기입니다.

65세 이후부터 암 발병이 늘어나는 것을 감안해 보험 가입을 늦춘 분들의 경우 이런 점을 알고 계셔야 합니다. 65세에 2,000만 원짜리 상품에 가입했다가 67세가 되기 전에 발병이 되면 1,000만 원만 받을 수 있습니다. 65세 기준으로 암보험 월 납입료는 보통 10만 원에 육박합니다.

떡장수 여인이 산고개를 넘을 때마다 "떡 하나 주면 안 잡아먹지!" 했던 호랑이가 또 등장합니다. 암 발병확률, 확률을 뛰어넘는 비이성적 공포, 가입 시기와 암 발병 시기의 미스매치, 부담스러운 보험료의 고개를 넘고 나면 가장 힘든 고개가 나타납니다. 암이 생겼는데도 보험금을 제대로 받을 수 없는 경우입니다. 다음 사례를 보죠.

2010년 9월 김 모 씨는 난소에 종양이 생겨 제거 수술을 받았습니다. 담당의사는 "난소에 악성종양이 생겼다"며 암 확진 판정을 내렸죠. 김 씨는 2004년에 가입했던 암보험에서 보험금을 타내기 위해 보험사에 진단금 6,000만 원을 청구했습니다. 하지만 보험사는 암의 정의에 해당하지 않는 '경계성종양(소액암)'에 해당한다는 이유로 암보험금의 10분의 1인 600만 원만 줬습니다.

이게 무슨 해괴망측한 일일까요? 사정은 이렇습니다. 보험 가입 당시에는 경계성종양, 즉 소액암도 엄연히 암으로 분류됐지만 암 진단을 받았을 때는 이 소액암이 일반암에 포함되지 않았던 겁니다. 쉽게 말해 가입했을 때와 진단을 받았을 때 암의 정의와 기준이 달랐던 것이죠.

2008년부터 암 종류가 세분화되면서 상피내암, 제자리암 등이 소액암으로 구분됐고, 이 경우에는 일반 암보험금의 10분의 1 수준만 받을 수 있습니다. 갑상선암도 비슷한 경우죠.

더 억울한 케이스를 소개합니다. 백혈병 환자들이 자주 겪는 일인데, 백혈병은 혈액암입니다. 백혈병을 고치기 위해 수술을 했는데, 보험사는 이 수술 자체를 수술이 아니라고 우깁니다. 역시나 해괴망측하죠?

혈액암은 위암, 간암과는 달리 장기의 적출이나 적제, 즉 자르고 봉합하는 방식을 거의 쓰지 않습니다. 정맥에 관을 삽입해 항암제를 투여하는 방식이 일반적입니다. 그래야 정상 세포가 항암제에 훼손되는 경우를 줄일 수 있습니다.

문제는 암보험 약관입니다. 신체의 절단이나 장기의 적출과 같은 외과적인 수술만 수술로 인정한다는 것이죠. 정맥에 관을 삽입해 항암제를 투여하는 건 수술이 아니라는 입장입니다.

더 큰 문제는 환자와 보험사가 법정공방을 하면 대부분 환자가 진다는 겁니다. '약관에 쓰여 있는데 뭘 따지냐'며 판사들도 보험사의 손을 들어줍니다. 약관 자체가 불공정하다는 것에는 큰 관심이 없는 듯합니다.

한국소비자원은 최근 3년간 접수된 암보험 피해 200여 건을 분석한 결과, 전체의 92%가 보험금 지급 문제였다고 밝혔습니다. 암보험 대부분이 약관상 치료비 지급 기준을 명확하게 규정하지 않아 생긴 것이라고 합니다. 소비자원에 피해를 접수한 분들은 아마도 전체 비중으로 따졌을 때 극소수일 겁니다. 암에 울고 암보험에 뒤통수 맞은 환자와 보호자들!

이 피디: 보험 상품은 사고를 대비해서 드는 든든한 백 아닙니까? 그런데 이렇게 막상 사고를 당하면 도움은커녕 실망만 안기니 원….

박 피디: 보험 상품을 누가 만들어서 파는지 잊으셨나요? 삼성화재, 동부화재, LIG손해보험, 메리츠화재, KB손해보험…

이 피디 : 아, 국내 재벌 계열사이거나 글로벌 브랜드군요.

박 피디: 맞아요. 정부나 시민단체에서 파는 게 아니에요. 당연히 돈을 좇을 수밖에 없고, 돈을 좇다보니 돈이 나가야 하는 상황을 최소화할 수밖에 없죠. 즉, 보험 소비자에게 돈을 지급하지 않으려고 안간힘을 쓴다는 이야기입니다.

이 피디: 그럼 차라리 보험에 들지 말고 보험료를 낸다는 생각으로 다달이 적금을 넣는 게 낫겠어요. 보험금 받아먹을 때는 아무 소리 없다가 보험금 달라고 하니까 약관, 법 운운하며 미꾸라지처럼 빠져나가잖아요.

박 피디: 약관을 유심히 살피고 자신에게 맞는 상품을 제대로 확인해서 가입하면 보험 상품이 그렇게 사악하지만은 않을 겁니다. 다만 약관을 꼼꼼히 살핀다든지, 법과 환경이 어떻게 바뀔지 예측하는 등의 문제는 일반인에게 어려운 일이라는 거죠.

이 피디: 이래서 '메디컬푸어'라는 말이 유행이죠. 병원비, 약값 쓰느라 거지가 된다는….

박 피디: 지금까진 민간보험 이야기만 했는데, 메디컬푸어 현상을 가속화하는 게 또 있습니다. 바로 국민건강보험입니다.

이 피디: 건강보험은 그나마 우리나라가 좋은 편이라고 하잖아요? 4대

중증질환인 암, 심·뇌혈관질환, 희귀난치질환, 중증화상의 경우 총 비용의 5%만 본인이 부담하는데… 또 무슨 꿍꿍이가 있는 거죠?

95% 커버율의 불편한 진실

암에 걸려서 수술비, 입원비 다해서 5,000만 원 나왔다고 해보죠. 그러면 대한민국 건강보험 가입자는 5%인 250만 원만 내면 됩니다. 본인부담률이 낮은 게 사실이죠. 그런데 매우 매력적으로 보이는 5%라는 숫자 탓에 또 다른 문제가 생깁니다. 이른바 '5%의 함정'입니다.

국가가 95%의 비용을 책임진다는 말 그 이면에 있는 불편한 진실이 있습니다. 거의 대부분의 비용을 국가가 감당해야 하기 때문에 수술이나 치료의 질이 상대적으로 떨어질 가능성이 크다는 겁니다. 이게 무슨 소리일까요?

폐암에 걸린 환자가 있습니다. 불행히도 이 사람은 말기 환자입니다. 몇 년 전만 해도 말기 암의 경우 수술이 필요 없을 정도로 생존 가능성이 희박했습니다. 그런데 요즘은 효과가 매우 뛰어난 신약들이 개발되면서 말기 암환자더라도 치료 성과가 두드러지게 개선되고 있습니다.

문제는 약값입니다. 새로 나온 약인데다 말기 암까지 고칠 정도로 효과가 좋다보니 비쌀 수밖에 없습니다. 폐암 말기에 쓰이는 신약만 해도 한 달 4회 투여 기준 500만 원이라고 합니다. 그런데 이 약은 건강보험 급여 대상에서 제외됩니다. 95%를 책임지다보니 500만 원짜리 약값을 대신 내줄 여유가 없기 때문입니다.

참고로 OECD 국가의 항암 신약 보장성 보험율은 평균 69%이지만 우리나라는 29%로 매우 낮습니다. '95% 커버율' 뒤에 숨은 불편한 진실이죠. 결국 월 500만 원의 비용은 환자와 보호자가 고스란히 감당해야 합니다. 1년이면 6,000만 원입니다.

물론 말기가 아닌 1, 2기 환자의 경우 건강보험 급여 대상인 약만 써도 치료 효과가 예전에 비해 나아졌습니다. 그런데 여기서 정부와 환자, 건강한 사람과 암에 걸린 사람 간의 도덕적 딜레마가 생깁니다. '95%를 대신 내주는데, 5%만큼은 개인이 알아서 하라'는 정부와 '5%도 5% 나름이다. 5%에 해당하는 비용이 95%를 넘는다면 문제가 심각한 것 아니냐'는 환자의 주장입니다.

또 '나는 물론이고 내 주위를 둘러봐도 월급에서 꼬박꼬박 건강보험료를 뜯기기만 했지 큰 도움을 받은 적 없는데 왜 아픈 사람들은 내 돈을 흥청망청 쓰냐'는 건강한 사람과 '누구는 아프고 싶어서 아프냐. 건강보험제도 자체가 공익의 성격을 가진 건데 고가 신약도 급여 대상에 포함시키자'는 암환자의 주장입니다.

여러분은 어떤 입장이세요? 한쪽의 손을 들어주기가 쉽지 않을 겁니다. 무엇보다 미세먼지 농도는 해가 갈수록 짙어지고, 일하면서 받는 스트레스 강도도 나날이 높아지고, 채식을 하기는 갈수록 어려워지고… 우리 역시 암에 걸릴 가능성이 작지 않습니다. 언제 어디서 고가의 항암제가 필요할지 모르죠.

여기서 잠깐! 항암제와 비교할 수는 없지만 타미플루도 비슷합니다. 타미플루는 신종플루 같은 A형 독감을 고치는 데 독보적인 약이죠. 그런데 이 약을 우리는 100% 자비로 먹고 있습니다. 5일분(1일 2회 기준)에 2만 8,060원으로 다른 약에 비해 비싸죠. 이유는 같습니다. 일반인의 경우 타미플루 처방이 건강보험에 적용되지 않기 때문이죠.

불행 중 다행으로 고위험군 환자인 9세 이하의 소아와 65세 이상 고령층, 산모에게는 건강보험이 적용됩니다. 하지만 A형 독감은 청소년이나 성인도 쉽게 걸리는 질병입니다. 일반 독감보다 전염성이 강해 회사와 같이 집단생활을 하는 곳에서는 빠르게 전염됩니다.

매년 A형 독감으로 신음하는 곳이 바로 우리나라입니다. 타미플루 제조사인 글로벌 제약업체 로슈는 국내에서 연간 300억 원을 쓸어 담고 있습니다.

메디컬푸어의 눈물

다시 건강보험 이야기로 돌아가겠습니다. 95%마저 커버하지 못

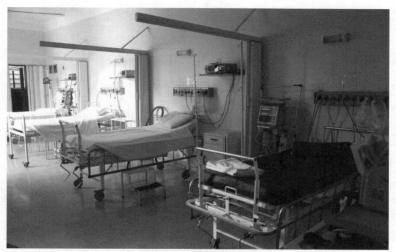

6인실과 달리 1, 2인실은 건강보험이 커버해주지 못한다.(출처: pixabay)

하는 3대 비급여 항목이 있습니다. 상급병실료, 선택진료비, 간병인 비용입니다.

상급병실료는 건강보험이 적용되는 6인실과 달리 스스로 부담해야 하는 1, 2인실을 쓸 때 내는 돈이죠. 병원마다 차이가 매우 크지만, 우리가 흔히 말하는 대형병원, 즉 세브란스나 아산병원의 경우 1인실이 45만 원, 2인실이 24만 원 정도입니다. 4대 중증질환이라면 아무래도 병원에 오래 있어야 하는데, 한 달만 지낸다고 해도 각각 1,200만 원, 700만 원이 듭니다.

이처럼 1, 2인실이 워낙 비싸 다들 6인실, 4인실을 쓰려다보니 빈자리가 없습니다. 결국 나중에 들어온 환자는 한동안 어쩔 수 없이 1, 2인실을 써야 합니다. 그런데 이 비용을 건강보험에서는 내주지 않는다는 겁니다.

선택진료는 쉽게 말해 좀 더 나은 의사에게 수술을 받는 겁니다. 베테랑일수록 수술도 잘할 것이란 환자의 상식적인 믿음 때문이죠. 병원 역시 이런 상식에 적극 부합하기 위해 경험이 많은 의사에게 수술을 맡기기 원할 경우 더 많은 돈을 내게 합니다.

그런데 베테랑과 그렇지 않은 의사를 선택할 때 사실상 옵션이 없다는 게 허무합니다. 저도 아버지가 큰 수술을 하셔서 이런 상황을 비교적 잘 알고 있는데, 후보 다섯 명 가운데 세네 명은 이른바 대학병원의 교수이면서 과장급입니다. 병원의 과장은 일반 회사의 과장과는 다르죠? 나머지 한두 명은 이제 막 전문의 자격을 갖춘 새내기입니다. 사실상 선택의 여지가 없죠. 그나마 이런 있으나 마나 한 옵션이 이론상 존재한다는 걸 알려주는 병원도 드뭅니다.

간병인은 말 그대로 가족을 대신해 환자를 보호하는 분이죠. 서비스 형태에 따라 역시 가격이 천차만별인데, 중증환자의 경우 한 달에 최소 200만 원이 듭니다. 24시간 내내 환자를 돌봐야 하는 특성상 어쩔 수 없죠. 이 비용 역시 건강보험과는 아무런 상관이 없습니다.

실제 암환자가 수술을 받으면 고가의 신약을 쓰지 않아도 2년 정도 경과를 두었을 때 3,000만 원 내외의 비용이 듭니다. 물론 선택진료를 선택할 수밖에 없는 현실을 반영한 것이죠. 그런데 여기에 상급병실료, 간병인비용, 말기에 드는 고가 신약비까지 더할 경우 메디컬푸어로 전락하지 않는 게 오히려 신기한 일이죠.

이 피디: 하우스푸어, 에듀푸어 등 다양한 푸어가 있지만 메디컬푸어는 어쩌면 생의 마지막에서 겪는 절망이기에 더 비극인 것 같습니다.

박 피디: 그렇죠. 게다가 집을 팔아서 치료를 했는데 치료 결과나 성과와는 별개로 가족 구성원들의 생활 수준이 열악해집니다. 가족 간의 갈등도 심해지고요. 원해서 암에 걸리는 사람은 없습니다. 가족의 비극을 원하는 사람도 없을 겁니다.

이 피디: 대책이 있을까요? 95% 보장이라는 건강보험의 허울을 잘 알기에 실손보험이나 암보험에 이처럼 열심히 들었는데, 이들 민간보험 역시도 결정적인 순간에는 힘이 되지 못하잖아요.

박 피디: 그래도 국민건강보험이 희망이라는 말씀을 드릴 수 있을 듯합니다. '미워도 다시 한 번'이라고나 할까요?

이 피디: 그게 무슨 뜻이죠? 정부가 시행하는 건강보험도 메디컬푸어를 막기는 버겁다고 하셨잖아요.

박 피디: 건강보험을 더 완벽하고 꼼꼼하게 설계하면 민간보험 의존도는 물론이고 비급여 항목도 줄일 수 있습니다. 실행은 되지 않았지만, 박근혜 전 대통령이 대선 후보 시절 내건 공약 중에 하

나가 '4대 중증질환의 경우 3대 비급여 항목을 급여 항목으로 바꾸겠다'였습니다. 4년 만에 탄핵을 당해서였는지 아니면 처음부터 거짓말을 한 건지는 모르지만, 이 공약이 표심을 적잖이 흔든 건 사실입니다.

이 피디: 그렇다면 문재인 정부에서 충분히 이런 논의를 할 수 있겠군요. 95%라는 숫자에 치중할 게 아니라 병원이나 약국에 가야할 때 실질적인 도움이 되는 정책으로 업그레이드해야겠네요.

박 피디: 내 월급을 '조금만' 손대는 그런 건강보험 시스템을 구축하는 거죠.

건강보험 보장률은 우리 국민의 진료비 가운데 건강보험에서 부담하는 수준을 말합니다. 현재 약 63%인데, OECD 가입국만 해도 평균 80% 수준입니다. 즉, 4대 중증질환에서 보장하는 95%라는 수치는 63%에 포함된 일부분이었던 것이죠. 쉽게 말해 말기암 신약, 타미플루 같은 약은 물론이고 상급병실료, 간병인비도 건강보험에서 부담하는 방향으로 가야 한다는 겁니다.

우리나라 입원 보장률은 60% 수준입니다. 입원해서 드는 돈이 100만 원이면 40만 원을 개인이 부담해야 한다는 거죠. 반면 유럽 선진국의 경우 개인이 내는 돈은 10만 원이 채 되지 않습니다. 스웨덴(98%), 네덜란드(98.7%) 같이 복지가 발달한 나라는 물론이고 프랑스(93%), 일본(90.5%)도 보장률이 높습니다.

게다가 다수의 선진국에서는 연간 본인부담상한제를 시행 중입니다. 입원 보장률 자체도 월등히 높지만 그럼에도 개인적으로 드는 비용이 클 경우 상한금액을 정한 겁니다. 스웨덴은 진료비가 연간 우리 돈으로 약 15만 원이 넘으면 초과분 전액을 대신 내줍니다. 독일은 소득의 2% 이상을 병원비로 쓰지 않도록 도와줍니다.

이들 국가는 왜 국민을 위해 이중 방어막을 칠까요? 돈이 없어서 병원에 가지 못하는, 아픈데 돈이 없어서 죽는 이런 비극을 원천봉쇄하기 위해서입니다.

그렇다면 우리나라도 이들처럼 건강보험 보장률을 늘릴 수 있을까요? 당연히 가능합니다. 현재 우리나라 건강보험 곳간에는 20조 원이 있습니다. 국민이 낸 건강보험료에서 국민이 사용한 급여 항목을 뺀 흑자 재원이 20조 원이라는 뜻입니다.

물론 이 돈만으로는 부족하죠. 건강보험료를 점진적으로 인상해야 합니다. "지금도 건강보험료 내느라 허리가 휘청하는데!"라고 화를 내실 수 있지만, 건강보험료 조금 더 내고 실손보험, 암보험, 간병인보험과 같은 민간보험에 들지 않는 게 훨씬 이익입니다.

지금도 가구당 월 30만 원에 육박하는 돈을 민간보험에 쓰고 있습니다. 다는 아니더라도 이 돈의 절반만 건강보험 인상분으로 돌려도 충분히 전 국민이 마음 놓고 병을 치료할 수 있습니다.

그렇다면 건강보험 보장률을 누가, 어떻게 높일 수 있을까요? 대통령이 할까요? 국회의원이 할까요? 제일 먼저 우리가 해야 합니

다. 건강보험 보장률을 높여달라고 꾸준히 요구해야 합니다. 소리쳐
야 합니다.

가장 중요한 건 이런 국민의 목소리에 귀를 기울이는 대통령, 국
회의원을 뽑는 일입니다. 다행히 문재인 정부는 대선 공약이었던 실
손보험료 인하를 실행하기 위해 차근차근 움직이고 있습니다.

저도 그렇고, 지금 보고 계신 책도 그렇고 특정 정파나 정치인을
옹호하지는 않습니다. 하지만 객관적인 자료를 소개할 수는 있습니
다. 현재의 건강보험 보장률은 선진국에 비해 매우 낮다고 말씀드렸
습니다. 그런데 이마저도 노무현 대통령 시절 65%대로 높아진 겁니
다. 그 전에는 50%대였습니다.

그런데 이명박 정부가 들어서자 보장률이 매년 줄더니 말기에
62.5%를 기록했고 박근혜 정부에서도 이와 비슷한 63.2%를 기록했
습니다. 이명박-박근혜 정부에서 민간보험 상품이 쏟아져나온 게
우연일까요? 병원의 영리법인 운영, 즉 의료민영화가 이슈로 부상
한 것은요?

메디컬푸어가 되지 않기 위해서는 건강할 때 건강을 지키는 습관
을 들이는 게 중요합니다. 하지만 누군들 건강을 지키는 습관을 등
지고 싶겠습니까. 이 사회가, 이 조직이 우리 건강을 해치고 있는
데 말이죠.

결국 우리는 모두가 피해자가 될 수 있다는, 환자가 될 수 있다는
가정 하에 올바른 지도자를 선택하고 꾸준히 간섭을 해야 합니다.

대기업들이 쳐놓은 공포 마케팅에 빠져 절망하는 대신 정치인들이, 공무원들이 건강보험을 현실에 맞게 고치고 발전시키는지를 징그러울 정도로 간섭해야 합니다.

이번에 우리가 살펴본 도둑은 메디컬푸어 도둑입니다. 이 도둑은 우리가 가장 무서워하는 도둑입니다. 우리는 다치거나 병들었을 때를 대비하여 보험에 가입합니다. 하지만 보험이 정말 우리의 재산을 보호하는지 아니면 우리의 재산을 빼앗는지는 의문입니다. 우리나라 보험제도에는 어떤 문제점이 있는지 이번 장에서 복잡하지만 다양한 각도에서 살펴봤습니다.

우리는 먼저 최근 유행하고 있는 '실손보험'을 살펴보았습니다. 실손보험은 일종의 공포 마케팅을 통해 영업을 하고 있었습니다. 또한 미용주사, 도수치료, MRI 때문에 보험료가 매년 급등하는 문제가 있었지만 가장 큰 문제는 갱신 시 보험료 인상으로 보험이 가장 필요한 80세 이후에는 보험료가 월 60만 원 이상으로 오를 수 있다는 것입니다. 보험이 필요할 때는 비싼 보험료 때문에 해약할 수밖에 없는 구조였습니다.

이밖에도 암보험 약관을 비롯하여 암 치료비 95% 커버율 뒤에 숨은 불편한 진실까지 보험과 관련된 다양한 이야기를 나누어봤습니다. 미국도 한국도 전 세계에서 건강보험은 어려운 이야기입니다. 또 한국만큼 건강보험이 잘되어 있는 나라도 없다는 이야기도 있습니다. 하지만 우리가 이미 이야기를 나누었듯이 메디컬푸어로 고생하시는 분들이 있었습니다. 그리고 그 메디컬푸어가 내가 될 수도 있습니다. 그렇다면 보험 문제는 어떻게 해결해야 할까요?

메디컬푸어의 해결책을 다시 기억하기에 앞서 실손보험으로 돌아가 봅니다. 실손보험은 국민건강보험의 보조 역할을 하기 위해 태어났습니다. 애초에 국민건강보험이 제 역할을 100% 해냈다면 실손보험은 공포 마케팅도 과잉진료도 갱신 시 보험료 인상도 할 수 없었을 것입니다. 이것이 답입니다. 국민건강보험의 보장률을 높이고 국민건강보험이 그 이름대로 국민의 건강을 지켜주는 보험 역할을 제대로 할 때 보험사로부터 우리의 돈을 지킬 수 있습니다. 우리는 국민건강보험이 건강보험의 역할을 충분히 할 수 있도록 목소리를 높여야 합니다.

지금까지 함께 살펴본 불편한 진실이 어떠셨나요. 혹시 '전혀 생각하지도 못했던 내용이다', '너무나 놀랍다'고 느끼셨나요. 그랬다면 정말 다행입니다. 저희들이 책을 기획했던 의도가 잘 들어맞는 것이기 때문이죠.

기존 언론들이 교묘하게 쳐놓은 불편한 장막을 한 꺼풀씩 벗겨가는 과정을 독자 여러분들과 함께했다고 생각하니 감회가 정말 새롭습니다. 팟캐스트 〈경제브리핑 불편한 진실〉을 뜻밖의 행운(?)처럼 처음 시작했던 2년여 전까지 떠오를 정도죠.

아무런 준비 없이 갑자기 신문사를 함께 관둔 저희에게는 별다른 대안이 없었습니다. 모아놓은 재산이나 퇴직금이 많은 것도 아니었고, 투자를 해준다는 사람도 없었고… 그야말로 맨땅에서 보물을 찾아야 하는 처지였죠.

시작은 순탄치 않았습니다. 우선 주변의 만류가 심했죠. 당시만 해도 대안 미디어에 불과했던 팟캐스트로 돈을 번다는 것은 상상하기 힘들었기 때문입니다. 〈나꼼수〉, 〈이이제이〉 등 유명 팟캐스트조차 재정적인 어려움이 많다고 알려져 있었죠. 그런데 초짜에 불과한 저희들이 취미가 아닌 사업으로 팟캐스트를 하겠다니, 아무것도 모르고 덤비는 하룻강아지처럼 보였던 것 같습니다.

　게다가 신문사를 박차고 나왔던 기존 창업 선배들의 행보와는 완전히 다른 길이라는 점도 커다란 걸림돌이었죠. 네이버나 카카오 뉴스에 들어가는 것을 유일한 성공 방법으로 여기는 업계에서 팟캐스트는 너무나 생뚱맞은 이야기였습니다.

　저희도 인터넷신문을 처음부터 생각하지 않았던 것은 아닙니다. 할 수 있었다면 도전했을지도 모릅니다. 하지만 다행(?)스럽게도 여건이 그러지 못했죠. 당시만 해도 인터넷신문으로 등록하려면 취재기자 세 명을 포함해 다섯 명 이상의 기자가 필요하다는 강화된 신문법 시행령이 발표된 상태였습니다. 창간을 하더라도 1년 이내에 이 요건을 채우지 못하면 자동폐간당할 위기였죠. (물론 이후 이 신문법 시행령은 위헌판결을 받았긴 했지만요.)

　이런 상황인 탓에 저희와 함께하겠다는 선후배는 한 명도 없었죠. 당장 월급도 주기 힘든 형편인데 다섯 명 이상의 기자를 모은다는 것은 사실상 불가능했습니다.

　이런 상황적인 어려움보다 더 큰 이유도 있었습니다. 왜 신문기자들이 독립하면 인터넷신문을 해야만 할까요? 네이버나 카카오 뉴스에 들어가지 않고는 성공할 수 없을까요? 이 질문에 답하기 위해서는 우선 언론계의 불편한 진실부터 살펴봐야 합니다.

독자 여러분들은 뉴스를 주로 어디서 확인하시나요? 아마도 네이버나 카카오 등 포털을 떠올리는 분들이 가장 많을 것입니다. 다양한 조사에서도 포털 뉴스는 이용률에서 전통적인 미디어시장 강자였던 신문·잡지·라디오는 물론, 철옹성처럼 여겨졌던 TV마저 이미 앞선 상태입니다.

같은 내용의 기사라도 TV나 신문보다는 포털 뉴스를 통해 확인하는 국민들이 훨씬 많습니다. 따라서 네이버나 카카오의 뉴스 제휴사가 된다는 것만으로도 미디어로서의 파급력을 인정받게 됩니다.

신생 매체라도 포털 뉴스 제휴사라면 대우가 달라지죠. 심지어는 일부 기업에서는 포털 뉴스 제휴사가 아닌 경우에는 보도자료조차 보내지 않습니다. 이 때문에 네이버나 카카오의 등록 매체로 선정되기 위해 많은 언론들이 인맥·돈맥 등을 총동원하는 것입니다. 한마디로 네이버와 카카오의 '간택'을 받아야만 살아남을 수 있는 황당한 미디어 환경이 돼버린 것이죠.

그런데 바로 이런 점 때문에 언론과 기업 간의 공생관계가 해당 언론사 사이트가 아니라 포털을 통해 형성되기도 합니다. 기업을 감시해야 하는 언론이 홍보용 기사를 포털 뉴스에 암암리에 전송해주는 것은 언론계의 공공연한 비밀입니다. 일반 기사인 줄 알고 읽기 시작했는데 광고인 것 같은, 뭔가 꺼림칙했던 것들이 바로 이런 홍보용 기사들이죠. TV방송의 PPL(간접광고)이 포털 뉴스에도 있는 것입니다. 이런 기사들은 포털에 노출되는 시간에 따라 비용이 책정되기도 합니다.

심지어는 업체나 홍보대행사에서 보낸 보도자료나 기획자료를 토씨 하나 바꾸지 않은 채 기자 이름만 달아 전송하는 경우도 있습니다. 일부 신문사에서는 이런 행태에 편집국 기자들이 반발하자 인턴기자나 광고기자의 이름을 대신 넣는 꼼수를 쓰기도 하죠. 이런 기사들이 바로 광고나 협찬으로 연결되기 때문입니다.

더 나아가 해당 기업의 오너나 제품·서비스에 대한 확인되지 않은 루머를 기사화하기도 합니다. 특히 포털 상단에 노출시키기 위해 이런 기사를 반복적으로 보내기도 하죠. 이런 루머가 담긴 과거 뉴스를 한두 단어나 문장만 바꿔 새로 전송해 최신 뉴스로 위장하는 교묘한 수법을 쓰는 곳도 있습니다. 이 모두가 해당 업체와 거래하기 위해서죠. 기사를 내려줄 테니 광고나 협찬을 달라고 협박하는 것입니다.

물론 네이버와 카카오 등 포털 측에서는 함량 미달의 기사와 언론을 감시하는 시스템을 가동하고 있지만 완전히 퇴출시키지는 못하고 있죠. 워낙 교묘하게 기사를 가공하는데다 네티즌들의 눈길을 조금이라도 더 잡아두려는 포털 측의 암묵적인 묵인도 조금은 있기 때문으로 보입니다.

이 같은 불편한 진실 때문에 '역시 뉴스는 종이신문으로 읽어야 한다', '포털 뉴스는 자극적이고 휘발성이 강해 진짜 뉴스가 아니다'라며 울분을 토했던 선배들도 정작 신문사를 관두고 독립하면 네이버, 카카오에 들어가기 위해 기를 쓰는 아이러니한 모습을 보여왔죠. 살아남으려면 어쩔 수 없다고 자위하며 PPL기사, 협박기사 등을 포털에 전송하기도 하고요.

하지만 저희는 이 같은 언행불일치를 반복하고 싶지 않았습니다. 진흙탕 싸움을 하느니 아예 포털 뉴스에 들어가는 걸 깔끔하게 포기하자고 결심했죠. 특히 '포털에 들어가지 못하면 몇 달 안에 망한다'는 선후배들의 '조언' 덕분에 15년 넘게 신문사에 근무하면서 죽은 줄만 알았던 내 안의 '반골기질'이 살아나기도 했습니다. 어차피 잃을 것이 많지 않았기 때문에 한번 해보자는 오기가 발동한 것이죠.

이렇게 인터넷신문을 포기하고 나니 자연스럽게 남는 것이 팟캐스트였습니다.

어쩔 수 없는 선택인 줄만 알았던 팟캐스트는 알고보니 놀라운 보물창고였습니다. 우선 큰돈을 들이지 않고 바로 시작할 수 있는 것만으로 충분히 만족할 수 있었는데, 많은 비용이 필요한 인터넷신문보다 더 활발한 '애청자와의 소통'이 가능했습니다. 네이버나 카카오 뉴스에 노출되는 것이 아닌데도 매일 5만여 애청자가 꾸준히 들어주시니 저희도 놀라울 따름입니다.

게다가 팟캐스트를 듣고 자발적으로 후원해주는 애청자들이 갈수록 늘어나고 있습니다. 광고를 의뢰해주는 기업도 이어지고 있죠. 특히 저희 팟캐스트를 듣고 창업을 결심한 후 광고까지 맡겨주시는 고마운 창업 동지들도 생겨났습니다. 신문기자를 할 때는 꿈도 꾸지 못했던 감동적인 소통입니다. 덕분에 선후배들의 걱정과는 달리 무려 2년을 훌쩍 넘게 팟캐스트를 하고 있죠.

두 번째 보물은, 날것을 추구하는 팟캐스트의 특성상 과거 신문사에서는 쉽게 거론하지 못했던 불편한 진실도 마음 놓고 떠들 수 있다는 점입니다. 알면서도 기사화하지 못해 술자리에서나 분통을 터뜨렸던 이야기들을 애청자들과 허심탄회하게 나눌 수 있다는 매력은 팟캐스트를 하기 전에는 상상조차 못 했었죠.

소위 독자 떨어진다며 신문에서는 채택되지 못했던 노조·다문화·비정규직·기본소득제 등을 다루는 것도 문제가 되지 않았습니다. 삼성전자의 이재용 부회장을 '재드래곤', 현대차의 정몽구 회장을 '몽구엉아'라고 부르는 아재개그가 애청자들의 큰 호응을 얻은 것도 생각지도 못했던 선물이었죠.

다른 시각으로 바라보기

저의 유일한 취미인 등산의 묘미를 맛볼 수 있었다는 점도 놀라운 선물입니다. 경제 팟캐스트와 등산이 무슨 관련이 있을까요? 등산을 좋아하는 대부분의 분들은 한쪽으로 올라가서 다른 쪽으로 내려가는 식으로 산을 즐기실 것입니다. 그런데 저는 처음 올라갔던 같은 길로 다시 내려오는 것을 선호합니다. 그렇게 하면 아까 봤던 곳을 또 보게 되니 무슨 재미가 있냐고 하실 수 있습니다. 하지만 한 번 해보신 분들은 아실 것입니다. 올라갈 때 봤던 것과는 전혀 다른 풍광이 내려올 때 펼쳐지는 놀라움 말이죠.

같은 장소, 동일한 나무, 아까 봤던 꽃이지만 미묘한 시간의 흐름과 바라보는 위치에 따라 전혀 다른 모습으로 변신합니다. 올라갈 때의 긴장감과는 다른 편안함으로 바라보는 덕분에 분명히 같은 곳을 지나고 있지만 처음 온 듯한 새로운 느낌이 들기도 합니다. 정상을 바라보며 서둘러 올라갈 때 놓쳤던 장관도 내려올 때는 눈부시게 빛나게 되죠.

팟캐스트도 마찬가지인 것 같습니다. 단순히 팩트만 전달하는 것이 아닌, 서로 대화를 나누며 설명하는 형식인 덕분에 하나의 사건을 다양한 시선으로 바라봐야 하죠. 무심코 지나쳤던 곳도 되짚어 돌아오면서 놓쳤던 것을 챙기다보니 처음에는 발견하지 못했던 불편한 진실이 보이곤 합니다. 뒷배경은 없는지, 관련 뉴스가 뭔지를 다시 거슬러 내려가며 곰곰이 따지다보면 뜻밖의 큰 줄기가 드러나기도 하죠. 〈경제브리핑 불편한 진실〉은 이런 재미가 모여 만들어진 것입니다.

팟캐스트를 통해 받은 가장 큰 선물인 《누가 내 돈을 훔쳤을까?》

라는 책을 쓰게 된 행운도 마찬가지입니다. 팟캐스트에서 한 번 이야기했던 내용인데도 다시 정리하다보니 미처 발견하지 못한 소중한 보물이 너무나 많았습니다. 당시에는 무심코 지나쳤던 불편한 진실도 수없이 쏟아져 나왔고요.

덕분에 그동안 엄두도 내지 못했던 도둑들도 무수히 잡을 수 있었죠. 엔론 몰락의 불편한 진실, 메기이론의 거짓말, 가격차별의 꼼수, 메디컬푸어의 눈물 등이 이 같은 보물찾기의 결과로 탄생한 것입니다.

보물찾기처럼 신났던 책 작업을 이제 마무리 지으려니 힘들 때마다 격려의 말씀을 건네주시고 놓쳤던 풍광도 알려주셨던 고마운 분들이 생각나는군요. 우선 빈티지하우스의 첫 책이라는 영광을 맡겨주신, 위험한 보물찾기에 동참해주신 이성용 편집장님에게 머리 숙여 고마움을 표합니다. 선택이 틀리지 않았다는 사실이 증명되길 진심으로 바랍니다.

하루에도 몇 번씩 아들의 방송을 반복해서 청취해주신 어머니 김정숙 여사에게도 최고의 사랑을 전합니다. 아무런 대책 없이 팟캐스트에 뛰어든 남편에게 불평 한마디 하지 않고 꿋꿋이 응원해준 사랑스러운 아내 정혜 님과 이해도 못 하면서 그저 아빠의 목소리라며 반갑게 들어준 아들 오름이와 딸 보람이에게 그 무엇과도 바꿀 수 없는 소중한 보물이라는 사실을 알려주고 싶습니다.

〈경제브리핑 불편한 진실〉을 사랑해주는 천 만여 애청자분들에 대한 고마움도 말로는 표현하기 힘들 정도입니다. 명망 높은 전문가나 유명한 방송인도 아닌 저희들의 열정만 믿고 귀 기울여주신 놀라운 안목에 존경을 표합니다.

15년 넘게 신문기자생활을 하면서도 맛보지 못했던 보물 같은 감동을 열정적인 애청자 여러분들 덕분에 느낄 수 있었습니다.

정말 감사합니다.

늦은 밤 혼자 책을 마무리하다보니 문득 이런 생각도 듭니다. '혹시 전생에 한 나라는 아니더라도 한 개 마을쯤은 구하지 않았을까' 하는 공상 말이죠. 〈경제브리핑 불편한 진실〉이라는 팟캐스트로 시작해 《누가 내 돈을 훔쳤을까?》란 책까지 쓸 수 있는 보물 같은 행운은 아무나 누릴 수 없기 때문이죠.

마지막으로 후배이지만 선배처럼 의지할 수 있고 신선한 자극을 항상 전해주는 박 피디에게도 그동안 하지 못했던 말을 용기 내어 할까 합니다. "너를 만난 건 행운이었어~."

더 많은 불편한 진실과
도둑을 함께 찾아나서는
행운 같은 다음번 등산을 꿈꾸며

이국명